丛书主编 萧鸣政

人力资源管理专业实用系列教材

# 人员素质测评理论与方法

（第二版）

萧鸣政 编著

图书在版编目(CIP)数据

人员素质测评理论与方法/萧鸣政编著. —2版. —北京:北京大学出版社,2016.3
(人力资源管理专业实用系列教材)
ISBN 978-7-301-26753-0

Ⅰ.①人… Ⅱ.①萧… Ⅲ.①人员测评—教材 Ⅳ.①C962

中国版本图书馆CIP数据核字(2016)第009899号

| | |
|---|---|
| 书　　名 | 人员素质测评理论与方法（第二版） |
| | RENYUAN SUZHI CEPING LILUN YU FANGFA（DI-ER BAN） |
| 著作责任者 | 萧鸣政　编著 |
| 责任编辑 | 徐少燕 |
| 标准书号 | ISBN 978-7-301-26753-0 |
| 出版发行 | 北京大学出版社 |
| 地　　址 | 北京市海淀区成府路205号　100871 |
| 网　　址 | http://www.pup.cn |
| 微信公众号 | 北京大学出版社　北大出版社社科图书 |
| 电子信箱 | 编辑部 ss@pup.cn　总编室 zpup@pup.cn |
| 电　　话 | 邮购部 62752015　发行部 62750672　编辑部 62765016/62753121 |
| 印　刷　者 | 天津和萱印刷有限公司 |
| 经　销　者 | 新华书店 |
| | 787毫米×1092毫米　16开本　16.75印张　262千字 |
| | 2011年3月第1版 |
| | 2016年3月第2版　2025年8月第11次印刷 |
| 定　　价 | 38.00元 |

未经许可，不得以任何方式复制或抄袭本书之部分或全部内容。
**版权所有，侵权必究**
举报电话：010-62752024　电子信箱：fd@pup.pku.edu.cn
图书如有印装质量问题，请与出版部联系，电话：010-62756370

# 第二版前言

人员素质测评是现代人力资源开发与管理的基础与关键，可以应用于人力资源管理的全过程。只有建立一种有效的人员素质测评新机制，才能高效地评价与选拔人才、合理地配置人员、客观地评价人员、正确地引导与开发人力资源。

《人员素质测评理论与方法》（第二版）共七章，大体上分为理论（第一、二章）、测评方法（第三、四、五章）和应用（第六、七章）三个部分。全书由概念解释导入，以理论与方法研究为主体，以对测评结果的分析、报告与运用结束。三个部分的内容实际上就是围绕着人员素质测评是什么、人员素质主要测评什么、如何测评以及如何在实践中应用等四个问题展开。

第一章侧重于回答人员素质测评是什么，并分别从内涵与外延、作用与功能等四个方面作了认真的研究。第二章回答什么是胜任力以及胜任力理论在人员素质测评实践中有什么作用等问题。

知道了什么是人员素质与胜任力理论之后，接着的问题是人员素质测评主要测评什么以及怎样组织实施，第三章、第四章与第五章不但回答了测评什么的问题，而且回答了用什么方法测评，以及如何组织实施人员素质测评的步骤与方法。

在获得测评结果之后，我们应确保测评结果的清楚表达、报告与运用，这些内容即构成了第六章的任务。因此，第六章具体介绍了对人员素质测评结果进行分析、报告与运用的方法技术。第七章介绍了人员素质测评在党政领导干部选拔与任用实践中的应用案例、在企业人员招聘实践中的应用案例以及在事业单位人员招聘实践中的应用案例,让读者对人员素质测评方法有一个直观与整体的认识。

本书力求兼顾人员测评与选拔的基础理论、方法技术与实际应用三个方面,既注重通过系统的理论教学培养学生的专业素养,又有较多的方法技术介绍,强调量化分析与应用操作,是一本经过多年实践探索并具简洁性的教材。

第二版与第一版相比,内容更为简洁,更为广泛与深入。简洁之处在于第二版比第一版少了两章,把第一版的第五、六与七三章的内容综合为现在的第四章了,把原来的第四章"人员素质测评的组织与实施"调整为现在的第五章,放在"人员素质测评方法"的后面。广泛与深入之处在于每章后面增加了更为新近的各种相关参考文献与资料,让自学者能够涉猎更为广泛的相关知识与信息。此外,我们还更换了原来书中的部分相关案例与数据资料。本书的修订得到了唐秀峰的大力帮助,他按照我的建议收集了许多资料与案例,协助我进行内容的初步编辑工作。同时,还得到了张满的相关帮助。在这里,我们仍然要感谢参加第一版编写工作的吴生志、陈小平、李冷、马芝兰、李军凯、韩溪、林赛、陈昊、邢凯旋、张如国、张满、步星辉、萧志颖、肖志康等,感谢所有帮助过本书写作、修订与出版的同事与编辑!

由于本书是在多年教学与自学考试实践基础上的精简版,所以比较适合人力资源管理专业自学考试的学生选用,适用于综合性大学经济与管理专业"人员素质测评"的选修课程,特别适用于高职高专院校"人员素质测评"的专业课程。由于水平有限,时间匆忙,书中难免有不当之处,谨请广大读者批评指正!

萧鸣政

2015 年 8 月 13 日

# 目录

## CONTENTS

**第一章　人员素质测评导论** 　1

　　第一节　人员素质测评的基本概念　　1
　　第二节　人员素质测评的主要类型　　10
　　第三节　人员素质测评的主要功用　　18
　　第四节　人员素质测评的作用与运用原则　　21

**第二章　胜任力理论及其对人员素质测评的作用** 　30

　　第一节　胜任力研究起源与发展　　30
　　第二节　胜任力理论比较　　34
　　第三节　胜任力理论的价值与应用　　51

**第三章　人员素质测评的标准设计** 　61

　　第一节　人员素质测评标准体系概述　　61
　　第二节　人员素质测评的标准化方法　　70
　　第三节　领导人才素质模型实例分析　　79

## 第四章　人员素质测评方法　91

第一节　心理测验　91

第二节　面试方法　123

第三节　评价中心技术　139

第四节　履历档案分析及其他测评方法　159

## 第五章　人员素质测评的组织与实施　173

第一节　人员素质测评组织实施程序简述　173

第二节　人员素质测评实施活动的基础环节　176

第三节　人员素质测评组织实施的案例与分析　177

## 第六章　人员素质测评结果的报告与运用　197

第一节　人员素质测评结果报告的类型　197

第二节　人员素质测评结果的运用　209

第三节　人员素质测评结果的跟踪分析　212

## 第七章　人员素质测评应用案例及其分析　218

第一节　人员素质测评在党政领导干部选拔中的应用　218

第二节　素质测评在企业人员招聘中的应用案例与分析　235

第三节　人员素质测评在事业单位招聘中的应用　242

## 参考文献　259

# 第一章

# 人员素质测评导论

📋 **本章学习目标提示**

1. 理解素质的概念、素质的特性与素质的构成
2. 掌握人员选拔、人才素质测评与人员素质测评的异同之处
3. 把握人员素质测评概念及其各种类型的特点与操作
4. 把握与理解人员素质测评的功能与作用

人力资源在知识经济中的作用与地位，决定了人力资源管理与开发在现代组织管理中具有关键的作用。人员素质测评是人力资源管理与开发的基础与关键，在人力资源管理与开发实践中的作用日趋突出。掌握人员素质测评的基本理论与方法，成为现代企事业组织管理人员必须具备的基本功。在这一章，我们主要阐述人员素质测评的基本概念、类型及其作用。

## 第一节 人员素质测评的基本概念

人员素质测评是现代人力资源管理与开发学科体系中的一门新兴课程，为了理解与交流的方便起见，我们先来界定一下有关人员素质测评的几个基本术语。

# 一、素质

在现代社会中,"素质"一词颇为常见,比如素质教育、民族素质、企业素质、个人素质、身体素质、心理素质等等。然而当我们深究一下什么是素质时,却又十分模糊,说不清楚。我们在这里探讨的是人员素质测评,素质是我们测评的基本对象,对象不清楚我们又何以进行测评呢?因此必须先对"素质"这一对象做一番探讨,然后再从测评研究的角度加以界定。

## (一)素质的概念

所谓素质,不同学科、不同学者从不同的角度有着不同的解释。

"素"字本义为生帛,引申为"白""无色""原""本""真",也指构成事物的基本成分或带根本性的物质。

"质"字意为"独立于人的意识以外的客观存在",指"底子""物类的本体""禀性"。

"素"与"质"联合为"素质"一词,其意不解自明。现代汉语解释为人或事物本来的特点或性质。《文选·张华·励志诗》中有"虽劳朴斫,终负素质"之说,意犹"本质"。事物叫本质,个人称素质。

"素质"一词,还多见于心理学。心理学把"素质"解释为人的先天的解剖生理特点,主要是感觉器官和神经系统方面的特点。素质是人的心理发展的生理条件,但不能决定人的心理内容与发展水平。显然,心理学把"素质"的解释限于遗传素质。这种解释放在人员素质测评中是不够的。人的素质"不是人的胡子、血液、抽象的肉体和本性,而是人的社会特质"[1],"实际上,它是一切社会关系的总和"[2]。

参照上述有关分析、其他学者的解释和人员素质本身的特点,我们把素质限定在个体范围内,指个体完成一定活动与任务所具备的基本条件和基本特点,是行为的基础与根本要素,包括

---

[1] 《马克思恩格斯全集》第1卷,人民出版社1956年版,第270页。
[2] 《马克思恩格斯全集》第3卷,人民出版社1960年版,第5页。

生理素质与心理素质两个方面。它对一个人的身心发展、工作潜力发展和工作成就的提高起着根本的决定作用。

素质是个体完成任务、形成绩效及继续发展的前提。任何一个有成就、有发展的个体，都离不开其优良的素质。观察发现，世界上较为著名的企业家与政治家，都有喜欢冒险、精神饱满、乐观自信、健谈开朗、心雄志壮等共同的素质。

素质对个体的行为与发展具有基础性的作用。例如，直觉情感型的人更容易成为一个出色的诗人、音乐家与剧作家，而富有理性思维的人更容易成为一个数学家与科学家。

然而，良好的素质只是日后发展与事业成功的一种可能性。具备了良好素质，只是事业成功、发展顺利的静态条件，还需要动态条件的保证，这就是素质功能发挥的过程及其制约因素的积极影响。因此，素质与绩效、素质与发展都是互为表里的。素质是绩效与发展的内在条件，而绩效与发展是素质的外在表现。

## （二）素质的特性

由上述素质概念的分析不难看出，素质的第一个特性便是它的基础作用性。它对个体行为发展与事业成功，仅是必要条件但非充分条件。换句话说，在现代企事业管理与人力资源的开发中，我们不能不提出素质的基本要求，但有了良好的素质也并非就能保证它是"万能"的。

素质的第二个特性是它的稳定性。素质是作为高度统一的个体行为与特点系统中稳定的结构因素。这种稳定的结构因素并不是存在于一时一事中，而是体现于个体活动的全部时空中。素质表现为一个人某种经常性的和一贯性的特点。在个体活动的全部时间与空间中，素质的表现在时间上虽然偶尔间断，但总体却是持续的；素质的表现在空间上虽然有时相异，但总体上却是一致的。素质表现的这种持续性与一致性，总括为素质的稳定性。

素质的第三个特性是它的可塑性。个体的素质是在遗传、外界影响与个体能动性三个因素的共同作用下形成和发展的，并非天生不变的，因而具有一定的可塑性。不健全的素质可以健全起来；成熟了的素质也许会退化萎缩；缺乏的素质可以通过实践和学习获得不同程度的补偿；一般性的素质可以训练成为特长素质。

素质的第四个特性是它的内在性。素质虽然是任何个体身上的一种客观实在，但却是看不见、摸不着、说不清的东西，具有隐蔽性与抽象性。

素质的第五个特性是它的表出性。素质虽然是内在的、隐蔽的，但它却会通过一定的形式表现出来。行为方式、工作绩效与行为结果（包括工作产品在内）是素质表现的主要媒介与途径。个体的内在素质与外在的行为方式、工作绩效以及行为产品，构成一个耗散结构系统，内外具有统一性。就个别素质与个别行为来说，不一定具有一一对应的关系，但就总体来说，特定个体的特定素质会以特定的形式表现，而特定的表现形式也反映着特定个体的特定素质。所谓"人心不同，各如其面"说的就是这个意思。

个体素质的表出性也体现为素质表现的实在性与具体性。个体的每种素质一般都表现在具体而实在的行为方式、行为产品与工作绩效之中。

素质的第六个特性是它的差异性。个体间的素质是存在差异的。这种差异表现于每个人的行为方式、行为产品与工作绩效之中。有人活泼好动，有人沉静安详；有人快人快语，有人木讷寡言；有人思维敏捷，有人反应迟钝；一般人只能分辨出2—3种蓝色的色度，而专门从事染织的工人却能分辨出蓝色的几百种不同色度。容貌有美丑，体质有强弱，能力有大小，品德有好坏。无论是同一个体的各种素质比较，还是不同个体的同一素质比较，都给人以"横看成岭侧成峰，远近高低各不同"的感觉。

素质的第七个特性是它的综合性。同一个体的各种素质、同一素质的各种成分，都是作为高度统一的有机体存在于个体之中的，它们相互联系，难分难割，统一地作用于行为方式、行为产品与工作绩效之上。

素质的综合性还表现在素质对行为辐射的共同性、普遍性与全时空性。因此，对任何一个人与任何一种素质的测评，都不应该凭一时一事断言，而应该依据所有的行为表现进行综合评判。

素质的第八个特性是它的可分解性。素质对个体行为辐射的综合性与全时空性，并不排斥我们认识上对它的可分解性。任何个体的素质都不是单一的，而是一个复杂的系统。我们要想在特定空间去同时把握所有的素质，十分困难，甚至是不可能的。但是，我们可以先从素质表现的媒体中逐一地去认识单个的素质，然后再去把握整体的素质。

素质的第九个特性是它的层次性与相对性。每个人的素质具有不同的结构层次，有核心素质、基本素质与生成素质等不同的层次区分。核心素质是基本素质的基础，基本素质是生成素质的基础。

此外，在素质结构中，素质是与水平相区别的。素质优劣表现为水平高低，而水平绝不是素质。然而，这又不是绝对的。基本能力的水平相对实际能力来说又是一种素质，因为基本能力的水平高低直接决定了实际能力的大小。

### （三）素质的构成

素质的构成在这里是指素质结构的基本划分，包括基本成分、因素与层次。不同的学科与不同的人有不同的划分。

在这里，我们暂且把个体素质划分为身体素质与心理素质两大类。身体素质是指个体的体质、体力和精力的总和。良好的身体素质是其他一切素质发展与事业成功的生理基础。心理素质包括智能素质、品德素质、文化素质、心理健康素质等。心理素质是个体发展与事业成功的关键因素。

心理素质中的智能素质包括知识、智力、技能与才能。技能是技术水平与操作经验；才能是专长，指在兴趣、天赋上所形成的高水平的能力，包括创新能力。

品德素质包括政治品质、思想品质、道德品质、创新意识与其他个性品质。美国著名心理学家特尔曼曾对800名男性成人进行过绩效考评与心理测验，发现在成就最大的20%与成就最小的20%两组人之间，最明显的差别是他们的品德素质差异。成就最大组在兴趣、谨慎、自信、开拓进取、不屈不挠和坚持性方面，明显地高于成就最小组。因此，品德素质测评应成为我们素质测评的重点。

文化素质包括文化的广度、深度以及工作与生活的经验。

心理健康素质是衡量一个人身心发展的综合素质指标内容，在未来社会的人员素质测评中将居于重要地位。

上述素质构成体系如图1-1所示：

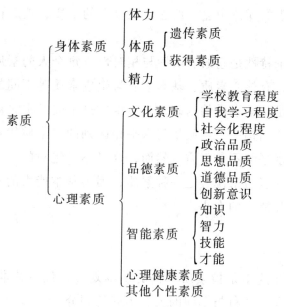

图1-1 素质结构体系

也有人把个体素质划分为德、识、才、学、体五种要素。唐代刘知几提出"史有三长",即才、学、识;宋代司马光说,"才德全尽谓之'圣人'";毛泽东提倡要德、智、体全面发展。因此,人们把它们综合为"德、才、学、识、体"五种素质或"德、智、体"三种素质。

## 二、素质测评

素质测评是我们课程中最为重要的一个概念,我们有必要加以专门界定。

### (一)基本界定

素质测评是指测评主体采用科学的方法,收集被测评者在主要活动领域中的(行为事实)表征信息,采用科学的方法针对某一素质测评指标体系做出量值或价值的判断过程,或者直接从所收集的表征信息中引发与推断某些素质特征的过程。

例如,企业在人员的招聘与录用中,一般是采用情况登记、面试甚至试用等测评技术,收集应聘人员的行为事实,然后针对岗位所需要的素质,做出有或无、多或少、高与低、优与劣以及可以录用与不便录用等一系列的综合判断。

## （二）相关解释

素质测评的定义由两部分组成："测评主体采用科学的方法，收集被测评者在主要活动领域中的（行为事实）表征信息"与"采用科学的方法针对某一素质测评指标体系做出量值与价值判断，或者直接从所收集的表征信息中引发与推断某些素质特征的过程"。显然，前一部分主要是"测"的工作，后一部分主要是"评"的工作。

这里的"测"包括测评者的耳闻、目睹、体察、访问与调查等，但它又不同于一般意义上的耳闻、目睹、体察与调查，它是以认识与评判被测评者的某些素质为目的，以科学的测量与评价工具为手段的特定的信息收集活动。"测"既可以是测量、试验，也可以是探测与观测。这里的"评"包括评论、评价、评定，更多的是针对一定测评指标体系对品德表征信息的质、量、值进行评价，但也包括直接对被测评者素质的分析与评论。

"科学方法"是指被实践证明为准确、全面和方便的测量手段、评价方法，也包括一切可用的调查方法与研究方法。如直接调查、问卷调查、抽样统计、比较分类、因果关系分析、因素分析、典型分析、理论分析、黑箱分析、移植分析、仿真分析等等。

"主要活动领域"一般是指个人生活与工作的主要场所。对于员工来说，他们的主要活动领域是工作场所、家庭、邻里和亲友（包括伙伴朋友）群，这些地方组成了素质特征信息的密集域。

"素质测评指标体系"是指有内在联系的一系列素质测评指标。同一种行为的事实信息可能包含着多种的性质或价值。同一素质特征将表现于多种行为之中。素质是我们相对于一个行为特征信息集合体的概括与判断，素质具有多维性，任何单方面的判断与衡量都难以真实地把握其实质。因此，素质必须由一系列的素质测评指标组成一个具有多向结构的指标"坐标系"来确定。

"引发"与"推断"是指测评者的"归纳""概括""抽象"，是一种能动的思维活动，是一种"升华"现象。这种活动既是主观的又是客观的。因为"引发"与"推断"不是测评者任意的引发与推断，而是要根据所收集的特征信息来引发与推断。它是对客观的特征信息的概括，而不是凭主观想象的概括。然而，这种"引发"与"推断"又是一种主观能动性的体现与发挥，不是对现有行为事实或特征信息的简单总和。它既以现有的行为事实为基础，但又超出了现有的行为事实，已经把现实行为与某种素质结构相联系，并把现实的行为事实看作素质结构的例证。当然，这种思维活动也可以通过计算机进行模拟，减少主观随意性。

"测评主体"既指个体又指集体，既可以是他人也可以是自我，既可以是上级也可以是同级，还可以是下级。

### （三）与其他概念的区别

素质测评虽然离不开素质的测量与评价，但并不是素质测量与素质评价的机械相加，而是指一种建立在对素质特征信息"测"与"量"基础上的分析判断。在测评过程中，测评者通过"测"与"量"的活动，获得所要搜集的素质特征信息，然后将它们与确定为标准的指标进行比较性的认识。这里的认识不是仅凭测评主体的感性经验，而是积极地借助一定的测量工具，把最终的比较与判断建立在客观的行为事实与特征信息的搜集、测量与分析上，并且把分析判断的结果，采用符号、语言或分数的形式，进行定性或定量的转化与解释，由此反映被测评者素质的客观情况。数量化只是素质测评过程中采取的一种基本手段。素质测评要力求以尽可能少的人力物力花费，获得尽可能准确而全面的素质测评信息；要力求公正、客观、准确、迅速地鉴别人员素质，为人力资源开发与人事决策提供依据。

素质测评虽然以一个个的行为事实为依据，但并非仅凭单个的行为事实就可以做出评价，而是要在综合大量行为事实群的基础上进行整体评价。素质主体的能动性虽然可以使其外显行为与内在素质存在着不一致的现象，但是大范围、多方位的整体行为分析可以帮助我们把握素质的高低。在某些局部范围内，行为事实与素质行为高低不一致的偶然现象，并不能否定素质测评整体把握的必然性。此外，素质测评与心理测评、教育测评有所不同。心理测评包括心理过程中任何心理现象的测评，而教育测评更侧重于教学能力与教学成就的测评。

## 三、人员素质测评与人才素质测评

人员素质测评与人才素质测评虽然只有一字之差，但两者含义却不尽相同。人员素质测评是指对16岁以上具有正常劳动能力个体素质的测评；人才素质测评是指对具有一定才能个体素质的测评，包括某些儿童测评、学生测评与人员素质测评。人员与人才具有交叉关系，因此人员素质测评与人才素质测评指向的范围也具有交叉关系。二者在测评理论、测评方法与测评技术上是相同的。

人才素质测评有广义与狭义之分。狭义的人才素质测评，是指通过量表对人才品德、智力、技能、知识、经验的一种评价活动。例如智力测验、气质测定、品德测验等，都是通过问卷量表的形式来测评被测者的有关素质。广义的人才素质测评，则是通过量表、面试、评价中心技术、观察评定、业绩考评等多种手段，综合测评人才素质的一种活动。例如，我们想与某人交朋友，很想先了解对方是否可靠，值得自己交，因此想与他见见面，看他的言谈举止，与他合作做点事情，观察他的为人处世，问问他周围的知情人，了解他的过去，这些都属于考察评价活动，历时较长。如果把这些考察评价活动浓缩、提炼并加以规范化、科学化与标准化，在短时间内完成，就成为人才素质测评的活动了。

## 四、人员测评与人员选拔

所谓人员选拔，就是挑选合适的人到某个特定的岗位上发挥作用的过程。它与人员测评的含义有很大不同，因为人员测评就是人员素质评价，前面我们已经对人员测评做出过解释。人员测评主要是指测评者采用科学的方法，收集被测评者在主要活动领域中的表征信息，采用科学的方法针对人才素质测评标准体系做出量值或价值判断的过程，或者从表征信息中引发与推断某些素质特征的过程。从这一定义可以看出人员测评就是一种方法技术，它是人员选拔的一种手段与方式而已。除人员测评外，人员选拔还有其他方式，如竞赛、评比与评选等。如果说人员选拔是目的的话，那么人员测评就是达到这个目的的一种手段。应该说，人员测评是人员选拔的主要方法与技术。那么，是不是做好了人员测评就做好了人员选拔的工作呢？这要从两个方面看。第一，即使通过人员测评对一个人做出了最全面最正确的评价，但这个人仍有可能不适合这个岗位，那么人员选拔的工作就并没有完成，还需要进行下去。第二，如果一个岗位对人的要求并不明确，那么人员测评的结果对人员选拔就毫无用处，因为人们并不知道该根据哪些因素与要求来选人。所以，人员测评这个手段用得是否合适，结果是否良好，都会影响最后的选拔效果。

人力资源管理工作的核心是个人与岗位的匹配，这种匹配要求把个人特征同工作岗位的特征有机结合起来，从而获得理想的人力资源效果。工作岗位是复杂的，人则更为复杂。建立在完善工作分析基础上的人员选拔方式，应该可以根据具体的岗位要求（能力和品德方面），选出较合适的人。以企业人员选拔为例，在企业横向人员配置的问题上，选拔方式的选择影响作用并不明显。因为大部分现代企业采用的人员测评的方式，只是会根据岗位的具体要求，在专业技术和个人素质方面做些具体规定。但是，在企业纵向人员配置的问题上，因为每个岗位的能级权限不同，决策好坏对企业产生的影响有着天壤之别，对选拔方式的选择就很必要了。这时，我们要考虑的方面包括成本、有效性、收益率等。选择方法与技术的选择，实践中将作为一种策略，直接影响到组织的日常运行及未来发展。任何一个组织都可以分为三个层次，即领导者（组织的核心人物）、中高层管理人员、基层工作人员。每一层的人员选拔应该有不同的方法，应该综合考虑成本、利润、有效性等因素，才能对选拔的方法与技术做出较正确的决策，为组织引进优秀的人才，为其今后产生良好的工作业绩以及由此促进组织未来的发展做好铺垫。科学合理的人员测评与选拔理论，以及行之有效的人员选拔方法与技术，是我们做好组织管理工作的第一要务。

## 第二节 人员素质测评的主要类型

第一节通过概念解释，揭示了素质测评的内涵；这一节我们将通过类型这一形式，揭示人员素质测评的外延形式。

人员素质测评的类型，按照不同的标准有不同的划分。按照测评标准划分，有无目标测评、常模参照性测评与效标参照性测评。晋升测评一般属常模参照性测评，人员录用与招聘也多属这种测评。飞行员的选拔与录用主要属于效标参照性测评。述职、小结与访谈等写实性测评则属于无目标测评。

按照测评范围划分，可分为单项测评与综合测评。企业诊断与人员培训过程中的测评一般需要单项测评，而人员选拔与绩效考评中的测评大多数是综合测评。

按照测评技术与手段划分，有定性测评与定量测评以及包括模糊综合测评在内的中性测评；按照测评主体来划分，有自我测评、他人测评、个人测评、群体测评、上级测评、同级测评与下级测评；按照测评时间划分，有日常测评、期中测评与期末测评以及定期测评与不定期测评；按照测评结果划分，有分数测评、评语测评、等级测评以及符号测评；按照测评目的与用途划分，有选拔性测评、诊断性测评、配置性测评、鉴定性测评与开发性测评。

此外，还可以按照测评活动分为动态测评与静态测评，按照测评客体分为领导干部测评、中层管理人员测评、一般人员测评等。

本书主要按照测评目的与用途进行划分。

## 一、选拔性素质测评

选拔性素质测评是一种以选拔优秀人员为目的的素质测评。这是人力资源管理活动中经常要操作的一种素质测评。许多待遇优厚、工作舒适的职位，常常有众多的求职者申请。尽管我们采取一定的形式删除了许多不合格的求职者，但最后仍然存在许多可供我们选择的合格者，此时需要我们实施的则是选拔性的素质测评。

选拔性素质测评的操作流程如图1-2所示：

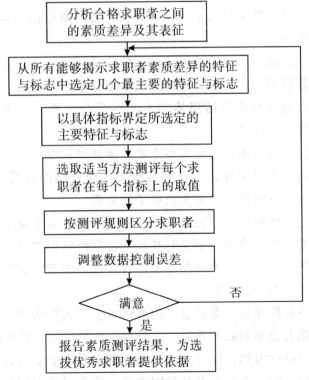

图1-2 选拔性素质测评操作流程图

选拔性素质测评与其他类型的测评相比，具有以下特点：

第一，整个测评特别强调测评的区分功用。选拔优秀求职者，实际上是"高个之中选高个"或"矮个之中拔高个"，是一种相对性的测评，特别需要测评能够把最优秀的求职者与一般性的合格者区分开来，便于雇主录用。

第二，测评标准的刚性最强。选拔性测评的目的既然是要把最优秀的求职者与一般性的合格者区分开来，那么人们对它的要求自然就非常严格和精确。因此，测评的标准无论合理不合理，一旦实施，绝不允许有丝毫变动。否则，所选拔出的"优秀者"就难以取信于民。

第三，测评过程特别强调客观性。选拔性测评方法的改革过程实际上就是使其测评过程不断客观化的过程。这种客观化的明显标志就是对测评方法的信度追求，表现为对数量化与计算机化的追求。

第四，测评指标具有选择性。一般来说，其他测评类型的指标都是从素质测评目标的分解直接制定，是测评标准的具体体现，而选拔性测评类型的指标允许有一定的选择性，以客观、便于操作与相关性为前提，甚至可以是一些表面看上去与测评标准风马牛不相及的测评指标。

第五，选拔性测评的结果或是分数或是等级。这一点较之其他测评类型特别明显。评语式的测评结果无助于区分功用的发挥。

选拔性测评操作与运用的基本原则是公平性、公正性、差异性、准确性与可比性。

所谓公平性原则，即要求整个素质测评过程对于每个被测评者来说，有利性相对平等，不是对某些人特别有利而对其他人不利。这是保证选拔性测评结果被公众接受的前提。

所谓公正性原则，即要求整个素质测评过程对于每个被测评者来说，要求都是一致的，不是对某些人特别严格而对另一些人却随便，要求测评者按统一的标准要求进行客观的测评。这是保证人们认为选拔结果有效的前提。

所谓差异性原则，即要求素质测评既要以差异为依据，又要能够反映求职者素质的真实差异。这是保证选拔结果正确性的前提。

所谓准确性原则，即要求素质测评对求职者素质差异的反映要尽可能精确，限于允许误差的范围之内。这是保证人们对素质测评选拔结果信任的前提。

所谓可比性原则,即要求素质测评对求职者素质测评的结果具有纵向的可比性。一般要求采取量化形式,不但可比,而且还可以与其他测评结果相加。这是保证选拔结果最后在选拔人员过程中发挥实际作用的前提。

## 二、配置性素质测评

配置性素质测评是人力资源管理中常见的另一种素质测评。它以人事合理配置为目的。现代企业的劳动人事管理要求以人为中心,使人力资源进入最佳发挥状态。人力资源发挥最佳作用的前提是人事相配,人适其事,事得其人,人尽其才,才尽其用,用显其效。实践表明,每种工作职位对其任职者都有一定的基本要求,当任职者现有的素质符合职位要求时,个体的人力资源就能主动发挥,创造出高水平的绩效。否则,个体的人力资源就处于被动状态,甚至费尽九牛二虎之力也无济于事,低能低效。因此,在人事配置中我们经常需要运用配置性的素质测评。

配置性素质测评操作流程如图 1-3 所示:

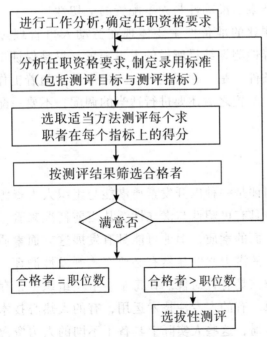

图 1-3　配置性素质测评操作流程图

配置性测评与其他类型的素质测评相比,具有针对性、客观性、严格性、准备性等特点。

配置性测评的针对性体现在整个测评的组织实施与目的上。配置性测评的目的是以所配置的（工作）职位要求为依据，寻找合适的申请者。整个测评活动都是围绕这一目的进行的。适用于甲职位的配置性素质测评，不一定适用于乙职位的配置。换句话说，针对甲职位的配置性测评结果不能运用到乙职位的人事配置上去，除非甲、乙两种职位要求相同。

配置性测评的客观性体现在测评的标准上。其他类型的测评标准虚一点或者实一点，好像都可接受，但是配置性测评的标准必须是实实在在的，必须以职位的客观要求为标准，不能主观随意制定。

配置性测评的严格性既体现在测评的标准上，又体现在测评活动的组织与实施中。有些工作，例如飞行员的驾驶工作，绝不能因为一时找不到合格的人员而降低要求。但是，这绝不意味着标准越高越好。实验表明，一个大学毕业生从事看门工作的业绩远远不如高中毕业生。为了保证人事配置的适切性，不但对测评标准要求严格，对测评方法、测评实施及整个测评过程都十分严格，而且还需要考虑人员配置的环境要求与合格人群的整体情况，否则，保证不了最后测评结果的准确性与人事配置的适切性。

配置性测评的准备性主要体现在劳动人事管理过程的开端性上。依据配置性测评结果所做的人事配置，只是保证工作效率效果的一个必要条件，是一种可能性、一种准备。随着工作要求与人员素质的变化，配置之后还要进行适当的调配，不要一配定终身。

## 三、开发性测评

开发性测评是一种以开发素质潜能与组织人力资源为目的的测评。人的素质具有可塑性与潜在性。从当前情况来看，有些人也许并不具备某方面的素质，但他可能具有发展这方面素质的潜力。如何发现这些人的潜力呢？显然有必要实施开发性测评。此外，人力资源的开发应该具有针对性。在每个企事业组织中，存在着不同类型的人力资源。有的人专注技术运用，有的人热心技术革新，有的人擅长技术传播，这些人实际上具备了不同的人力资源形态，应该对他们分别采取不同的开发策略，以最大限度地发挥他们的作用。对于"运用型"的人，应把他们培养为"生产冠军"；"革新型"的人，应让他们有机会接触更多的技术资料，并对他们的失败报以宽容的态度，鼓励他们的创新精神；"传播型"的人，应让他们横向发展，允许职位轮换流动。要明确不同形态的人力资源，就必须实施开发性的素质测评。

开发性素质测评，也可以称为勘探性素质测评，主要是为人力资源开发提供科学性与可行性依据，它的操作流程如图1-4所示：

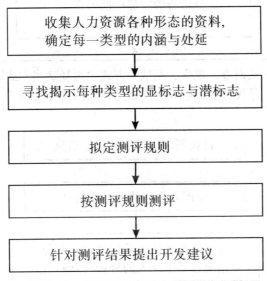

图1-4 开发性素质测评操作流程图

与其他测评类型相比，开发性测评具有勘探性、配合性、促进性等特点。

所谓勘探性，是指开发性测评对人力资源具有调查性，主要了解总体素质结构中哪些是优势素质，哪些是短缺素质，哪些是显性素质，哪些是潜在素质，哪些素质有开发价值等。

所谓配合性，是指开发性素质测评一般是与素质潜能开发或组织人力资源开发相配合进行的，是为开发服务的。

所谓促进性，是指开发性素质测评的主要目的不在于评定哪种素质好，哪种素质不好，哪种素质有，哪种素质无，而在于通过测评激励与促进各种素质的和谐发展与进一步提高。

## 四、诊断性素质测评

诊断性素质测评是那种以服务于了解素质现状或组织诊断问题为目的的素质测评。在组织的管理中，我们常常遇到这样或那样的问题，需要从人员素质测评方面查找原因，这就需要实施诊断性测评。

诊断性测评的操作流程如图1-5所示：

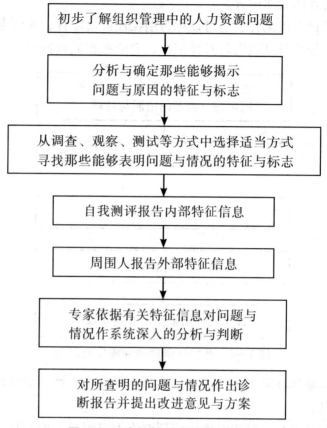

图1-5 诊断性测评操作流程图

诊断性测评与其他测评类型相比，主要有四个特点：

第一，测评内容或者十分精细，或者全面广泛。诊断性测评的目的是查找问题的原因，因此测评时就像医生问病情一样，任何细节都不放过，测评内容十分精细与深入。如果是了解现状，其测评的内容就十分广泛。

第二，诊断性测评的过程是寻根究底。测评者的测评一般是由观察现象出发，层层深入分析，步步综合，直至找到答案。

第三，测评结果不公开。其他各种类型的素质测评，结果一般都向有关人员公开，而诊断性测评的结果只供内部掌握与参考。

第四，测评具有较强的系统性。诊断性测评要求从表面特征与标志观察搜寻入手，继而深入分析问题与原因，诊断"症状"，由此提出改进的对策方案。前面各种类型的素质测评无此要求。

## 五、考核性素质测评

考核性素质测评又称鉴定性测评,是以鉴定与验证某种(些)素质是否具备或者具备程度大小为目的的素质测评。考核性测评经常穿插在选拔性测评与配置性测评之中。

考核性素质测评的操作流程如图1-6所示:

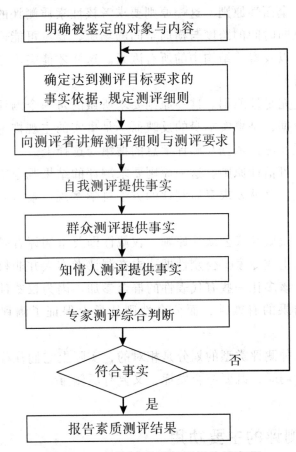

图1-6 考核性素质测评操作流程图

考核性素质测评与其他类型相比,有四个特点:

第一,它的测评结果主要是给想了解求职者素质结构与水平的人或雇主提供依据或证明,是对求职者素质结构与水平的鉴定,而其他类型的测评结果并非如此。

第二,考核性测评侧重于求职者现有素质的价值与功用,比较注重素质的现有差异,而不是素质发展的原有基础或者发展过程的差异。

第三，具有概括性的特点。它测评的范围比较广泛，涉及素质表现的各个方面，是一种总结性的测评，而其他类型的测评更明显的特点则是具体性。

第四，要求测评结果具有较高的信度与效度。也就是说，鉴定性测评较之其他类型，更要求所做的评定结论有据可查、充分全面，更要求所做的评定结论能够验证有关的结果。

在操作与运用考核性测评时应注意以下几个原则：

第一，全面性原则。这一原则要求考核性素质测评的范围要尽可能遍及纵向时间的跨度与横向空间的场所，要尽可能遍及素质形成的全过程以及素质结构中的所有因素。这样才能突出考核性测评的概括性特征。

第二，充足性原则。这一原则要求所做的每一个测评结论都要有充足的依据，是事实本身的反映而不是事实的主观推论。这种充足性应体现在测评依据与测评信息的搜集与选择上。

第三，可信性原则。这一原则要求测评的结果既令本人信服又令他人信服，这就要求素质测评的方法科学客观、素质测评的指标具体可验。

第四，权威性或公众性原则。权威性即要求测评者是有一定影响的权威人士或专家。公众性即要求在测评者本人并非权威人士的前提下，应该多让一些有代表性的群众参加。因为权威性从质上保证了测评结果的有效性，而公众性则从量上保证了测评结果的有效性。

上述五种测评类型的划分是相对的，实际上它们往往是交织在一起的。运用时，既要综合发挥，又要有所侧重。

## 第三节 人员素质测评的主要功用

功用即素质测评的功能与作用。素质测评的功能与素质测评的作用，是两个不同的概念。功能是素质测评活动本身固有的一种稳定机制，是一种相对独立的东西，而作用则是素质测评活动外在影响的一种具体表现，它会受到各种偶然因素的影响。同样的功能，有的情况下是正向发展表现功能的属性，而在另外的情况下却可能是反向发挥，起反作用。功能是作用的内在根据，而环境因素则是作用产生的外在条件。作用是素质测评活动中功能与环境因素相结合而产生的实际效用。功能、作用与素质测评活动是联为一体的。相对素质测评活动来说，功能是潜在的机制，而作用是外在的效应。

## 一、评定

人员素质测评活动中，最为显著的特征就是把被测评者的特征行为与某种标准进行比较，以确定其素质构成与成熟水平。用来比较的标准有两种：一种是存在于测评对象之外的客观要求，例如任职资格标准；另一种是存在于测评对象之中的"常模"标准，例如干部选拔测评中所依据的标准常常需要在"高个之中选高个"，前一个"高个"便成了选拔测评中的"准常模"。无论采用哪种标准，通过比较（直接或间接），任何人的素质都被确定在一个相应的位置上，以表明素质结构的优劣与水平高低。如果素质测评缺乏评定功能，那么素质测评就纯属一般的调查与了解。

素质测评评定功能的正向发挥，在人力资源管理中首先表现为促进与形成作用。社会心理学研究发现，自我评价、他人评价与群体评价是衡量一个人素质高低的三个重要参数。通过自我测评与群体测评，使一个人有了对他人与对自己的认识标准。一个人的行为基本上是按照这个标准进行调整与安排的。调整的需要好像是在无意识中产生的。个体仿佛自动地调整自己的行动去适应所确认的素质测评标准，以提高自己在这些标准上的测评分值。

马克思曾经说过，人来到这个世间没有带着镜子，他总是习惯于拿社会群体当镜子来照，在他掌握了这种社会知觉的方法之后，他便把镜子挪到了自我的内部。因此，通过他人测评、自我测评与群体中互相测评，每个人都能够认识自己的素质：自己的优势素质是什么，短缺素质是什么，亟待改进的素质是什么；社会与工作需要的是什么素质，不需要的是什么素质；什么是良好的素质，什么是低劣的素质。由此激发与产生改善自身素质、加强自我修养的愿望与行为。

素质测评中，既有对良好素质的肯定又有对低劣素质的认识，既有热情的希望与鼓励又有真诚的批评与悔改。因此，素质测评可以把人力资源管理者的开发期望与被测评者的自我修养有机地结合起来，促进个体素质的进一步提高。

其次，素质测评的评定功能还表现出激励与强化的作用。每个人都有自我尊重与超越上进的愿望，希望自己在测评中取得好成绩、好结果。获得肯定性评价的行为将会趋于高频率出现，而获得否定评价的行为会趋于低频率出现。素质测评是促使个体素质的培养与修养行为向着社会所要求的方向发展的强化手段。它是从外部激发个体的内部动机，使培养者与修养者的动机处于积极向上的激活心态，从而产生动力、压力与活力，激励他们素质开发（培养与修养）的行为更加自觉、更加积极地去接受并维护社会的测评标准，促进与提高所测评的素质水平。

最后，评定功能的正向发挥，还表现出导向作用。测评实践表明，测评过程中哪种素质的权重或分值大，哪种素质就备受人们重视；哪种素质的权重小，哪种素质就会被人们轻视；哪种素质不测评，人们就会逐渐忽视它。这种现象在考核性、选拔性测评中表现尤为明显。因此，在人力资源开发中应注意到素质测评的导向作用的正向发挥。

## 二、诊断反馈

素质测评活动的另一个特征是它搜集素质特征信息的广泛性与科学性。任何素质测评都必须广泛而系统地搜集各种素质特性信息，在充分占有材料的基础上做出分析。因此，无论是在搜集素质特征信息的过程中，还是在做出评价的时候，测评者都要考虑到素质形成、人力资源管理与开发的方方面面。有些问题甚至要深入到根源深处才能有结果。这样，经过测评，测评者对于人力资源管理的全过程，对于人力资源开发的效率与效果，就会有个全面而细致的了解。加上测评是根据统一的标准按一定的方法来进行的，因此，对于素质高、效果好、决定因素在哪里以及素质差、效果不好问题在哪里，均能一目了然。如果测评者把所有这些信息予以整理记录、转达给测评主体或第三者，这就是反馈了。它可以让测评者或第三者了解与掌握人力资源开发的不足与问题所在，以及人力资源开发的进程及素质形成的情况。

诊断反馈功能的正向发挥，首先表现出咨询的作用。一般来说，进行素质测评活动之后，对于以下问题均能一一做出有根据的回答：人力资源管理的目标制定得是否合理科学？人力资源的配置是否合理？人力资源开发的方式选择得是否得当？

其次，素质测评的诊断反馈功能，表现为对人力资源开发方案的制订与选择以及对开发工作的计划与改进。

在素质测评过程中，由于测评者曾系统而全面地掌握了素质形成的过程，找到了一些素质问题的原因所在，明确了每个被测评者的素质优劣，因此能有的放矢地在众多的开发方案与工作计划中选择出一个最为有效的方案，能抓住素质形成与发展的关键点进行优化开发。

最后，诊断反馈功能的正向发挥，表现出调节与控制的作用。从控制论的角度来看，素质培养与开发实际上也是一个调节与优化个体思想行为发展的过程。然而，这种调节与优化的作用在相当的程度上要由素质测评来实现。

## 三、预测

素质测评，尤其是心理素质测评，是在对素质现在及过去大量表现行为全面了解与概括（或总和）的基础上，判断素质表征行为运动群的特征和倾向的过程。换句话说，我们并不是根据单个的特征行为测评素质，而是根据大量的特征行为测评素质的。这些大量的特征行为对素质的揭示具有一定的必然性，因此人们可以依据素质表征行为发展的历史轨迹及其趋向，对被测者的素质发展进行某种预测。这种预测的有效性取决于素质特征的稳定性程度。

预测功能的正向发挥，表现为选拔作用。素质测评的评定功能单独发挥时，仅表现为激励作用；当它与预测功能结合发挥时，就表现为选拔作用了。

素质在数量与质量上的差异，是区别不同素质结构与水平差异的重要依据。测评的预测功能使素质测评的结果具有一定的后效性。换句话说，个体素质的差异具有一定的延续性。这样，我们就可以根据各个被测评者目前的素质差异了解其将来的发展差异。

## 第四节 人员素质测评的作用与运用原则

如何在人力资源开发中运用人员测评与选拔提高我们对资源开发的效率与效果呢？显然有许多问题值得研究，其中最为主要的是要正确认识人员测评与选拔在人力资源开发实践中的作用，并且把握相关的运用原则。

## 一、基本作用

### （一）人员测评与选拔是人力资源开发的基础

人力资源开发过程包括对人力资源的勘探分析、目标计划、组织实施、效果评估等环节。人力资源开发的目的在于社会生产力的提高与劳动者的自身发展。人员测评与选拔不但有助于人力资源开发目的的实现，而且有助于人力资源开发过程的优化。在人力资源开发之前，进行人员测评与选拔，有助于人力资源正确的勘探与分析，寻找到适当的人力开发点，制定科学可行的开发目标与计划，提高人力资源开发的针对性与综合性。在人力资源开发实施中进行人员测评与选拔，有助于开发工作的动态调控，提高开发的效率与效果。用人之长与优势互补是我们组织人力资源开发应遵循的一个原则。在人力资源开发告一段落后，进行人员素质测评，有助于我们正确而科学地评估人力资源开发所取得的效果。

### （二）人员测评与选拔是人力资源开发的重要手段

人员测评与选拔具有导向作用。测评实践表明，测评过程中哪种素质的权重或分值越大，哪种素质就越备受人们的重视；哪种素质的权重或分值越小，哪种素质就会被人轻视；哪种素质不测评，人们就会逐渐忽视它。因此，人员测评与选拔对人力资源开发的作用表现为测评与开发相结合，以测评促改进，以测评促发展。

此外，人员测评与选拔本身就是一种人力资源开发的有效手段。评价中心本身既是一种对管理能力测评的手段，又是训练管理者沟通交流与表达技能的一种有效方式。

### （三）人员测评与选拔是人力资源开发效果检验的"尺度"

从人力资源的结构来看，人员素质是人力资源的内核与基底，因此对于人力资源开发效果的检验可以通过人员素质测评来衡量；从人力资源开发评估的标准上来看，人力资源开发效果的好坏不仅要看社会生产能力或个体劳动能力的提高程度如何，而且还要看劳动者自身各方面的素质发展如何。现代企事业单位的管理要求以人为中心。如果人力资源开发的结果仅表现为劳动能力的发展而没有劳动者自身的发展与满足，那么这种人力资源开发不能算是高水平的。人员素质测评既有助于对劳动能力的测评，又有助于对劳动者自身发展的了解。

### （四）建立促成性素质测评模式，可以提高人力资源开发的效果

实践表明，建立促成性素质测评的模式，能够大大提高人力资源目标开发的效率与效果。

所谓促成性素质测评，是指人员素质测评实施的目的不在于评定哪种素质好、哪种素质差、哪种素质有、哪种素质无，而在于通过测评活动激励与促进各种素质向既定的目标形成与发展。不难看出，这种促成性素质测评模式实际上是一种以人力资源开发为目的、以素质测评为主导、联合各种管理活动为一体的综合开发模式。因此它对人力资源开发的效率与效果必然大大高于一般的人力资源开发形式。

## 二、运用原则

### （一）全面测评与择优开发

所谓全面测评与择优开发，是指要对全体人员进行测评，对所有素质进行测评，然后选择其中的优势人力资源进行开发，选择其中的特长素质进行开发。

自古以来大致有两种人力资源开发观点：一种是选用人之长，不计人之短；另一种是苛求人无过，不看人之长。前一种自然是不拘一格开发人力，后一种则是求全责备压抑人力。我们在人力资源开发中应择优开发。

择优开发，一是要选择个体身上的特长素质优先开发，二是要在群体中选择那些优秀人才优先开发。

### （二）发现不足与整体协调

所谓发现不足与整体协调，是要通过人员素质测评，真正认识每个劳动者的不足之处，善于整体协调，取长补短，实现群体上的优势互补。

众所周知，人力资源具有社会性和可塑性，人力资源既来源于社会又服务于社会，它们会在群体劳动中互相影响、互相增强、互相促进。日本著名企业家松下正治招聘员工时，十分重视整体协调

开发，他把员工的性格作风划分为善于思考的"文人型"、富于进取的"武士型"与勇于拼搏的"运动员型"三种类型，并让他们在整个公司的员工比例中各占1/3，以达到公司人力资源整体协调开发的目的。

### （三）分项诊断与综合开发

所谓分项诊断与综合开发，是指人员素质的测评与问题诊断可以分项进行，以提高测评的精确性，但在人力资源开发中却要做到综合平衡。人力是由人员多方面素质综合而成的，各种素质无法互相替代，必须同时具备，不可偏废，因此必须坚持全面开发的观点，长期单纯地追求某一方面素质的发展或人力资源开发必然会造成人力资源的畸形发展。

### （四）统一标准与量材开发

所谓统一标准与量材开发，是指人员测评与选拔的标准应根据开发目标统一要求，但要根据测评结果的情况进行切合实际的开发。

量材开发的关键是通过对被测者长处、短处的科学分析给每个人员委派适合的工作，制定适当的开发目标与计划。王安石曾经说过，用人应该"使大者小者、长者短者、强者弱者无不适其任者焉。如是则士之愚蒙鄙陋者，皆能奋其所知以效小事，况其贤能智力卓荦者乎？"这就是说，凡是给人安排了最能发挥其优势的工作，这个人工作起来也就最起劲，最能有所成就，而在获得成就的过程中他的优势素质又会在更高水平上有所发展。

量材开发还要做到宜"栋"则"栋"，宜"椽"则"椽"。

量材开发不但要人尽其材，还要做到材尽其用，既不要小材大用，也不要大材小用，小材大用要误事，大材小用则是浪费资源。

### （五）自我测评与外部强化

所谓自我测评与外部强化，是指在人力资源开发过程中，要进行自我测评，通过自我测评，使被开发者对应达到的目标有所认识、有所追求，把外在的开发目标内化为自我奋斗的目标。在自我测评基础上，还要进行外部强化，一种良好的素质如果得不到重用与发挥，得不到肯定与鼓励，就难以迅速地成长起来。因此，在人力资源开发过程中应制定一些行政鼓励措施、人事任用措施、奖惩督导制度，以强化那些优秀的人力资源得到进一步的发展。

### （六）他人测评与自我激励

所谓他人测评与自我激励，是指在人力资源开发过程中，不但要自我测评，而且要在自我测评的基础上进行他人测评，让周围的同事、上级主管以及有关专家参与素质测评，保证测评的客观性、公正性与科学性。而且，这种客观、公正与科学的测评结果要让被测评者自我认识、自我接受，并在此基础上进行自我激励。如果光有外部强化，没有自我的激励机制，那么我们对人力资源的开发就难以取得预期的效果。

### （七）模糊测评与精心指导

所谓模糊测评与精心指导，是指在人力资源开发过程中所进行的人员素质测评应具有一定的弹性，不一定要按规定的要求严格核定。我们可以从鼓励的角度适当放宽标准，只要被测评者处于发展状态中，比以前有进步，我们就应予以肯定与强化。然而在开发指导上，却要求我们精益求精、细心策划，要针对每个人的具体情况与优缺点，进行有针对性的、具体的指导，使被开发者明确方向，清楚要求，心领神会，少走弯路。

### （八）相互比较与职业发展

职业发展也叫职业生涯的自我设计，它是一个计划、一个方案、一个过程。人员素质测评使被开发者有机会评估自己的知识、技能、智力、态度、品德与体质、发展潜力与事业进展等情况，从而为个人事业目标的实现与调整制定具体的步骤。这一原则要求人力资源开发者要善于引导被开发者有效地利用人员测评与选拔的结果，把自己置于群体中加以比较，不要孤立地自我测评，这样才能明确自己的长处与短处，拟订有效的职业发展计划；要善于引导被开发者对自己前后的职业发展进行比较，及时地调整自己的步骤。同时，还要引导被开发者进行自我开发。人力资源开发不光是主管对下属的开发，更重要的是要引导下属自我开发。因此，通过对职业发展计划拟订的指导与素质测评，引导被开发者自觉地进行自我开发，形成内外一致的开发合力与效果。

## 本章小结

1. 本章主要介绍了素质和素质测评的基本情况，包括素质的概念、特性和构成，人员素质测评的基本类型及主要功用。

2. 素质是指一个人完成一定活动与任务所具备的基本条件和基本特点，是行为的基础与根本因素。个体素质有基础作用性、稳定性、可塑性、内在性、表出性、差异性、综合性、可分解性、层次性与相对性等特性。

任何一个人要有所发展、有所成就，都离不开其优良的素质。但是，作为完成任务、形成绩效及继续发展的前提，素质只是一种可能性、一种静态条件，这种静态条件能否真正发挥作用，还需动态条件的保证，这就是素质功能发挥的过程及其制约因素的影响。因此，素质与绩效以及素质与发展都是互为表里的。素质是绩效与发展的内在条件，绩效与发展是素质的外在表现。

3. 从构成上看，个体的素质可以分为身体素质与心理素质两大类。其中，身体素质指个体体质、体力和精力的总和。心理素质包括文化素质、品德素质、智能素质、心理健康素质和其他个性素质等。心理素质是个体发展与事业成功的关键因素。因此，心理素质测评往往是素质测评的重点。

4. 人员素质测评主体根据测评目的与标准体系，采用科学的方法收集被测评者的相关信息，在短时间内对素质做出量值或价值的评判活动。人员素质测评的类型，按不同的标准有多种不同类型的划分。其中实用性较强的，是按测评目的与用途将素质测评分为选拔性测评、配置性测评、开发性测评、诊断性测评与考核性测评。这五种测评类型的划分只是相对的，现实中它们往往交织在一起，运用时既要综合发挥又要有所侧重。

在这里，选拔性测评是一种以选拔优秀人才为目的的素质测评，是人力资源管理活动中经常要操作的一种素质测评；配置性测评则以合理人事配置、人尽其才、才得其用为目的进行；开发性测评的主要目的是开发人员素质，有针对性地挖掘人的潜力、发挥人的特长，从长远的角度启发和引导员工的发展；诊断性测评是以了解素质现状和素质开发问题为目的的测评，从测评方面找出相关原因，帮助企业解决现实问题；考核性测评又称鉴定性测评，是以鉴定与验证某种（些）素质是否具备或者具备程度大小为目的的素质测评，经常穿插在选拔性测评与配置性测评之中。

5. 素质测评的功用是其功能与作用的统称，这二者是相通又不相同的两个概念，相对于素质测评活动来说，功能是潜在的机制，而作用是外在的效应。

素质测评的主要功用有评定功用、诊断功用、预测功用。

素质测评在人力资源开发实践中有着特定的作用与运用的原则。

### ▶▶ 复习思考题

1. 你是如何看待人员素质测评在人力资源开发与管理中的作用的？结合本章的内容，谈谈你对人员素质测评作用的认识。

2. 结合自己的了解与掌握的实际情况，谈谈目前各类组织人员素质测评实践中所存在的问题，以及如何改进人员素质测评的工作。

3. 人员素质测评、人员考评、人才素质测评、人才选拔等相互之间的关系是什么？

### ▶▶ 案例与分析

**选择物业部经理**

S大学总务处的副处长李君前几天突然被一则招聘启事打动了。这是一家总部设在香港的大型公司为其物业部招聘经理人员的启事，丰厚的待遇让李君动心了，再看招聘条件：大学毕业、本市户口、物业管理经验、35岁以下年龄，无一不与自己吻合。想想高校改革、后勤剥离的前景，以及这些年从国有企业到经委机关再到高校，单位不同但都是温饱无缺却绝对谈不上富裕又毫无刺激的工作，李君几乎没经任何思考就做出了辞职去应聘的决定。

接下来的几个星期，李君毫不费力地就过了材料审查、知识测试几个关口，冲到了最后的面试主考官面前，与他同样幸运的还有四五个年轻人，但李君丝毫没有将他们放在眼里，试想：还有谁能有他这样好的条件呢？毕业于名牌大学，转战于企业、政府、学校之间，丰富的阅历、多年的经验，还有他这几年业余时间淘来的几个非常有用的职称和职业证书——工程师、会计师、律师、英语六级。只要这个公司不是傻瓜，那毫无疑问他会得到物业部经理这个位置。

出乎李君的意料，面试很简单，考官只是简单地问了几个常规性的问题，譬如工作经历、家庭情况、为什么要换工作等。随后是素质测试和心理测试，这也难不倒李君，虽没有亲身经历，但他在书上见得多了，连怎么回答都玩过不少次，李君同样是轻而易举地完成了各种答卷。

走出门来，李君长舒了一口气。他为自己在测试中将个性发挥得淋漓尽致感到痛快，他毫不怀疑自己会得到物业经理这个位置，他相信自己大展宏图的机会终于到了。

然而，李君没有想到，素质测评的结果正好相反。

评价中心提交的测评结果显示，李君具有这样的特点：

1. 充满智慧且具有相当熟练的社会技能，只要动机受到启发，便可能迸出出人意料或者异想天开的点子；

2. 思维高度活跃，有高度的个人创造力和开拓精神；

3. 纯粹的完美主义者，到了理想主义的程度；

4. 做事极有主见，甚至独断专行。

评价中心同样提示，李君的这些特点在别的岗位上也许是优点，比如对开拓和创造有较高要求的高层领导或某些策划岗位；但对物业管理来说就成为缺点了，该岗位需要的恰恰是脚踏实地、任劳任怨，有无创造性并不重要，闹个人意见却是要不得的个性。

总之，所有的一切归于一个结论：此人不是公司希望聘用的类型。

## ▶▶ 案例分析题

1. 为什么李君的自我感觉与测评结果会出现如此大的反差？
2. 你认为该测评结果是否可靠？
3. 企业应如何认识并使用素质测评？

## ▶▶ 建议阅读文献

1. 乔凤珠：《人员素质测评问题及对策研究》，《理论界》2011年第7期。
2. 冯建梅：《人员素质测评在企业人力资源优化中的运用》，《中国商贸》2012年第6期。
3. 陈璟：《人员素质测评在中小民企中的应用》，《现代商业》2013年第32期。
4. 监文慧、方守林：《我国事业单位人员素质测评优化研究》，《合作经济与科技》2014年第4期。
5. 李南：《人员素质测评在人力资源管理中的应用研究》，《统计与管理》

2014 年第 8 期。

6. Zhao, Shuming, and Juan Du, "The Application of Competency-based Talent Assessment Systems in China", *Human Systems Management*, Vol. 30, No. 1/2, 2011, pp. 23-37.

7. Bonder, Arieh, Carl-Denis Bouchard and Guy Bellemare, "Competency-Based Management – An Integrated Approach to Human Resource Management in the Canadian Public Sector", *Public Personnel Management*, Vol. 40, No. 1, 2011, pp. 1-10.

8. Chaudhuri, Manosi, "Competency Assessment of the Retail Staff in Top Stores of Adidas India", *International Journal of Human Resources Development & Management*, Vol. 13, Issue 2, 2013, pp. 178-187.

9. Pedro Ángel López Martínez, "Analysis of Professional Competencies in the Spanish Public Administration Management", *Revista de Psicología del Trabajo y de las Organizationes*, Vol. 30, Issue 2, 2014, pp. 61-66.

10. Thomas, Anitha, "Case in Competency: Training need Assessment", *SCMS Journal of Indian Management*, Vol. 7, Issue 2, 2010, pp. 5-15.

# 第二章

# 胜任力理论及其对人员素质测评的作用

> **本章学习目标提示**
>
> 1. 了解胜任力研究的起源与发展历程
> 2. 把握胜任力概念、胜任力分类和胜任力模型
> 3. 掌握胜任力理论在人员素质测评中的应用
> 4. 掌握构建胜任力模型的主要流程与方法

胜任力理论研究涉及管理学、心理学、教育学等多学科理论知识，本章主要对基本理论进行介绍，包括胜任力研究起源与发展、胜任力定义、胜任力分类等方面内容。在此基础上，从标准、技术等方面对胜任力在人员素质测评中的价值和应用进行分析。

## 第一节 胜任力研究起源与发展

促使现代胜任力研究运动兴起的一个关键起源因素应该追溯到富兰克林·罗斯福政府。特别强调的是，罗斯福政府鼓励工作分析，提倡区别和归类不同的职业工作要素。这项工作最终导致职业类别词典的出版，该词典不仅包括了各种职业，也包括了与其相关和需要的知识和技能。这项工作有效地推动了现代胜任力研究运动的兴起，可以说，这项工作奠定了胜任力研究的基础，因为它的研究过程比较规范并揭示了与工作绩效相关的核心知识和技能。[①]

---

① S. Horton, "The Competency Movement: Its Origins and Impact on the Public Sector", *The International Journal of Public Sector Management*, 2000, 13 (4), 306-318.

## 第二章　胜任力理论及其对人员素质测评的作用

1959年，心理学家罗伯特·怀特（Robert White）在《再谈激励：胜任力的概念》（Motivation Reconsidered: The Concept of Competence）一文中，第一次正式提到与"人才识别"和"个人特性"相关的因素是"胜任力"（competence）这一概念。1963年，罗伯特在《人际关系胜任力》（Sense of Interpersonal Competence）的论文中，探讨了胜任力与社会生活之间的关系。正是因为罗伯特·怀特的研究，才促使了哈佛大学教授麦克里兰（David McClelland）在1973年关于外交官选拔标准研究中使用的概念是"胜任力"（competence）而非"人才"（talent）。①

20世纪70年代，为解决如何有效地选拔出高效能的海外文化事务官员问题，麦克里兰进行了相关研究，他抛弃对人才条件的预设前提，从第一手材料出发，通过对实际工作中表现优秀和表现一般的外交官的具体行为特征的比较分析，识别出能够保证个人真正取得工作业绩的个人条件是胜任力。1972年和1973年，麦克里兰和他的助手戴雷联合发表了两篇研究论文——《改进外交官员的甄选》（Improving Officer Selection for the Foreign Service）和《评估用于测量优秀海外文化事务官员的必备素质的新方法》（Evaluating New Methods of Measuring the Qualities Needed in Superior Foreign Service in Formation Officers）。论文的发表在社会上产生了重要影响，特别是第二篇文章标志着胜任力的行为事件访谈法的诞生。此后不久，麦克里兰就发表了里程碑式的《测量胜任力而不是智力》（Testing for Competency rather than for Intelligence）一文，标志着胜任力体系的正式确立。

1973年以后，胜任力研究进入了一个百家争鸣、百花齐放的发展阶段，而且胜任力研究也开始大规模走向实践。

在胜任力体系确立后不久，麦克里兰等人在波士顿成立了一家专业的咨询公司，专门从事胜任力的研究和实际应用。1976年，麦克里兰出版了专著《职位胜任力测评指导》（A Guide for Job Competency Assessment）。此书的出版标志着胜任力理论和方法向实践过程的转移和渗透。1978年，克莱姆（G. Klemp）的《职位胜任力测评》（Job Competency Assessment）一书的出版对胜任力体系的研究与应用发展起到了重要的推动作用。

---

① 国际人力资源管理研究院编委会：《人力资源经理胜任素质模型》，机械工业出版社2005年版，第135页。

在麦克里兰的领导和指导下，理查德·鲍伊兹（Richard Boyatzis）继续麦克里兰的研究工作。1982年，他出版了《胜任的经理人：有效绩效模型》（The Competent Manager: A Model for Effective Performance）一书，该著作报告了美国管理协会资助的研究成果，该成果产生于一项管理学硕士项目的研究过程当中。为了给该硕士项目打造坚实的基础，美国管理协会聘请理查德·鲍伊兹分析了在不同组织中众多不同管理者与有效绩效相关的重要特性，理查德·鲍伊兹采用了麦克里兰早期的研究工作成果作为他研究工作的出发点。最后，他发现了与有效管理绩效相关的19项胜任力。其中7项被称为门槛性的胜任力，换句话说，一个人的普通知识、动机、特质、自我印象、社会角色或者技能等是执行工作必需的，但是并不总是与杰出工作绩效相关。[①] 他的研究成果标志着胜任力研究新阶段的到来，胜任力模型开始登上了历史舞台。

1985年，罗伯特·斯坦伯格（Robert Sternberg）的智力三元理论进一步发展了胜任力的概念，其实践智力与内隐知识的概念为胜任力理论和实证研究提供了坚实的基础。

1989年，霍恩比（Hornby）、托马斯（Thomas）和德尔维茨（Dulewicz）等对胜任力的深化研究做出了一定贡献，随之胜任力理论迅速扩展到世界许多国家和地区，出现了大量的胜任力模型库和胜任力词典等，人们对胜任力的研究也日益深入。

20世纪90年代以后，胜任力概念被普拉哈拉德（Prahalad）和哈默尔（Hamel）带入战略层次，组织胜任力成为战略管理的新热点。1993年，斯班瑟（Spencer）等人出版了专著《工作胜任力》，对麦克里兰长期以来的研究成果和应用情况作了较系统的说明。1994年，麦克里兰和斯班瑟等人发布了题为《胜任力评估方法》（Competency Assessment Methods）的小册子，麦克里兰首先对近年来胜任力体系的发展过程做了简要回顾，对胜任力含义进行了明确的界定。

麦克里兰等人建立起了胜任力体系的基本框架，搭建了胜任力研究的良好平台，形成了一个全球的胜任力模型数据库和通用胜任力词典。目前世界500强企业中有过半的公司在应用胜任力模型。在某些国家与地区政府的管理当中，也开始逐渐研究和使用胜任力

---

① R. E. Boyatzis, *The Competent Manager: A Model for Effective Performance*, New York: John Wiley & Sons, 1982, p. 23.

## 第二章 胜任力理论及其对人员素质测评的作用

理论,并将其作为一种专业性开发工具。例如,美国的路易斯安那州就建立了胜任力结构模型,作为提高州政府领导与管理能力的基础。① 采用问卷调查、焦点访谈和测试评价等多种方法,州政府建立了领导者和管理者应该具备的详细胜任力清单,之后组织了综合的管理培训项目来开发这些胜任力。

著名管理学家德鲁克(Peter Drucker)在20世纪90年代也已经意识到胜任力的重要性,在1994年,他提出了商业成功的三组假设:第一组是关于商业环境;第二组是关于组织使命;更为重要的是第三组,它是关于员工为完成组织使命必须拥有的胜任力。②

此外,至20世纪90年代末,全球最早提供人力资源外包与咨询服务的翰威特(Hewitt)公司的合伙人之一爱德华·格伯曼(Edward Gubman)曾为财富500强中75%的企业做过咨询工作,他在咨询工作中将个人胜任力作为领导者选拔与管理工具进行了大量的研究。像大部分咨询师一样,他的目标是帮助组织实现杰出绩效的管理目标。他非常关注商业优势、能力、测量、管理实践以及其他非常重要的方面,但是他的核心建议是以最好的方法排列组合战略和员工。当提到员工时,结论是员工的个人胜任力必须与战略规划、目标以及组织文化相匹配。个人胜任力在人才管理当中起着关键的作用,它们指导与引导和战略管理相关的决策。组织领导的任务之一就是决定存在和需要什么样的胜任力。③

此后,胜任力和胜任力结构模型也被逐渐用作改善各种人事功能、改善人员和组织绩效有效性等方面的一种方法,并且这方面的应用显得越来越重要。2001年,美国的富国银行(Wells Fargo)雇用了一个团队对一系列人力资源管理实践给组织带来的影响进行测量和评估。这些管理实践的核心就是胜任力结构模型被设计用作选拔任用、人事管理和雇员开发。研究目标是分析管理实践给组织绩效和雇员满意度、忠诚度和劳动生产率带来的特殊的影响。研究结论显示,基于胜任力结构模型的管理实践与雇员满意度/忠诚度之间没有什么相关性,但是却发现在该管理实践与组织和雇员绩效之

---

① S. S. Naquin, and E. F. Holton III, "Redefining State Government Leadership and Management Development: A Process for Competency-based Development", *Public Personnel Management*, 2003, 32 (1), 23-47.

② P. F. Drucker, "The Theory of the Business", *Harvard Business Review*, 1994, 72 (5), 95-104.

③ E. L. Gubman, *The Talent Solution: Aligning Strategy and People to Achieve Extraordinary Results*, New York: McGraw-Hill, 1998.

间具有很强的相关性。①

2006年,努尔丁(Noordeen)、盖瑞(Gary)和理查德(Richard)在对胜任力模型的概念、提出动因以及如何执行胜任力模型进行全面综述的基础上,通过对美国医疗系统公司(American Medical Systems,AMS)成功运用基于胜任力的人力资源开发战略的案例研究,分别从人员选拔配置、员工教育培训、职业生涯发展以及绩效管理四个方面,进一步系统地论证了胜任力模型能够有效提高员工绩效并使组织获得长久的竞争优势,并指出,胜任力模型在不同的人力资源系统中应用范围的确定是执行胜任力战略管理过程中遇到的主要难题。此外,他们还归纳总结了为有效运用基于胜任力的人力资源开发战略,人力资源管理人员所面临的六大挑战②:

(1) 为执行新的措施而获得领导层的支持;

(2) 详细阐述基于胜任力的人力资源开发方法,并将其与组织任务、组织价值及战略性商业目标联系起来;

(3) 给胜任力模型构建一个概念性框架;

(4) 采用适当的方法论以促进胜任力模型开发;

(5) 将新的实践传达给每一位员工;

(6) 评估基于胜任力的战略对人力资源绩效提升的效果。

可见,人们在胜任力的研究过程中,不断发现其价值功用所在,刚开始主要是用于测试评价以便进行人事选拔录用(例如麦克里兰和鲍伊兹的研究工作),后来胜任力的研究慢慢地进入人力资源管理多功用阶段,逐渐将胜任力理论应用到员工开发、人才管理等人力资源管理实践活动当中,并探讨胜任力要素的构成、模型的构建与验证以及对理论进行修补和完善的阶段。

# 第二节 胜任力理论比较

## 一、胜任力定义

国内外许多研究者对胜任力的定义提出了自己的观点。其中,

---

① T. E. Lawson, and R. L. Hepp, "Measuring the Performance of Human Resource Initiatives", *Human Resource Planning*, 2001, 24 (2), 36-45.

② Gangani Noordeen, McLean Gary, Braden Richard, "A Competency-Based Human Resource Development Strategy", *Performance Improvement Quarterly*, 2006, 19 (1), 127-139.

国外代表性的定义有这么几种:

麦克里兰认为:"胜任力是能区分在特定工作岗位、角色或者情境中绩效水平的个人潜在的特性。"①

美国管理协会(American Management Association)将胜任力界定为"在一项工作中,与达成优良绩效相关的知识、动机、特征、自我形象、社会角色和技能"②。

1980年,麦克拉根(Mclagan)认为:"所谓胜任力,是指一个人在某个角色或职务上有优越绩效的能力。它可能是知识、技能、智慧策略或者综合以上三者的结果;它可以应用在一个或多个工作单位中。胜任力的说明涵盖范围视其希望的用途而定。"1990年,他修正了这一定义,指出胜任力是"指对优秀成果的产生具有重要影响的能力"③。

1993年,斯班瑟指出:"胜任力指的是人格中一项潜在的、深层次的并且持久的个人特质,它能够预测一个人在宽泛多样的情境和工作任务中的行为和工作绩效,能够预测哪些人能做得好和哪些人将做得不好。这些特质与效标参照组的工作绩效,具有高度的因果关系。"④ 他主要研究了动机、特性、自我概念、知识和技能五个方面。

1999年,露西亚(Lucia)认为:"胜任力是用来鉴别员工技能、知识、性格以及行为的一种描述性工具,从而使员工在组织中能有效地扮演其角色,并帮助组织实现战略目标。"⑤

2002年,布福德(Buford)指出:"胜任力是一个有效的决策工具,它与一组具体的活动相关联,这些活动描述了实施该活动所需要的核心知识、技能以及能力。"⑥

---

① David C. McClelland, "Testing for Competence rather than for 'Intelligence'", *America Psychologist*, 1973, 28: 1-14.

② J. Hayes, "A New Look at Managerial Competence: The AMA for Worthy Performance", *Management Review*, 1979, 59: 2-3.

③ David Dubois:《绩效跃进——才能评鉴法的极致运用》,李芳龄译,汕头大学出版社2003年版,第13页。

④ Lyle M. Spencer, Jr., and Signe M. Spencer, *Competence at work: Models for Superior Performance*, New York: John Wiley & Sons, Inc, 1993, p. 9.

⑤ A. D. Lucia, and R. Lesinger, *The Art and Science of Competency Models: Pinpointing Critical Success Factors in An Organization*, San francisco: Jossey-Bass/Pfeiffer, 1999.

⑥ J. A. Buford, Jr., and J. R. Lindner, *Human Resource Management in Local Government: Concepts and Applications for Students and Practitioners*, Cincinnati, OH: Southwestern, 2002.

理查德·鲍伊兹认为："胜任力是一个人具有的并用来在某个生活角色中产生成功表现的任何特质，这种个体的潜在特征，可能是动机、特质、技能、自我形象或社会角色，或者知识。"①

合益（Hay）集团认为："胜任力是能够把平均绩效水平者和高绩效者区分开来的任何动机、态度、技能、知识、行为或个人特点。"②

哈克尼（Hackney）从培训的角度指出："胜任力就是一个人成功完成组织目标时所需要的知识、技能和态度。胜任力是确保产生绩效的能力。"③

哈雷（Halley）认为："事实上，胜任力通常被定义为一种特征，它能够使一个人以富有成效的方式完成他的工作，而且这种特征能够依据一个可接受的绩效标准进行测量。它包括知识、技能、能力、特质、态度、动机和行为等多个方面。"④

国内也有不少学者界定了胜任力定义，代表性观点有：

时勘、仲理峰等人认为："胜任特征是能把某职位中表现优异者和表现平平者区别开来的个体潜在的、较为持久的行为特征。"⑤

彭剑峰认为："胜任力是驱动一个人产生优秀绩效的个性特征的集合，它反映的是可以通过不同方式表现出来的个人的知识、技能、个性和内驱力等。胜任力是判断一个人能否胜任某项工作的起点，是决定并区别绩效差异的个人特征。"⑥

王重鸣等人认为："胜任力是人们在适应工作或管理情境下，产生具体绩效和成就感的个体特征，包括知识、经验、技能和成就动机等变量。"⑦

笔者认为，胜任力是影响人员的工作行为与绩效中那些更为核

---

① R. E. Boyatzis, "Rendering into Competence the Things that Are Competent", *American Psychologist*, 1994, 49: 64-66.

② http://www.hayresourcesdirect.haygroup.com/Competency/Assessments_Surveys/competency_Portfolios/Overview.asp.

③ Catherine Eggleston Hackney, "Three Models for Portfolio Evaluation of Principals", *School Administrator*, Vol. 56, May 1999.

④ Dee Halley, "The Core Competency Model Project", *Corrections Today*, Vol. 63, Issue 7, 2001, p. 154.

⑤ 仲理峰、时勘：《胜任特征研究的新进展》，《南开管理评论》2003年第2期，第4—8页。

⑥ 彭剑峰：《人力资源管理概论》，复旦大学出版社2003年版。

⑦ 苗青、王重鸣：《基于企业竞争力的企业家胜任力模型》，《中国地质大学学报（社会科学版）》2003年第3期，第18—20、24页。

心与关键的素质综合体系。在《人员素质测评》一书中，我们把素质限定在个体范围内，个体完成一定活动与任务所具备的基本条件和基本特点，是行为的基础与根本因素，包括生理素质与心理素质两个方面。它对一个人的身心发展、工作潜力和工作成就的提高起根本的决定作用。[①]

通过上述种种定义，我们对胜任力的认识更加深入和全面，同时通过对比分析，除我们自己的观点外，我们发现存在两种鲜明对比的观点：

第一种观点是特质观。它强调胜任力是个体的潜在的特征，它与一定工作或者情境中的、效标参照的、有效或优异绩效有因果关系。这种观点认为，指胜任力是一种个人人格中深层次的、持久的部分，能够预测行为和工作绩效。

第二种观点是行为观。它将胜任力视为个体的相关行为的类别，指出胜任力是保证一个人胜任工作的、外显行为的维度，它是具体的、可以观察到的、能正视的一类行为，比如"敏感""主动""分析"等。这种行为观的理论着重从人的外显的行为来研究胜任力。

但是，这两种观点也有共同之处：

第一，无论是从潜在的个人特征还是从行为解说胜任力，胜任力都是以效标为参照的。

第二，它们都包括因果关系的观点，认为胜任力是高绩效或者胜任工作的原因。

第三，上述定义都不排斥个人特质或者行为，而且，并不是任何行为都是胜任力的表现，胜任力只是其中稳定的、可以描述的、能预测高绩效的那部分行为。

第四，无论是外显的知识、技能，还是潜在的动机、态度或者价值观等，都是导向优秀绩效的必要条件，而不是充分条件，要科学、全面地反映一个人的岗位胜任力，必须联系实际组织环境考察他的岗位绩效、外显能力、内在个性等诸方面的素质。

根据上述分析，我们认为：胜任力是指在特定工作岗位、组织环境和文化氛围中高绩效者所具备的可以测量与开发的核心素质与关键素质，它们能够将高绩效者和一般绩效者区分开来，其中有潜在的观念、理念、品德、动机等心理品质，也有外显的知识、技

---

[①] 〔中〕肖鸣政、〔英〕Mark Cook 编著：《人员素质测评》，高等教育出版社2003年版，第2页。

能、习惯等行为特征。它具有下列属性：

第一，胜任力是一种可以用来区分高绩效者和普通绩效者的关键能力素质，它既包括任职者与其工作要求相对应的能力水平，也包括任职者在具体工作中的行为特征。

第二，胜任力与一定的工作情境相关联，是具有能力特征的素质体系，它存在于知识、技能、能力、品德等多方面的核心素质与关键素质中。

第三，胜任力是针对工作绩效而言的，能够引起或者预测行为和绩效，是能够导向优秀绩效的那些素质特征，应该围绕工作绩效来研究胜任力。

第四，任何单个的胜任特征难以导致高绩效，胜任力是成簇的一个体系而不是单一出现的，体现为某一具体岗位的胜任力结构模型。

## 二、胜任力分类

含义不同，分类也相应不一样。比较具有代表性的胜任力分类有以下几种：

第一，根据个体在工作中不同的职位，把胜任力分为工作胜任力、岗位胜任力和职务胜任力。工作胜任力影响个体的工作绩效状况，可以用来预测个体的工作绩效。岗位胜任力是指具有某种资格或胜任某一岗位的条件，即拥有足够的技能、知识来完成特定任务或者从事某一活动。[①] 工作岗位不同，具体的岗位胜任特征也不一样。这些不同的胜任特征和要求形成了不同岗位的胜任力模型。职务胜任力是指某一行业工作者是否具备某一职务所要求的职务行为能力。

第二，根据可观察性、潜在性等特征，将胜任力分为表面胜任力和中心胜任力两大类。表面胜任力就是那些能看得见的"知识""技能""态度"等方面的特性。它们易于观察和测量，并且也比较容易开发和培养。比如，专业知识或专业技能等，通过正规的学校教育或专业培训是可以掌握的，还有"态度"方面，也可以通过持续的矫正和引导来加以改善和培养。中心胜任力往往是个体内

---

① 〔美〕约瑟夫·M. 普蒂等：《管理学精要（亚洲篇）》，丁慧平译，机械工业出版社2000年版，第408—412页。

隐的核心特征或特点，不但难以确定和准确测量，而且也很难或者根本不可能在短期内培养或者开发出来，比如"自我概念""动机""特质""悟性"等方面。这也决定了在组织内部没有人具备职位所需要的某些中心胜任力时，需要从组织外部去招聘胜任的职位候选人。

第三，1991年，伍德夫（Woodruff）根据胜任力的可变化情况把胜任力分为硬性胜任力和软性胜任力。硬性胜任力指人们完成预期达到的工作标准；软性胜任力指个人的行为和属性。①

第四，按组织需要的核心专业和技能分为通用胜任力、可迁移胜任力和专业胜任力。② 通用胜任力指一个组织核心价值观与文化等的反映，为全体员工共有。可迁移胜任力指某些岗位的通用胜任力，如管理者胜任力和领导胜任力。专业胜任力指从事某一专业工作或者完成其岗位职责的胜任力。

第五，诺德豪格（Nordhaug）从任务具体性、行业具体性和公司具体性三个维度对胜任力进行划分，提出六个范畴的胜任力分类：元胜任力、行业通用胜任力、组织内胜任力、标准技术胜任力、行业技术胜任力和特殊技术胜任力。③ 元胜任力是基于任务具体性而提出的，是个体所拥有的用来获取其他胜任素质的能力，强调了胜任力在管理者工作情境中的可转移性，其焦点在人际技能和管理技能，主要涉及对人和象征符号的管理。元胜任力能够促进组织和战略变革，如学习力、掌握不定性和容忍变化的能力等。低程度的元胜任力主要源于正规的教育系统，而创造力、分析能力、社会能力等很有可能源于其他渠道，如遗传、第一次和第二次社会化进程、工作经历等。行业通用胜任力是基于具体性行业比如服务业、制造业、电力业等行业而提出，主要表现在行业管理人员尤其是从事高级管理工作的人员身上。组织内胜任力和行业文化密切相关，文化认知和知识能够变成习惯，成为具体情境下的行为指导和规范。而且，某些元文化必须与组织内胜任力相结合，才能有用武之地。组织内胜任力主要是通过在工作场所与同事和团队的日常交

---

① Charles Woodruff, "Competency by any other Name", *People Management*, September 1991.
② 彭剑锋、荆小娟：《员工素质模型设计》，中国人民大学出版社2003年版。因为该书所指的素质就是我们所说的胜任力，只是说法不一样，所以笔者使用了胜任力的称谓。
③ 冯明：《对工作情景中人的胜任力研究》，《外国经济与管理》2001年第8期，第22—26、31页。

流和观察学习中获得。标准技术胜任力主要通过常规的教育系统、对成人的职业教育和培训、学徒关系和部分内部人事培训方案等获得。培养行业技术胜任力的典型方式是职业教育。特殊技术胜任力只能在一个组织内部产生,并且能够通过正规学习、工作轮换、内部培训和师徒关系等渠道得到开发。

第六,依照胜任力的区分度,胜任力可以划分为基础胜任力与转化类胜任力。也有学者将其称为基准性胜任力与鉴别性胜任力。基础性胜任力指仅为保证完成工作所需要的最低胜任力要求。一般来说,提高基础性胜任力与取得更高的绩效之间并没有太大的相关性。英国是实行基础胜任力要求的主要国家。鉴别性胜任力是指那些最有可能将同一职位上的优秀绩效者与一般绩效者区别开来的胜任力。该类型胜任力也是整个胜任力体系研究和运用的基础,通常可以运用特定的方法来加以影响和改善。以美国为代表的绝大多数胜任力理论体系研究和应用者都以鉴别性胜任力为基础开展研究和应用。

胜任力分类方法很多,也很有价值,在本章中,主要采用的分类方法为:

首先,根据研究对象的工作岗位层次,分为不同岗位层级的胜任力。

其次,从构成要素的微观角度来讲,可以将胜任力分为工作知识、技能、能力、品德和工作经历等。

最后,根据可观察性、潜在性等特征,将胜任力分为最外层胜任力、中间层胜任力和核心层胜任力三大类。

## 三、胜任力结构模型

胜任力结构模型(Competency Model)又称为素质模型、资质模型,是个体(组织)胜任某项工作任务的一组胜任力要素的组合,或者说是担任某一特定的任务角色需要具备的胜任力的总和。它是针对特定职位表现要求组合起来的一组胜任力。本章中所指的胜任力结构也就是胜任力结构模型或者结构维度。为了使读者对其有进一步的了解,本章从以下几方面做了介绍:

## （一）冰山模型

冰山模型（Iceberg Competency Model）（见图 2-1）中提出，有六种层次的胜任力：知识、技能、自我概念、特质、动机和信念。①

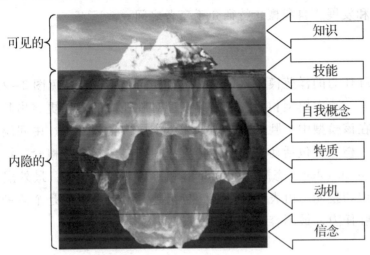

图 2-1 冰山模型

知识指的是一个人在特定领域的专业知识。比如外科医生拥有对人体的神经及肌肉的专业知识。知识只能探测一个人现在能力所及的范围，很难预知未来发展的状况。

技能指执行有形或无形任务的能力。比如电脑程序设计员拥有 50 000 行动逻辑性的序列编码的技能。

自我概念指的是关于一个人的态度、价值和自我印象。比如自信，一个人深信自己不论在任何状态下，都可以有效率地工作，这可以说是个人对自己自我概念的认定。

特质指的是身体的特性以及拥有对情境或信息的持续反应，也就是一个人生理特质以及对情境所产生的情绪反应。例如，压力很大时，有些人可以平静地反应与处理，不会失控而大发雷霆，显得游刃有余和自得其乐。

动机与信念指的是一个人对某件事的渴望，以及自身的理念、信念或深层次的自我期望。动机会驱使自己去做相关的选择，并会有付诸行动的愿望。例如，当某人开始对某件事情产生动机，就会

---

① Lyle M. Spencer, Jr., and Signe M. Spencer, *Competence at Work: Models for Superior Performance*, New York: John Wiley & Sons, Inc., 1993, p. 11.

持续关注某件事情,并设立目标。具有成就动机的人们会为自己设立具有挑战性的目标,并以持之以恒的行动与自我挑战来达到目标,同时也会通过经验法则去不断改善修正。

知识和技能就好比处于水面以上看得见的冰山,最容易测量、改变和开发提高。特质和动机潜藏于水面以下,难以触及,也最难改变和发展。自我概念特征介于二者之间。

### (二)洋葱模型

胜任力的洋葱模型(Onion Competency Model)(见图2-2)本质内容与冰山模型相似,但是此模型对胜任力的表述更突出其层次性。在该模型中,胜任力被划分为三个层次:核心层、中间层和最外层。核心层包括动机和个性特质;中间层包括自我概念、社会角色(social-role)、态度(attitude)和价值观(value);最外层则包括知识和技能。由表层到里层,越来越深入,最里层是个体最深层次的胜任力,最不容易改变和发展。①

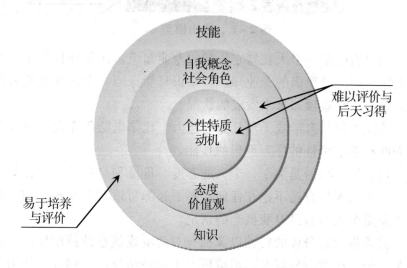

图2-2 洋葱模型

### (三)梯形模型

胜任力的梯形模型(Echelon Competency Model)(见图2-3)把胜任力按照梯形分为四个层次:第一层,行为层;第二层,知识—技能—态度层;第三层,思考方式—思维定式层;第四层,自

---

① 彭剑锋:《人力资源管理概论》,复旦大学出版社2003年版,第207页。

我意识—内驱力—社会动机层。行为层主要指个体在具体职位上的工作绩效表现。其他层次共同决定了个体在工作中的绩效行为，并且越往下，它们在决定个体的行为上起着越稳定的决定作用。①

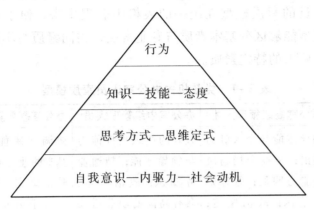

图2-3　梯形模型

### （四）金字塔模型

还有一种与梯形模型相似的金字塔模型（Competency Pyramid）（见图2-4）。该模型主要分为三个层次：在该模型的顶部是先天具备的和后天开发的才能的具体行为表现；中间部分是可以通过学习、工作锻炼等途径开发的知识和技能；底部是难以开发的态度和人格特征。②

图2-4　金字塔模型

---

① 国际人力资源管理研究院编委会：《人力资源经理胜任素质模型》，机械工业出版社2005年版，第130页。

② Anntoinette D. Lucia, and Richard Lepsinger, *The Art and Science of Competency Models: Pinpointing Critical Success Factors in Organizations*, San Francisco: Jossey-Bass/Pfeiffer, 1999, pp. 6-7.

## （五）矩阵表格模型①

该素质模型（见表 2-1）主要是通过矩阵形式把不同职级与职能的人员的素质模型在统一的表格中表现出来，便于对比与分析。该模型能够区分基本素质与专业素质，共同素质与不同的职能职级中所要求的特定素质。

表 2-1　党政机关办公室人员素质模型

| | 办公室高级领导人才 | 办公室中级管理人员 | 办公室基层管理人员 |
|---|---|---|---|
| 正职领导职务 | 领导才能与个人魅力突出；掌控全局与决策能力明显；管理知识精深；政治坚定；强烈的责任心与使命感及服务意识；改革精神与创新才能突出 | 较好的组织指挥能力与领导才能；精通业务知识；政治坚定；具有高尚的职业道德与公仆服务意识；沟通表达能力较强 | 协调解决能力突出；基本的业务知识过硬；政治坚定；服从命令并善于沟通；能够独立做出本部门的基本决策；具备服务意识 |
| 副职领导职务 | 领导与组织配合协调能力突出；管理知识过硬；辨别是非能力明显；政治坚定；较强的责任心与服务意识；具有创新意识 | 较好的配合协调与上传下达能力；业务知识应用熟悉；政治坚定；具备较强的服务意识与职业道德；理解与表达能力较强 | 上传下达的组织协调能力突出；办事能力与效率较高；政治坚定服务意识与服从命令意识较强； |
| 一般工作人员 | 专业知识与技术精通；协调与理解表达能力突出；政治坚定；较强的责任心与服务意识；具有创新意识 | 业务知识与技能过硬；协调与沟通能力较强；政治坚定；具备良好的服务意识与职业道德；办事能力与效率强 | 基本的日常业务工作熟悉；政治坚定；具备基本的服务意识；服从命令 |

## （六）其他模型的研究成果

鲍伊兹等人在《胜任的经理人：有效绩效模型》一书中指出，以下 19 项胜任力对于管理绩效非常重要，其中第 13—19 项是门槛

---

① 肖鸣政、李冷：《机关党政干部素质结构分析与模型构建》，《第一资源》2008 年第 3 期。

## 第二章 胜任力理论及其对人员素质测评的作用

式的胜任力[1]：

第1项，关注影响：关注对别人有影响的权力符号。

第2项，诊断应用的概念：人们识别和认识信息组合模式的一种思维方式。

第3项，效率导向：关注更好地完成任务。

第4项，先行性：做好计划工作。

第5项，概念化：人们识别信息组合模式的思维过程，开发描述被识别事物模式的概念。

第6项，自信：知道自己做什么并且拥有能够做好的感觉。这样的人有一种积极的生活态度与工作作风。

第7项，口头表达能力：进行有效口头表达的能力，无论是一对一还是对一对多的交谈。

第8项，管理团队过程：人们能够激励其他人在团队背景下一起有效地工作。

第9项，社会化权力的使用：运用某种影响力建立联盟、关系网络、联合或者团队的一种能力。

第10项，知觉的客观现实：追求客观的能力，不被过度的主观性、个人偏见和个人视角所局限。

第11项，自我控制：人们在满足组织需求的过程中抑制他的个人需求或者欲望。

第12项，毅力与适应性：能够持续长时间的工作，在生活和组织环境下能够灵活适应变化。

第13项，逻辑思维：人们把事物进行因果推理的一种思维过程。

第14项，准确的自我评价：人们对自己进行合理的或者有根据的自我观察与评估的一种能力。

第15项，正面奖赏：人们信任别人的一种程度。

第16项，开发员工：管理者特意帮助某人完成他的工作的过程。

第17项，自发性：人们自由或者容易地表现自我的一种能力。

第18项，单方面的权力的使用：使用某种影响力获得顺

---

[1] R. E. Boyatzis, *The Competent Manager: A Model for Effective Performance*, New York: John Wiley & Sons, 1982.

从的过程；换句话说，使得别人服从一个特定的方向、愿望、命令或者政策和程序。

第19项，专业知识：工作场所当中可用的事实、原则、理论、框架或者模型等方面知识。

显然，以上被称作有效绩效模型的19项胜任力只是一个胜任力要素的结构体系，是就这一结构体系产生的基础来说的。因此，如果我们接受这种观点，那么，针对不同岗位、职务与组织来说，任何一种胜任力结构体系都可以称之为一个特定的模型。

当前，国内也有相关研究人员对胜任力的结构与体系进行了研究。

时勘、王继承、李超平根据斯班瑟提出的21项胜任力模型，以通信业管理干部为被试，对胜任特征评价技术进行了尝试性实证研究，提出了我国高层管理者的11项胜任特征。[①]

车宏生、李虹等研究人员采用因子分析法，将企业中层管理者的工作胜任力模型的结构划分为26个潜在的胜任因子，具体如表2-2所示[②]：

表2-2 企业中层管理者的工作胜任力结构类型

| 因子 | 内容 | 因子 | 内容 |
| --- | --- | --- | --- |
| 1 | 沟通的能力 | 14 | 合作性 |
| 2 | 工作态度 | 15 | 与专业相关的因素 |
| 3 | 一般管理技能 | 16 | 适应性 |
| 4 | 主动性 | 17 | 人际互动 |
| 5 | 创新意识 | 18 | 分析性能力 |
| 6 | 对负面事件的处理 | 19 | 动机和价值观的一致性 |
| 7 | 个人的有效性 | 20 | 影响力 |
| 8 | 工作的情感体验 | 21 | 工作质量意识 |
| 9 | 培养和发展下属 | 22 | 价值观因素 |
| 10 | 与人相处的和谐性 | 23 | 说服能力 |
| 11 | 对事物积极的态度 | 24 | 人格因素 |
| 12 | 组织协调 | 25 | 组织意识 |
| 13 | 判断力 | 26 | 学习能力 |

① 时勘、王继承、李超平：《企业高层管理者胜任特征模型评价的研究》，《心理学报》2002年第3期，第193—199页。

② 李虹：《中层管理者工作胜任力研究》，中科院心理所博士学位论文，2001年，第35页。

肖鸣政、陈小平等人经过研究后，将公务员的胜任力结构划分为政治素质、观念与理念、品德素质、知识素质、能力素质、基本心理素质、工作经历与学历等八个维度。①

国内外的许多研究机构和研究人员，对胜任力结构模型进行了深入研究分析，国外的主要有斯班瑟、鲍伊兹、库珀（Cooper）和合益集团等，国内的主要有时勘、王重鸣、车宏生、肖鸣政、彭剑锋、谢晓菲、王登峰、王垒、廖泉文、张志学、胡月星、李超平等，他们一般采用行为事件访谈法、问卷调查法、心理测量法等技术方法，构建了一些管理胜任力结构模型。这些胜任力结构模型基本上有以下共同之处：

第一，认为胜任力对个体的绩效影响作用很大，界定了高绩效者所必需的行为特征，帮助组织了解员工的工作胜任水平和改进重点。

第二，从心理学角度，按照测量观察、培养开发的难易程度，对胜任力进行了层次划分，并且指出每一层次对个体绩效的影响程度是不一样的。

第三，胜任力结构模型通过客观的行为来确定，同时又必须通过行为来体现。

第四，胜任力结构模型对行为进行了量化，通过行为等级描述量表和其他工具能够实现这一点，并且具有很强的操作性和可控性。

第五，有些研究成果中，通过因子分析法对胜任力的结构进行了划分，这样方便应用。

## 四、构建胜任力结构模型收集数据的主要方法

构建胜任力结构模型（competency modeling）指的是，通过有效的方法，收集大量信息，判断任职人员成功完成某项工作所必需的个人特点集合的过程。其中数据的收集工作非常关键，至少需要两种不同的数据收集方法。每一种数据收集方法都有自己的优点和不足，多种方法的结合使用能够互相补充。假如采用一种方法收集数据得出的结论与另一种方法收集的数据得出的结论一致，则有更

---

① 肖鸣政、陈小平：《某中央部委机关党政领导人才素质模型的建构》，《中国人才》2008年第7期。

大的可信度，更能够确保胜任力结构模型的准确性。收集数据的主要方法包括：

## （一）文献查阅法

界定工作内容和识别需要的胜任力的基本方法是文献查阅法，主要指对该研究的相关文献进行总结分析，提炼出相应的胜任力要素。前人的相关研究对本研究的顺利进行起到重要的作用。文献查阅法能够补充但是不能替代其他数据收集方法。该方法只是对本领域的研究提供一个快速的回顾。

文献查阅的来源主要可以包括著作、专业杂志、协会杂志、学术报告、学位论文等等。未出版发行的资源也可以作为重要来源，例如专业协会资料、咨询公司的资料、某些学院的相关资料和互联网站公布的资料等等。这些资料的质量有很大差别，有的很好，有的则不太合适，这需要对其进行仔细的辨识。

## （二）焦点访谈法

在焦点访谈法中，组织协调者与一小组任职者、他们的管理者以及顾客等相关人员共同界定工作内容，或者识别他们认为绩效必需的胜任力要求。焦点访谈方法常常允许组织中的许多人员提供输入信息。

有不同的技术方法进行焦点访谈。最典型的是组织协调者使用一份准备好的问题提纲引导一个结构化的讨论。例如，假如焦点访谈的目标是识别需要的胜任力，组织协调者主要调查工作行为的每一个要素，要求参与人员描述这些要素所需要的胜任力。有时，参与者被要求各自列出他们认为重要的胜任力。然后，他们以小组形式共同识别额外的胜任力，最后形成最终一致的胜任力清单。另外一种方法是基于前期收集数据（例如来自调查问卷的发现）进行讨论。在这种情形下，组织协调者将根据前期发现，系统地领导小组成员进行讨论，询问他们，证实这些发现，或者要求他们以自己的视角对该结论进行解释说明。

专家小组法是焦点访谈法中的一个特例。在该方法中，对该工作和工作要求非常熟悉和有见解的专家共同讨论，形成一个胜任该工作需要的胜任力清单。比较典型的专家小组成员应该是在相关学科中发表过学术论文或者做过相关研究的人员。

### （三）行为事件访谈法

行为事件访谈法（Behavioral Event Interview，BEI）是由美国哈佛大学心理学教授麦克里兰开发，通过对绩优员工和一般员工的访谈，获取与高绩效相关的胜任力信息的一种方法。

在这种方法中，选择高绩效的任职人员进行行为事件访谈，从中抽取其个人特征。这种思路要求模型开发人员达到非常专业的访谈技能水平，它在英美两国中产生了一些影响。

事件的意义在于，通过被访谈者对其职业生涯中的某些关键事件的详尽描述，揭示与挖掘当事人的胜任力，特别是隐藏在冰山下的潜能部分，用以对当事人未来的行为及其绩效产生预期，并发挥指导作用。因此，被访谈者对于关键事件的描述必须至少包括以下内容：(1) 这项工作是什么？(2) 谁参与了这项工作？(3) 被访谈者是如何做的？(4) 为什么这么做？(5) 这样做的结果怎样？

### （四）问卷调查法

由于行为事件访谈法比较费时费力，加上信度和效度检验不太方便，所以有些学者主要采用问卷调查法来构建胜任力模型。在问卷调查中，任职者和他们的管理者（也许是高级管理者）共同以书面印刷形式或者电子版形式填答调查问卷。调查的内容基于前期通过面谈、焦点访谈、文献查阅等方法收集的数据分析结果。问卷填答者被要求对所列出的胜任力要素进行重要性评价。

### （五）工作日志法

在工作日志法中，任职者对其日常工作行为或活动进行记载，包括每一项活动的开始和结束时间。由于工作的复杂性和多样性，任职者也许被要求每隔几天、每周或者每月填写工作日志。工作日志法能够对工作内容提供非常详细的行为信息，大部分人员能够很容易理解和完成工作日志。工作日志法是观察法的很好的替代方法。

### （六）职业分析方法

根据对某一职业或专业及其必需的职责和任务的职能分析，能够产生一个广泛的胜任特征清单，常常要建立绩效标准。采用这种思路，建立胜任力结构模型，在国内大企业中已有许多商业实践。

这种方法的关键在于确定与组织核心观点和价值观相一致的胜任力。确定的胜任力更关注塑造与所在组织文化相适应的员工，其前提是组织必须有经过检验的核心价值观并已形成相对稳定且鲜明的组织文化。它最大的优点是揭示了"冰山"模型中的深层次胜任力。

### （七）关键成功因素法

根据行业关键成功因素（Key Success Factors，KSFs）开发胜任力结构模型。汤普森（Thompson）和斯特里克兰（Strickland）指出这种方法的关键之一就是要识别并获取行业关键的成功因素。[①] 原理就是"人—职—组织"匹配原理。在管理实践中，开发组织的核心胜任力时，通常采用关键成功因素法。国内在这方面的研究比较少见。

胜任力建模过程中还有一些其他方法，如观察法、图片故事练习法（Picture Story Exercise）、系统性多层次团体观察（SYMLOG）等等。每一种方法都有各自的优点和不足，结合使用这些方法，能够互相弥补其不足。例如，大量的问卷调查方法是对焦点访谈结果效度验证的最好方式，问卷调查方法也是观察结果最好的证明方式。另外，最好的结合方式是访谈和问卷调查相结合。在访谈中对工作内容的理解和识别的胜任力要素能够成为问卷调查的最好依据，大量的问卷调查能够对各项胜任力的重要性进行评价，在问卷调查之后的访谈又能够收集更加深入详尽的信息。

选择数据收集方法时，需要考虑的因素包括：（1）效度。是否有足够的证据证明该方法能够更准确地反映工作岗位所需的胜任力？（2）信度。该方法能否提供可信赖的数据？（3）应用性。识别的胜任力如何被应用？（4）效率。该方法需要多长时间和多少资源？（5）可操作性。在一系列局限条件下，该方法的可操作性如何？（6）接受性。任职者、管理者、其他利益相关人员是否认为该方法是收集数据的合理方法？他们在该方法当中是否参与、合作？

---

① Arthur A. Thompson, Jr., and A. J. Strickland, *Strategic Management: Concepts and Cases* (13th Edition), Mc Graw-Hill Irwin, 2003.

## 第三节 胜任力理论的价值与应用

### 一、对人员素质测评标准内容的影响

人员测评可以界定为测评主体在较短时间内采用科学方法收集和分析有关候选人信息的过程,以便针对某职位的人员做出量值与价值的人事决策。① 这有两层含义:一是收集有关某个个体的各种信息,分析评估其素质特点;二是将其素质与其即将从事的岗位进行对照评估,确定其匹配程度。

人员素质测评需要采用科学的方法收集真实准确的信息,并从这些信息中引发与推断个体的素质特性。那么,应该收集哪些信息,引发与推断哪些内容,又依据什么做出人事决策呢?这是人才测评的核心问题。

长期以来,人们主要采用收集学业成绩和工作资历的办法。直到二战后,才开始采用收集智力测验结果的方式进行人事决策。智力测验的效标关联效度(如测验分数与工作绩效的相关)的大小是长期争论的问题。对此,有的观点认为能力测验对人员选拔是无效的;有的观点认为能力测验在许多工作背景下都是工作绩效的有力预测指标;有的观点甚至认为能力测验在所有的工作背景条件下均有效。总的说来,智力测验、性向测验和学校的学业成绩至少难以预测复杂工作和高层次职位工作绩效或生活中的成功。

为了解决这一问题,麦克里兰提出以胜任特征评估取代智力测量,并认为用智力测验等来预测工作绩效或生活的成功,其预测效度比较低而且有大的偏差。在此论断的基础上,他运用关键行为事件法等方法研究了胜任力理论,并运用于人员素质测评当中。目前为止,胜任力理论已经逐渐在人员素质测评中得到了实践,在人员素质测评标准中影响显著。

不同职位、不同行业以及不同的文化环境,对于员工的胜任素质要求并不一致。结合员工胜任特质的科学内涵,综合起来说,在进行员工胜任素质测评时,主要要把握以下内容:

---

① 〔中〕肖鸣政、〔英〕Mark Cook 编著:《人员素质测评》(第二版),高等教育出版社 2007 年版,第 5 页。

（1）知识与技能。对知识的测评，主要涉及员工的知识积累、知识素养、知识结构、知识学习等方面的能力，要注意根据不同岗位不同的知识要求进行不同的设计。技能测评则需要为被测者提供一定的场所，使被测者的技能能够展现出来。

（2）能力。按照心理学的观点，能力是个体完成某项任务的条件，如洞察能力、表达能力、思维能力等。不同的人具有不同的能力，比如有的人抽象思维能力强，有的人逻辑思维能力强，有的人善于写作而口头表达能力差，有的人口头表达能力强而写作水平低。不同的能力可以从事不同的工作，能力素质因此成为员工胜任素质测评的重要内容。

（3）品德。社会角色与自我认知在很大程度上可以反映出个体对自己、周围事物和他人的评价以及个体与他人、周围环境之间的互动方式。社会角色与自我认知测评的意义就在于这可以衡量出个体承担以及完成任务的可能性。

（4）职业倾向。职业倾向主要通过个体的动机、需求、兴趣等方面反映出来，它反映了个体对工作的期望与要求。随着社会分工越来越复杂，职业分化越来越明显，不同的动机、需求、兴趣会产生不同的工作热情和态度，从而影响到工作的胜任情况。

## 二、胜任力模型应用于求职申请表的设计

求职申请表是招聘初选的依据，通过求职申请表的筛选，可以降低招聘成本，提高招聘效率。将胜任力模型应用于求职申请表的设计中，可以通过应聘者填写由公司自行设计的求职申请表来获取求职者胜任力方面的信息。申请表的内容除了包括传统的求职申请表中必备的项目，如个人基本情况、工作经历、教育与培训情况等，可以根据胜任力模型中关键的胜任力设计一些行为描述式的问题。例如：了解求职者是否具备成就导向、团队协作和坚韧不放弃的胜任特征，可以设计以下问题："在你的学习和工作的经历中，最使你有成就感的事件是什么？为什么？""请描述你在工作中失败的事例，以及失败后的内心感受和具体行动。""你在与他人合作的过程中是否与合作者发生过冲突？你是如何对待与解决的？请以具体事例说明。"通过申请者对以上问题的回答，可以从答案中分析并提炼求职者的胜任特征，既可作为初步筛选的依据，也可为后续的进一步面试提供基础。

## 第二章　胜任力理论及其对人员素质测评的作用

### （一）什么是工作申请表

工作分析的结果为企业人才招聘与选拔提供了一个参照框架，至于通过什么途径或方式了解应聘者信息，以便根据职位需要对众多应聘者进行初步筛选，主要依赖工作申请表和应聘者个人简历。尽管从形式和内容上看，两者有些重复的项目，但它们所起的作用不同。简历属于求职者个人行为的范畴，是个人的主动展示，而组织为了主动了解应聘者的信息，确定申请人是否符合工作所需的最低要求，帮助招聘者判断求职者是否具有某些与工作有关的属性，或是为招聘者进行面试提供重要的参考信息，就要进行工作申请表的设计。要求前来求职的所有人员都填写一份申请表，通常为应聘者当场填写，防止外界提供任何帮助。

### （二）工作申请表的改进

什么样的工作申请表才是好的申请表？我们认为要从有效性、可靠性和经济性三方面去衡量，使胜任力的工作申请表能够达到这三方面的要求，它的设计和使用可体现出效率与效果的统一，达到又快又准的初选目的。实现这一目标关键在于项目及其填写要求的设定，每个项目应与胜任某项工作有一定的联系，应将那些与胜任特征有较高正相关关系的项目列入申请表内，收集事实性而非评价性信息，以消除申请人的顾虑和掩饰性。其中必不可少的一项内容是举例，要使所填写的个人信息体现出客观具体性，这是有别于传统申请表的地方，如列举自己的突出成就有哪些，描述自己最突出的一项成就以及它是如何取得的。这类信息是容易被检核的，便于招聘人员作定性分析。譬如爱好特长一栏，申请人填了"写作"，可是在举例一栏，我们未能看出具体的事例或成就，如果我们是招募文案人员，这就可以成为他被淘汰的理由，也可能成为后续面试中的考核要点。通过对实际成就行为的举例性问题来收集可靠有用的信息，我们才能比较有效、经济地将预定的申请人数筛选出来，为后续的面试环节输送合格的人选。

## 三、基于胜任力模型的面试过程设计

基于胜任力模型的面试过程必须是结构化的面试过程。所谓结构化面试,是指面试前就面试的流程、试题、评分标准和评分方法等一系列问题进行系统的结构化设计的面试方式。这种面试方式的优势在于,面试过程的标准化程度高、可控性强,面试结果具有较好的可比性,能够确保面试有效、客观、公平、科学。基于胜任力模型的结构化面试的过程设计如下:

### (一) 开发面试题库

在胜任力模型对招聘岗位的胜任力要求的基础上,编制能够有效识别应聘者是否具备该岗位胜任力的面试试题。根据胜任力理论,行为描述式的问题是能够有效进行胜任力甄别的提问方式。基于胜任力识别的面试试题的开发,应尽量按行为事件访谈法的要求编写。行为事件访谈法是一种开放式的行为回顾式调查方法。它要求被访者列出他们在工作中发生的关键事件,包括成功事件、不成功事件或负面事件各二至三项,并且让被访者详尽地描述整个事件的起因、过程、结果、时间、相关人物、涉及的范围以及影响层面等。同时,也要求被访者描述自己的想法,例如,说明是什么原因使被访者产生类似的想法,被访者又是如何去实现自己目标的,等等。

### (二) 明确评分标准,设计面试评分表

在面试过程中,面试考官应根据应聘者在面试过程中的表现,对面试者进行客观的评价。设计衡量胜任力的评分标准,并通过面试评分表的形式来规范面试过程的实施,使用面试评分表,根据设定的评分标准对求职者进行评分,能够在一定程度上减少面试考官的主观印象对面试决策的影响。面试结束后,能够给每位求职者一个量化的评定结果,增强了面试过程的科学性、公平性与客观性。

### (三) 面试考官

基于胜任力的面试过程中,都会使用行为事件访谈等比较专业的面试方法,为了使面试考官能够较好地掌握并应用这些方法,需要进行面试考官的培训。面试考官要充分认识面试的目的是基于胜任力模型的考核和选拔,不要再回到传统面试的老路上,不按照事先面试程序和评价标准对应聘者进行正确的提问,而是自己高谈阔论离题太远,或是向应聘者提出一些假设性或诱导性的问题,这样做会使面试达不到应有的效果。通过培训,使面试考官能严格按照

结构化的面试程序和评分标准及面试试题来实施面试。

## 四、应用胜任力模型构建评价中心

评价中心是一种使用多种测评方法和技术由多个测评师同时对多个测评对象的个体行为实施的标准化测评系统。完整的基于胜任力模型的评价中心应该包括以下几个环节：

### （一）构建胜任力模型

构建评价中心的第一个环节就是构建胜任力模型。评价中心的目的是通过多种测评技术对被测进行评价，评价其是否达到岗位胜任力要求或者与岗位的匹配程度，因此评价中心的第一步就应该围绕岗位展开分析，看看被测要主持的岗位到底需要哪些岗位胜任力，或者说岗位主持人应该具备哪些胜任力才能在这个岗位上产生高的绩效，只有明确了具体岗位对岗位胜任力的具体要求，才能明确应该测评被测的哪些胜任力和观察哪些行为。因此，要对这些岗位提炼出具体的岗位胜任力类别，并对这些岗位胜任力内涵用行为特征进行定义和描述。岗位胜任力模型服务于其他各个环节，因此构建岗位胜任力模型是构建评价中心的第一项工作。

### （二）甄选评分指标及建立评分体系

评价中心的第二个环节是甄选评分指标并建立评分体系。待测的岗位胜任力类别以及岗位胜任力的行为要素定义都不是主观臆断出来的，是根据客观的信息提炼出来的，也就是来源于第一个环节的岗位胜任力模型。行业和岗位不同，要求的岗位胜任力类别和岗位胜任力级别也不同，对岗位胜任力的行为要素描述也是有区别的。因此，测评不同类岗位必须有针对性地选择待测的指标类别，并要依据岗位胜任力级别差异确定待测指标的权重。另外，评价中心是通过观察到的行为判断被测所具备的岗位胜任力水平，所以要将待测指标用行为要素进行定义，评分标准也是用体现岗位胜任力水平的行为进行描述，并以岗位胜任力模型所提供的岗位胜任力的行为定义为依据进行设计。

## （三）选择与设计情景演练工具

评价中心的第三个环节是选择与设计情景演练工具。评价中心通常要用到多种评价技术，包括访谈、问卷以及情景演练等。情景演练的目的是为了通过对现实工作中出现的问题的再现，让被测面对这些问题，表现出处理这些问题的各种行为，以供测评师观察评分。不同的演练工具测评同一指标的有效程度不同，或者说不同的演练工具适合测评的指标类别不同，因此，还要根据待测指标的甄选情况考虑应该选择哪些演练工具。

情景演练技术是评价中心的核心技术，在设计具体的演练工具时，情景设计的好坏会直接影响评价中心的评价效度。可以说，评价中心之所以起作用是多个测评方法（情景）的结果，测评情景的设计对于构建评价中心有着至关重要的作用。另外，在设计中还应考虑到这些测评技术要能够多次为测评师提供机会观察被测的与指标有关的行为。

## （四）测评实施与观察评分

测评实施环节实质上是收集岗位主持人与测评指标相关数据的过程。选择和界定测评指标与整合情景演练工具是评价中心的前期准备阶段，测评实施与观察评分则是评价中心的实施操作阶段。实施过程要求按照每一具体演练的不同规范进行操作，测评师要事先布置好相关的场所及环境，准备好测评过程中所需要的各种道具，然后根据测评指导语要求被测进入模拟的情境，进行无领导小组讨论或处理公文或扮演某个特定角色解决问题等等。在被测按照指导语的要求进行模拟工作的过程中，由测评师根据评价中心的评分标准进行观察评分。

## （五）综合评价

对一个被测的综合素质评价需要在所有的评价中心练习结束后进行，测评师们根据每个测评师对被测的评分情况，结合他在各项演练中的行为表现进行综合分析，然后经集体讨论确定其最后的综合评价等级或者给出评价报告。具体是给出综合评价等级还是出具详细的评价报告是根据测评目标及测评项目要求决定的。

基于胜任力的人员测评技术目的在于为组织选准人，服务于构

# 第二章　胜任力理论及其对人员素质测评的作用

建组织竞争力的人力资源队伍建设。从根本上说，人才的选拔就是一个决策的过程，按照西蒙的有限决策理论，我们的任何决策都无法做到最优，只是达到满意而已。所以，选拔的准确性总是相对的，没有哪一种测评方法或测评工具的选拔能做到万无一失的准确。况且人才的选拔只是人力资源管理的一个环节，招聘到符合胜任力模型的人，这些人是否真正产生高绩效的工作，还取决于组织的文化环境和管理机制。也就是说，选聘预测效度的不理想并不一定说明方法本身有问题，而有可能是组织环境造成的"人才水土不服"。在人力资源管理实践中，还需要我们把人力资源的选聘、配置、激励和培训开发等问题结合起来考虑，系统而全面地打造高绩效的人才队伍，而不是仅仅重视选拔环节的科学性。

## 本章小结

1. 本章主要介绍了胜任力研究及其应用价值，包括胜任力研究的起源和发展、胜任力定义、胜任力分类、胜任力模型、胜任力理论的作用和价值等内容。

2. 胜任力是指在特定工作岗位、组织环境和文化氛围中高绩效者所具备的可以测量与开发的个体特征，它们能够将高绩效者和一般绩效者区分开来，其中有潜在的个体特征，也有外显的个体特征。

3. 胜任力分类方法很多，本书中主要采用的分类方法将胜任力分为最外层胜任力、中间层胜任力和核心层胜任力三大类。

4. 胜任力结构模型又称为素质模型、资质模型，是个体（组织）胜任某项工作任务的一组胜任力要素的组合，或者说是担任某一特定的任务角色需要具备的胜任力的总和。它是针对特定职位表现要求组合起来的一组胜任力。本章中所指的胜任力结构也就是胜任力结构模型的结构维度。

冰山模型中提出有六种层次的胜任力：知识、技能、自我概念、特质、动机和信念。

胜任力的洋葱模型本质内容与冰山模型相似，但是此模型对胜任力的表述更突出其层次性。该模型中，胜任力被划分为三个层次：核心层、中间层和最外层。核心层包括动机和个性特质；中间层包括自我概念、社会角色、态度和价值观；最外层则包括知识和技能。由表层到里层，越来越深入，最里层是个体最深层次的胜任力，最不容易改变和发展。

胜任力的梯形模型把胜任力按照梯形分为四个层次：第一层，行为层；第二层，知识—技能—态度层；第三层，思考方式—思维定式层；第四层，自我意识—内驱力—社会动机层。行为层主要指个体在具体职位上的工作绩效表现。其他层次共同决定了个体在工作中的绩效行为，并且越往下，它们在决定个体的行为表现上起着越稳定的决定作用。

还有一种与梯形模型相似的金字塔模型。该模型主要分为三个层次：在该模型的顶部是先天具备的和后天开发的才能的具体行为表现；中间部分是可以通过学习、工作锻炼等途径开发的知识和技能；底部是难以开发的态度和人格特征。

5. 胜任力理论的作用和价值主要从以下方面来体现：

第一，确立基于胜任力模型的人员素质测评标准内容；

第二，设计基于胜任力模型的求职申请表；

第三，设计基于胜任力模型的面试过程；

第四，构建基于胜任力模型的评价中心。

## 复习思考题

1. 请简述胜任特征研究的发展过程。
2. 胜任力结构模型有哪几种主要类型？
3. 你是如何看待胜任力理论在人员素质测评中的作用？
4. 结合自己的了解与实际情况，谈谈目前胜任力在测评应用实践中所存在的问题以及如何改进。
5. 胜任力测评、人才素质测评、人才选拔等相互之间的关系是什么？

## 案例与分析

### 某公司人才招聘的问题与胜任力模型应用

某公司2000年9月成立，注册资金300万元，是一家以数据信息统计分析和软件开发为核心的软件服务商。公司业务包括大型综合数据库、数据挖掘、统计分析技术、模拟仿真、3D图文影像处理技术、网络远程存储、遥感技术等。经过几年的发展，已经形成了一定的规模。

## 第二章 胜任力理论及其对人员素质测评的作用

公司 2000 年成立之初，只有员工 30 余人。随着业务拓展，员工人数逐年增长，公司现有员工 240 余人，本科以上学历的员工占 80%，具有高级技术职称的员工占 20%。在同城同行业中，公司人才队伍素质处于中等水平。

公司 2006 年才成立人力资源部门，在此之前，招聘工作由办公室负责。经过调查发现，公司的人力资源管理不太成功，存在的问题较多，例如，缺乏规范化的招聘管理、人才选拔方法单一、招聘重置成本高和效率低。主要原因在于：整个公司处于重技术轻管理的状况、管理者对人才素质和能力的认识不准确科学等等。

同时，我们还发现，公司在人才招聘中，不能通过规范的招聘管理为公司招募到合适的人才，招聘的成功率较低，能岗匹配度不高。

▶▶ 案例分析题

1. 公司人才招聘中出现能岗匹配度不高现象的核心原因是什么？
2. 为了提高招聘效率与效果，你对公司在招聘实践工作中应用胜任力理论有哪些建议？

▶▶ 建议阅读文献

1. 饶惠霞、吴海燕：《国外胜任力研究新进展述评》，《科技管理研究》2010 年第 16 期。
2. 肖鸣政、陈小平：《某中央部委机关党政领导人才素质模型的建构》，《中国人才》2008 年第 7 期。
3. 刘凤英：《胜任力模型构建方法研究综述》，《中国商贸》2012 年第 7 期。
4. 周霞：《创新人才胜任力模型实证研究》，《管理学报》2012 年第 7 期。
5. 尹德法：《基于胜任力模型的人力资源管理研究》，《山东社会科学》2013 年第 6 期。
6. 张宪：《人岗匹配模型构建及应用：以 A 公司人岗匹配实践为例》，《中国人力资源开发》2014 年第 22 期。
7. Lee, Jin Gu, et al., "Driving Performance Improvements by Integrating Competencies with Human Resource Practices", *Performance Improvement Quarterly*, Vol. 23, No. 1, 2010, pp. 71-90.
8. Zhao Shuming, and Juan Du, "The Application of Competency-based Talent Assessment Systems in China", *Human Systems Management*, Vol. 30,

No. 1/2, 2011, pp. 23-37.

9. Akhuly, Ajanta, "Competency Based Recruitment Decisions: A Lens Model Approach", *The Psychologist-Manager Journal*, Vol. 17, No. 4, 2014, pp. 279-306.

10. Srimannarayana, M., "Human Resource Competencies as Perceived by Executives", *Indian Journal of Industrial Relations*, Vol. 49 Issue 2, 2013, pp. 298-313.

# 第三章

# 人员素质测评的标准设计

> 📑 **本章学习目标提示**
>
> 1. 理解人员素质测评标准体系的作用、构成、要素和类型
> 2. 掌握人员素质测评内容的标准化方法
> 3. 掌握人员素质测评指标的设计方法

本章论述的主要问题是人员素质测评内容的标准化，即如何把抽象与广泛的测评内容转化为具体可操作的标准体系，并且介绍标准体系建构的作用、方法、步骤与应用案例等。

## 第一节 人员素质测评标准体系概述

人员素质测评标准体系设计是人员素质测评活动的中心与纽带。它把人员素质测评主体、客体、对象、方法和结果联为一体，同时也成为整个人员素质测评工作指向的中心，在人员素质测评过程中具有重要的作用和意义。

### 一、人员素质测评标准体系的作用

#### （一）有利于促进人员与工作岗位的物化连接

作为人员素质测评客体的人员与工作岗位是客观的实体，而作为人员素质测评对象的素质、绩效与工作因素却是抽象与无形的存在。同样，作为人员素质测评主体的人也是客观的实体，而作为人

员素质测评主体依据的测评价值标准与选择的测评内容却又是抽象与无形的主观形式。物理测量以物量物,具体可行,而人员素质测评是以主观度无形,以观念评抽象,难以操作。人员素质测评指标体系把对象物化为测评内容、目标和指标,再把测评指标具体化为标准、标度与标记,使对象与人员素质测评标准体系连接起来,得以比较与评定。

## （二）有利于提高人员素质测评的科学性、客观性

人员素质测评是很复杂的工作。测评因素众多,内容非常广泛,如果不建立标准体系,人员素质测评主体就难免东寻西找,盲目行事,毫无重点,眉毛胡子一把抓。而且传统的人员素质测评往往不设指标笼统测评,每个人都是从自己的印象与价值观出发评定。由于每个人的价值观各不相同,印象也相互有别,因此人员素质测评就难免标准不一,导致不同人员素质测评主体对同一对象的评定结果相差甚远。建立人员素质测评标准体系,按指标进行测评,就可以保障人员素质测评主体全面而又重点突出地进行测评,并有效地克服人员素质测评主体的主观随意性。

## （三）有利于统一观点、深化认识

人员素质测评主体制定与熟悉每一条指标的过程,就是统一观点的过程。每当提出或理解一条指标时,都要对它的标准、标度与权重进行充分的讨论,取得一致意见后,才能付诸实施。这一过程的实质,也就是把人员素质测评主体各自的价值观点与分析观点统一化与客观化的过程,使大家的观点统一凝聚在人员素质测评标准体系之中。

人员素质测评标准体系的建立还有利于人员素质测评主体深化对人员和工作的认识。无论人还是事,都是一个复杂的系统,对这一系统不加分解想生吞活剥地获得全面认识是比较困难的,在制定与熟悉人员素质测评标准体系的过程中,人员素质测评主体必须根据工作分析,按照岗位需求把人员素质测评对象的各种素质和行为中每一个可以独立出来的因素单独加以特别认识与理解,并进行权重分析,因此对于对象和工作岗位的认识在程度上进一步深化了。

## 二、人员素质测评标准体系的构成

人员素质测评标准体系的设计分为横向结构和纵向结构两个方面。横向结构是指将需要测评的人员素质的要素进行分解，并列出相应的项目；纵向结构是指将每一项素质用规范化的行为特征或表征进行描述与规定，并按层次细分。横向结构是基础，纵向结构是对横向结构各项素质的层层分解和推向可操作化。将横向的各项素质从测评内容细分到测评目标、测评指标，就意味着完成了人员素质测评标准体系的设计。前者注重测评素质的完备性、明确性和独立性等，后者注重测评要素的针对性、表达简练性和可操作性等。形成测评指标体系之后，再根据测评目标设计合理的标度和计量方法。

测评标准体系的基本模型如图3-1所示。

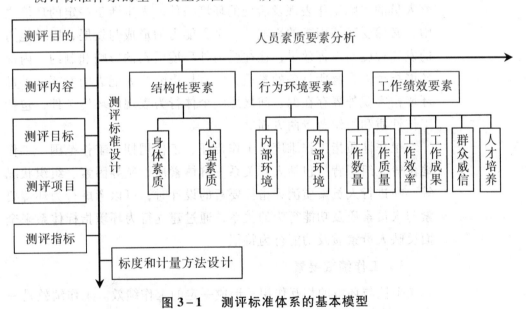

图3-1 测评标准体系的基本模型

### （一）人员素质测评标准体系的横向结构

人员的素质，很多人也称之为能力，是由多种要素耦合而成的。第一章中已经探讨了素质的概念、特征及构成问题。在人员素质测评标准体系的设计中，可以概括为结构性要素、行为环境要素和工作绩效要素三个方面。这三个方面从静态和动态的角度，比较全面地构成了人员素质测评要素体系的基本模式。

### 1. 结构性要素

这是从静态的角度来反映人员素质及其功能行为的构成。它包括：

（1）身体素质。人员的身体素质主要包括生理方面的健康状况和体力状况两方面。健康状况是指人身体的生理机能的运转状况，体力表现为人的意识支配下的肌肉活动。健康子系统维持人自身技能的运转，体力子系统承担人对外做功的功能，这是两种不同类型的身体素质。

（2）心理素质。心理素质主要包括智能素质、品德素质、文化素质等，这三个方面互相作用，共同形成内在的精神动力，控制和调节着人员能力的发挥程度与发挥效率。

### 2. 行为环境要素

这是从动态角度来反映人员素质及其功能行为特性，主要是考察人员的实际工作表现及所处的环境条件。人生活于一定的环境之中，必然受环境因素的影响。一个人能力的形成与发展，以及能力的发挥程度与发挥效果，往往受内外环境因素的影响和制约。内部环境指个人自身所具备的素质，它直接影响个人能力的发挥。外部环境指客观外界存在的、间接影响个体行为表现的环境条件，包括工作性质和组织背景两方面。

工作性质指工作难度、工作责任、工作周期、工作范围、工作地位等。组织背景包括人际关系、群体素质、领导因素、组织状况等。在进行人员素质测评指标要素的设计时，可以考虑行为环境要素与人员素质及功能行为的关系，通过建立行为环境指标体系来全面反映人员素质及功能行为特征。

### 3. 工作绩效要素

个性与环境的相互作用，形成一定的工作绩效。工作绩效是一个人的素质与能力水平的综合表现，通过对工作绩效要素的考察，可以对人员素质及其功能行为做出恰如其分的评价。工作绩效要素主要包括一个人的工作数量、工作质量、工作效率、工作成果、群众威信、人才培养等要素。

## （二）人员素质测评标准体系的纵向结构

在人员素质测评标准体系中，一般根据测评目的来规定测评内容，在测评内容下设置测评目标，测评目标下设置测评指标。

### 1. 测评内容

任何一种素质测评都是有明确目的的。任何测评目的的实现，都离不开具体的测评内容。测评内容的正确选择与规定，是实现测评目的的重要手段。

测评内容在这里是指测评所指向的具体对象与范围，它具有相对性。例如，干部素质测评中的"德"与"才"，面试中的"仪表""口才""科研能力与水平"，测评中规定的"近五年以来发表的研究成果"，公务员录用考试中的"数学""语文""英语"等。相对于"数学能力与数学知识"来说，相关考试用书上所列的具体章、节、目则又是测评内容。

测评内容的确定步骤一般是先分析被测评对象的结构，找出所有值得测评的因素，然后根据测评目的与职位要求进行筛选。内容分析最好借助于内容分析表进行。内容分析表的设计，纵向可以列出被测客体的结构因素，横向可以列出每个结构因素的不同层次或不同方面，在中间表体内则可以具体列出测评的内容点。表 3-1 和表 3-2 列示了两种测评内容分析表。

表 3-1　个体素质测评内容分析表

|   | 知识 | 能力 | 思维形式 | 操作行为 | 日常表现 | 绩效表现 |
| --- | --- | --- | --- | --- | --- | --- |
| 德 |   |   |   |   |   |   |
| 智 |   |   |   |   |   |   |
| 体 |   |   |   |   |   |   |

表 3-2　岗位知识测评内容分析表

|   | 记忆 | 理解 | 评价与运用 |
| --- | --- | --- | --- |
| 基础知识 |   |   |   |
| 专业知识 |   |   |   |
| 相关知识 |   |   |   |

### 2. 测评目标

测评目标是对测评内容筛选综合后的产物。有的测评目标是测评内容点的直接筛选结果，有的则是测评内容点的综合。测评目标是素质测评中直接指向的内容点。例如，"品德"中的"诚实"

"正直""谦虚","管理能力"中的"号召能力""协调能力""决策能力","知识"中的"基础知识""专业知识"等等。显然，素质测评内容与测评目标具有相对性与转换性。"管理能力"在这里是作为测评内容，而它相对于"才能"来说又可能是一个测评目标。测评目标确定主要依据测评的目的与工作职位的要求。不同的测评目的决定着不同的测评目标，但相同的测评目的却不一定有相同的测评目标。同一测评目的依据不同的工作职位的要求可以有不同的测评目标。

测评目标是测评内容点的一种代表。这种代表的选择要通过定性定量的方法来实现，不能任意指定。一般采用德尔菲咨询、问卷调查与层次分析、多元分析相结合的方法进行选择效果好些。

### 3．测评指标

测评指标在这里并非完全与统计学中的"指标"同义，它是素质测评目标操作化的表现形式。室外温度是测评地区气候的一个目标，但"温度"是一个不便直接测评的东西，人们通过温度计把它操作化表现出来。温度计内的水银柱长短就是"温度"这一气候测评目标的测评指标。

测评指标的编制包括对测评目标内涵与外延的分析，包括对揭示目标内涵与外延标志的寻找。一个测评目标可能要用几个指标来揭示，几个目标也可能共用一个指标。

例如，纪律性这一目标的测评指标可以从以下不同的方面来拟定：对一些常规要求记忆的程度；生活学习中的计划性与规律性；作业书写规范程度；迟到早退的次数；听父母话的情况；失约次数；业余时间安排的情况；等等。因此，对纪律性的测评，可以选上述某一指标作为代表，并以每个人在该指标上的得分多少评判他的纪律性；也可以选择几个指标为代表，以每个人在这几个指标上的总分为依据测评他的纪律性。

测评内容、测评目标与测评指标共同构成了人员素质测评标准体系的纵向结构。因此，测评内容、测评目标与测评指标是人员素质测评标准体系的不同层次。测评内容是测评所指向的具体对象与范围；测评目标是对测评内容的明确规定；测评指标则是对测评目标的具体分解。

## 三、人员素质测评标准体系要素

人员素质测评标准体系对测评对象的数量与质量的测评，起着"标尺"作用。素质只有通过标准体系，或者把它投影到测评标准体系中，才能表现它的相对水平与内在价值。人员素质测评标准体系及其分数等级、评语在人员素质测评过程中充当一种价值等价物的作用，它一般由标志、标度和标记三个要素组成。

### （一）标志

所谓标志，是指测评标准体系的内在规定性，常常表现为各种素质规范化行为特征或表征的描述与规定。

标志的形式多种多样，从它揭示的内涵来看，有客观形式、主观评价、半客观半主观三种。例如，在岗位考评指标中，打字的数量、时间、来回取活的次数、耗氧量等均属于客观指标，工作难度、重要性、喜欢程度等则属于主观指标，而能力测验分数、抽样调查的数据、试验中确定的工作平均时间等属于半客观半主观指标，因为这些指标所反映的内容与结果，既受客观因素影响又受主观因素影响。

如果从标志表示的形式来看，则有评语短句式、设问提示式与方向指示式三种。

（1）评语短句式。例如，面试中"语言表达能力"的测评指标之一是"用词准确性"。对于这一测评指标的测评标准可以用下面这组"评语短句"来揭示："没有用词不当的情形""偶有用词不当的情形""多次出现用词不当的情形"。

评语短句式标志是一种对所测评的要素做出了优劣、好坏、是非、大小、高低等判断与评论的句子，主要是描述句、叙述句、议论句，句中含有一个以上的变量词。例如，上面"用词不当"前面的"没有""偶有""多次"就是变量词。显然，这是一种模糊变量词。因为如何算是"偶有"、如何算是"多次"本身是没有界限的，各人的理解可以不一致。但是人们大体可以把握，在一定范围内会趋于一致。

（2）设问提示式。这种指标是以问题形式提示测评主体来把握测评指标的特征。

（3）方向指示式。在这种测评标志中，只规定了从哪些方面去测评，并没有具体规定测评的标志与标度，而是让测评主体自己把握。

如果根据测评指标操作的方式来划分，则可以分为测定式与评定式。

（1）测定式。它是指利用各种测评工具或测量仪器仪表，直接测出或计量出有关考评标志规定的内容。例如，岗位考评中的体力劳动强度、有效工时利用率、人员考评中的产品数量、产值等。

（2）评定式。它是指目前无法用仪器、仪表与测量工具测出或计量出有关标志的精确数据，只能根据现场观察、了解和对有关资料的分析，由测评主体根据有关标准直接评定出结果的标志。例如，岗位考评中的劳动责任、工作难度等指标中的标志，人员考评中的品德素质指标中的标志等，均属于评定式标准。

## （二）标度

所谓标度，即对标准的外在形式划分，常常表现为对素质行为特征或表现的范围、强度和频率的规定。从目前现实中的考评指标分析来看，考评指标的标度大致有量词式、等级式、数量式、数轴式、图表式、定义式、综合式等。

（1）量词式标度。这种标度是用一些带有程度差异的形容词、副词、名词等修饰的词组刻画与揭示有关考评标志状态、水平变化与分布的情形，例如"多""较多""一般""较少""少"等。

（2）等级式标度。这种标度是用一些等级顺序明确的字词、字母或数字揭示考评标志状态、水平变化的刻度形式。例如"优、良、中、差""甲、乙、丙、丁""A、B、C、D""1、2、3、4"等。等级与等级之间的级差应该具有顺序关系，最好还要有等距关系。等级之间的距离要适当：太大了，有可能犯省略过度的错误，考评结果太粗，区分度差；太小了，有可能使考评操作烦琐，判断过细，不好把握与操作。研究表明，等级数超过9，人们难以把握评判，等级数在5以内，考评效果最佳。

（3）数量式标度。这种标度是以分数来揭示考评标志水平变化的一种刻度。它有连续区间型与离散点标式两种。

（4）定义式标度。这种标度是用许多字词规定各个标度的范围与级别差异。

（5）综合式标度。这种标度一般是综合上述两种或更多的标度形式来揭示测评标志不同状态与水平变化的情况。

## （三）标记

所谓标记，即对应于不同标度（范围、强度和频率）的符号表示，通常用字母（A、B、C等）、汉字（甲、乙、丙等）或数字（1、2、3等）来表示，它可以出现在标准体系中，也可以直接说明标准。标记没有独立意义，只有当它们与相应强度或频率的标度相联系时才有意义。

以"感召力"这个指标为例，其测评标准、标度和标记如表3-3所示。

表3-3　感召力测评指标设计举例①

| 测评指标 | 测评标准 | 测评标度和标记 |
| --- | --- | --- |
| 感召力 | 1. 擅长说服，善于赢得支持 | A 精通　B 善于　C 尚可<br>D 一般　E 很差 |
| | 2. 能调整表情以吸引听众 | A 精通　B 善于　C 尚可<br>D 一般　E 很差 |
| | 3. 能运用间接影响等复杂手段以造声势兴舆论，努力赢得他人支持 | A 精通　B 善于　C 尚可<br>D 一般　E 很差 |
| | 4. 能策划引人注目的事件，以说明问题的要点 | A 精通　B 善于　C 尚可<br>D 一般　E 很差 |

## 四、人员素质测评标准体系类型

### （一）效标参照性标准体系

这种体系是依据测评内容与测评目的而形成的测评标准体系，一般是对测评对象内涵的直接描述或诠释。例如，飞行员选拔标准来自对飞机驾驶工作本身的直接描述，这种选拔标准就是效标参照测评标准。

### （二）常模参照性指标体系

这种体系是对测评客体外延进行比较而形成的测评标准体系。效标参照性标准体系与测评客体本身无关，而常模参照性指标体系

---

① 唐宁玉：《人事测评理论与方法》，东北财经大学出版社2002年版，第52页。

则与测评客体直接相关。干部选拔标准属于常模参照性标准，这里的选拔标准不是客观的、绝对的，而是主观的、相对的，是由参加干部选拔的所有候选人的"一般"水平决定。高于"一般"水平的人被提拔，而低于"一般"水平的人被淘汰。

## 第二节 人员素质测评的标准化方法

上一节介绍了人员素质测评标准体系的基本概念，本节则集中于人员素质测评的标准体系设计，主要包括以下几个步骤：

### 一、明确人员素质测评的客体和目的

人员素质测评标准体系的建立，首先必须要求以一定的客体为对象，以一定的目的为根据。客体的特点不同，人员素质测评标准体系就不同。即使是同一客体，目的不同，所制定的标准体系也不尽相同。

人员素质测评客体的特点一般由行业性质和职位特点决定。企业一般员工和企业高级管理人员的人员素质测评标准体系显然完全不同。测评目的为选拔型的测评标准体系显然也有别于配置型的测评标准体系。

### 二、确定人员素质测评的项目或参考因素

我们根据人员素质测评的客体和目的确定了测评内容之后，需要将测评的内容标准化，把它们变成可操作的测评项目。工作分析是测评内容标准化的重要手段。工作分析在测评内容标准化过程中又具体表现为以下几种形式：

(1) 工作目标因素分析法。即运用工作分析方法对职位的工作目标进行分解，也即进行目标分解。所谓目标分解，就是把一个工作目标分解为几个相互联系的子系统。子系统中的元素一般称为项目。每个子系统又继续分解为下一层次的若干子系统，直至每个具体测评项目都能满足可测性的要求为止。满足可测性要求的因素一般称之为指标。分解工作目标必须要有整体观念，从全局出发，从整体上把握各个子系统中元素所表现的一般性质、特点和功能。

由于素质结构的复杂性，对工作目标的一次分解可能难以满足可测性要求，一般要进行多层分解。每个测评项目既可用一个具体指标来反映它，也可用多个具体指标来反映它，因此，具体分解多少次要由实际需要来决定。

(2) 工作内容因素分析法。这种方法是把工作分析法运用于工作内容的结构分析。把每个职位工作的活动按内容归类，确定出几个主要方面，并由此决定素质测评的项目。

(3) 工作行为特征分析法。这种方法是把工作分析法直接运用于分析每个职位工作行为的特征，从行为特征中找出素质测评的主要项目。

## 三、确定人员素质测评标准体系的结构

在测评内容标准化的过程中，工作分析是按一定的层次进行的，作为工作分析结果的素质测评标准体系也具有一定的层次结构。第一分析层次的各个项目称为一级指标（测评目标），表示测评对象的总体特征；第二分析层次的各个项目称为二级指标（测评项目），反映一级指标的具体特征；第三分析层次的各个项目称为三级指标（测评指标），说明二级指标的具体内容。无论哪一级指标都是反映或说明测评对象的特征，只不过具体反映与说明的程度有所不同。

值得注意的是，指标在这里是指用来反映人员素质测评对象的品质特征或数量特征的名称，这与社会经济和统计学中的指标概念有所不同。

## 四、筛选与表述人员素质测评指标

对每一个人员素质测评指标，都必须认真分析研究，界定其内涵与外延，并给以清楚、准确的表述，使测评者、被测评者以及第三者均能明确人员素质测评指标的含义。指标的表述特别要注意确保不要引起测评者产生不同的理解并由此对标准掌握不一而产生误差。此外，还要分析人员素质测评指标体系的整个内涵，把那些内容上有重复的指标删掉。同时，根据方便可测性的要求，反复斟酌，用较简便可测的指标去代替看似精确但可测性较差的指标。

如何来筛选那些优良的人员素质测评指标呢？一般是依据下面

两个问题逐个检核指标：（1）这个指标是否具有实际价值？（2）这个指标是否切实可行？

一个指标虽然具有实际价值但并不切实可行，或者虽然有可行的条件但实际价值不大，都应筛掉，而另行设计符合实际的测评指标。假如对上述两个问题的回答都是肯定的，就需要进一步检核：这个测评指标是否比其他指标更为合理？

怎样检验一个人员素质测评指标的使用价值与可行性呢？第一步就是要对这个测评指标陈述一个明确的理由与用途，说明为什么要制定这个测评指标，以及所得结果将如何使用。做到了这一点也就回答了这个测评指标的潜在价值。假如某一个测评指标保留的必要性与潜在价值得到了肯定，下一步就要考虑它的可行性与现实性了。这可以针对下面四个问题进行检核：（1）保留这个测评指标并进行测评，这在逻辑上是否可行？（2）所需要的数据结果及行为表现是否可以从这个测评指标中得到，或者测评者与被测评者双方经过合理的努力之后是否能够得到？（3）实施这个测评指标的条件是否具备？（4）这个测评指标的保留有无充分的价值，并保证有理由使用其结果？

## 五、确定人员素质测评指标权重

### （一）权重的含义

以上四项工作仅仅完成了人员素质测评标准体系的内容，然而测评不仅要涉及对象的质，还要涉及对象的量，何况不同的质也需要不同的量来区分。因此，在完成以上四项工作之后，我们还要认真权衡一下，每个层次及其中的每个指标在整个测评标准体系中所处的地位和作用，并且适当地增大或减少有关测评指标在总分中的比重，而不能把每个测评指标都等量齐观，把每个测评指标的结果简单总分总平。因为各个测评指标相对不同的测评对象来说，会有不同的地位与作用，所以要根据各测评指标对测评对象反映的不同程度而恰当地分配与确定不同的权重。

所谓权重，即测评指标在测评体系中的重要性或测评指标在总分中应占的比重。其数量表示即为权数。

权数的形式有两种：一种是绝对权数，一种是相对权数。所谓绝对权数，即分配给测评指标的分数，也称为自重权数，它常常为绝对数量。所谓相对权数，是指某个测评指标作为一个单位在总体中的比重值，它常常表现为相对数量，即百分比、小数等。所有测评指标的绝对权数之和为1。

一般的加权是根据不同的测评主体、不同的测评目的、不同的测评对象、不同的测评时期和不同的测评角度而指派不同的数值。加权是相对特定的情况而进行的，使用于某一场合的权数并不一定适用于另一场合。

## （二）加权的类型

加权的类型分为以下几种：

（1）纵向加权，即对不同的测评指标给予不同的权数值。纵向加权的目的是使不同的测评指标的得分可以进行纵向比较，或者说使各测评指标的分数计量相等。例如，我们现在要比较1美元与1元人民币的价值。显然，美元与人民币无法直接比较，必须通过对它们在市场中的经济价值进行比较。假设1元人民币可以买2个鸡蛋，而1美元可以买15个鸡蛋，当我们把1美元与15相乘，而1元人民币与2相乘后，美元与人民币就可以相互比较了。这里的15与2即为美元与人民币的权数。

（2）横向加权，即给每个指标分配不同的等级分数。其目的是使不同的测评客体在同一测评指标上的得分可以相互比较。

（3）综合加权，即纵向加权与横向加权同时进行。其目的是使不同的测评客体在不同的测评指标上的得分可以相互比较。

## （三）确定权重的方法

常见的有以下几种方法：

### 1. 德尔斐法

德尔斐法（又称专家咨询法）据说是美国兰德公司于1964年首先用于技术预测的。它是请专家"背靠背"反复填写对权重设立的意见，不断反馈信息以期专家意见趋于一致，得出一个较为合理的权重分配方案。

这种方法避免了权威、职称、职务、口才以及人数优势对确定权重的干扰，集中了大多数人的正确意见。缺陷是由于最后不再考虑少数人的意见，容易失去一部分信息，同时也缺乏科学的检验手段。弥补的办法是，可以检验各个测评指标的积分和总分的相关性。重要测评指标的积分应与总分有较强的相关性，否则就应修改已定的权重系数。尽管这种检验方法不甚可观，但目前尚有一定的使用价值。不过，在民主气氛较浓的场合下，也可以面对面地反复充分讨论，最后形成一致的意见。

### 2. 层次分析法

层次分析法是把专家的经验认识和理性的分析结合起来并且两两对比分析的直接比较法，使比较过程中的不确定因素得到很大程度的降低。它是确定权重常用的一种方法。

例如，设有 A、B、C、D、E 五个指标，要确定它们各自的权重，根据斯塔相对重要性等级评定，将测评指标两两比较，并写成矩阵形式，如表 3-4 所示。

表 3-4 测评指标权重确定一览表

| 权重\指标 | A | B | C | D | E | $W_i$ |
|---|---|---|---|---|---|---|
| A | 1 | 1/2 | 1/3 | 1/3 | 1/2 | 0.08 |
| B | 2 | 1 | 1/4 | 1/4 | 2 | 0.12 |
| C | 3 | 4 | 1 | 1 | 7 | 0.36 |
| D | 3 | 4 | 1 | 1 | 7 | 0.36 |
| E | 2 | 1/2 | 1/7 | 1/7 | 1 | 0.08 |
| $\sum_{j=1}^{n} a_{ij}$ | 11 | 10 | 2.7 | 2.7 | 17.5 | |

表 3-4 中权重分配的具体方法是，A 与 B 相比，若认为 B 比 A 稍微重要时，则在 B 行 A 列交叉处给 B 记 2，在 A 行 B 列交叉处给 A 记 1/2；A 与 C 相比，若认为 C 比 A 略为重要，则在 C 行 A 列交叉处给 C 记 3，在 A 行 C 列交叉处给 A 记 1/3……如此类推，直到全部比较完为止，得到 A、B、C、D、E 五行五列交叉处的全部数据。第六行与第六列的数据的计算方法是，首先按列求和，得到 $\sum_{j=1}^{n} a_{ij}$ 表中从第一列开始 $\sum_{j=1}^{n} a_{ij}$ 分别为 11，10，2.7，2.7，17.5；然后按分式 $W_i = \frac{1}{n} \sum_{j=1}^{n} (a_{ij} / \sum_{j=1}^{n} a_{ij})$ 求出各指标的权重：

$$W_1 = \frac{1}{5} \left( \frac{1}{11} + \frac{0.5}{10} + \frac{0.33}{2.7} + \frac{0.33}{2.7} + \frac{0.5}{17.5} \right) = 0.08$$

$$W_2 = \frac{1}{5} \left( \frac{2}{11} + \frac{1}{10} + \frac{0.25}{2.7} + \frac{0.25}{2.7} + \frac{2}{17.5} \right) = 0.12$$

同样可得到 $W_3 = 0.36$，$W_4 = 0.36$，$W_5 = 0.08$

且 $\sum_{j=i}^{n} W_i = 1$

这样，分别得到 A、B、C、D、E 五个指标的权重分别为 0.08、0.12、0.36、0.36、0.08。

同样，当标准体系由各级指标组成时，我们可以自上而下地沿递阶层次计算各层次指标对上一层次指标的组和权重，直至计算出每一个指标的权重为止。

这种方法有一种变形称为对偶比较法。它是根据以下规定来分配权重的：

设 A 与 B 是被比较的两个指标，若认为 A 比 B 重要得多，则将 A 记为 4 分，将 B 记为 0 分；若认为 A 较 B 略重要些，则将 A 记为 3 分而 B 记为 1 分；若认为 A 与 B 同等重要，则给 A 和 B 各记 2 分。下面举例具体说明全过程。

设有 A、B、C、D、E 五个指标，要确定它们各自的权重。

首先，确定各对指标比较的顺序。如 A 分别与 B、C、D、E 比较，B 再与 C、D、E 比较……根据上述顺序按 0—4 记分规定，对各个指标分配权数，结果如下：

表 3-5  测评指标权重确定实例

| 指标\指标 | A | B | C | D | E |
|---|---|---|---|---|---|
| A |  | 1 | 0 | 0 | 0 |
| B | 3 |  | 0 | 0 | 0 |
| C | 4 | 4 |  | 2 | 1 |
| D | 4 | 4 | 2 |  | 1 |
| E | 4 | 4 | 3 | 3 |  |
| 总分 | 15 | 13 | 5 | 5 | 2 |
| 权重 $W_i$ | 0.375 | 0.325 | 0.125 | 0.125 | 0.05 |

从表 3-5 可知，A 比 B 略重要一些，故在 A 列 B 行交叉处给 A 记 3 分，而在 B 列 A 行交叉处给 B 记 1 分；当 A 与 C 相比时，认为 A 比 C 重要得多，故在 A 列 C 行交叉处给 A 记 4 分，在 C 列 A 行交叉处给 C 记 0 分，依此类推，得到表 3-5 中间部分的权数。然后将每列的得分数相加即得到倒数第二行 A、B、C、D、E 五个

指标的总分分别为 15、13、5、5、2，它的总和为 40 分，最后将每个指标总分除以总和 40，即得到最后一行 A、B、C、D、E 五个指标的权重分别为 0.375、0.325、0.125、0.125、0.05。

虽然该方法较原来的层次分析法简单些，但是一般只能分别用于各个层次内确定同一层次内目标或指标的权重。因为指标项目一多，配对的次数将按几何级数增大，确定 10 个指标的权重需要配对分析 45 次，确定 100 个指标则需要配对分析 4950 次。同时，为了提高可靠性，在实际工作中，常常不是由单个人确定权重，而必须找一组专家，让每个人独立地按规定比较评判，然后求出所有专家评判结果（权重）的平均值，并将其归一化，才能得到比可靠的权重数。

### 3. 多元分析法

确定权重也可以利用多元分析中的因素分析、主成分分析以及多元回归分析来计算各个测评指标的权数。因素分析与主成分分析一般是首先把同一级的各个测评指标看作观察变量，并计算变量之间的相关系数，然后通过计算机进行因素分析或主成分分析，以确定各个测评指标的权重。多元回归分析是把同级的单个测评指标看作与另一个更高级的指标有关系的变量，并通过数学运算找出同级指标 $x_i$ 与另一个更高级、更概括的指标 $y$ 的线性代数式：$y = b_0 + b_1 x_1 + \cdots + b_n x_n$，$y$ 与 $x_i$ 转化为标准分数后即成为 $Z = d_1 z_1 + d_2 z_2 + \cdots + d_n z_n$。其中 $Z$ 代表高一级指标的测评值，$Z_i$（$i = 1, 2, \cdots, n$）则表示分指标 $z_1, z_2, \cdots, z_n$ 相对于总指标的权重系数。这种方法比较客观，但要求测评者或研究者精通多元分析。

### 4. 主观经验法

当我们对某一测评对象非常熟悉而有把握时，也可以直接采用主观经验来加权。但要注意以下几个原则：

权重分配的合理性，即权重分配要反映测评对象的内部结构和规律，防止因权重分配不当而脱离实际或产生偏向。

权重分配的变通性，即权重分配要符合客观实际的需要，可以根据测评目的与具体要求而适当变通分配。

权重数值的模糊性，即对权重的分配不必十分精确，可以为方便测评而模糊一点，实际上有些测评指标根本无法做到精确，只能模糊一点。

权重数值的归一性，即各个测评指标的权数和应为 1 或 100。

## 六、规定测评指标的计量方法

### （一）计量的重要性

素质测评指标的量化，除了上面的权数分配外，还有对各测评指标的计量问题。

素质测评是相当复杂的，它的测评指标是由多方面的属性和因素构成的集合体，在所有这些测评指标中，大多数的内涵都是模糊的，其外延也是无法界定的。因此，如果仅有一个权数，而没有对每一个指标规定一个统一的计量办法，那么测评者的测评结果会有很大误差。

### （二）计量的要素

任何一个测评指标的计量，均由两个要素决定：一是计量等级及其对应的分数，二是计量的规则或标准。为了使测评的结果规范化、统一化和记分简单化，便于计算机处理，对于测评指标体系中的每一个指标，可采取统一的分等计分法，即每个测评指标均分为五等：一等代表最好的水平，二等代表较好的水平，三等代表一般水平，四等代表较差的水平，五等代表最差水平。它们均匀而连续地递减排列，分别对应分数 5、4、3、2、1，即一等 5 分，二等 4 分，三等 3 分，四等 2 分，五等 1 分。这种分等计分法的好处是简单规范，便于最后统一计算。

可能有人担心，把所有测评指标都机械地分成五等，而且计分相同，这样会不会把不同测评指标的某些相同的测评值等同起来呢？其实，这种担心是多余的。对于不同的两个测评指标，尽管有时被判断的等级得分相同，但由于它们相应的两个指标在总体中的权数不同，其最后的实际得分并不相同。为了消除人们的担心，也可以直观地用不同的分数反映不同的测评指标及不同等级间的区别，此时只要把各个等级的实际得分直接标出，而不再通过权数或其他方式来辗转计算。例如，指标 A 比较重要，且各个等级的差别并不相等，则指标 A 的五个等级的分数由高到低分别为 9、7、5、3、1，而指标 B 的五个分数分别为 5、3、2、1、0。这样，最后的测评总分就不用加权转换了，直接相加即可。

## （三）计量标准的类型

计量的规则或标准一般因具体情况的不同而不同，常见的有以下两种情况：

### 1. 客观性测评指标

有些测评指标具有客观性的数据与结果。如出勤率、犯错误的次数等，均可采取客观性的计量方法来计量。在测评指标暂时没有统一的"法定"标准之前，可列出与测评指标有关的"参考标准"。这个"参考标准"可以是有关政策的规定，也可能是国内外提供的经验数据，计量中以"参考标准"为"效标"，根据测评的对象偏离"效标"的实际程度来确定相应的等级；也可以把测评对象在某一测评指标上实际达到的水平按从低至高的顺序排队，以获最高分者得5分为标准，除此之外的按比例量表折算，确定等级得分。假如被测评的总体是5个工人，他们在某年内抽检的特优产品分别为14件、13件、10件、8件和7件。这里件数最多的是14件，因此规定件数最多的这个工人在相应的测评指标——产品质量上的得分为5，其余的依次为4.64分、3.75分、2.86分、2.50分。这里件数最少（7件）的那个工人并不是处于最末一个等级得1分，而是按其与最高分者成绩的比例折算，介于2分与3分之间。

### 2. 主观性的测评指标

在素质测评指标体系中，大部分的测评指标既没有客观性的数据与结果，也没有可参考的量化标准。对于这种测评指标的计量则要求测评者在调查研究的基础上进行定性分析，然后根据自己以往的经验和当前的实际来确定测评对象在该指标上的等级水平并给以相应的分数。在这种情况下，我们一般借助于模糊数学的方法进行模糊计量。为了保证测评的结果相对客观与准确，测评者不能是一个人而必须是一个群体。具体的计量方法是，先要求每个测评者对同一测评指标按统一的等级量表测评对象，然后统计出各个评判等级上的总人数，并据此算出分数。例如，有25个测评者相对某一测评指标测评同一个职员的素质，测评结果中评一等5分的4人，评二等4分的9人，评三等3分的5人，评四等2分的7人，评5等1分的没有，则这个职员在此测评指标下的得分为：

$$5 \times \frac{4}{25} + 4 \times \frac{9}{25} + 3 \times \frac{5}{25} + 2 \times \frac{7}{25} = \frac{85}{25} = 3.4$$

若许多测评指标都需要进行类似的模糊计量，则可采用矩阵进行综合计量。

对于主观性测评指标的计量，除了上面介绍的方法外，还有下列几种方法：

分点赋分法，即先将测评指标划分为若干等级，然后将指派给该测评指标的分数（权重分）根据指标等级的程度及个数划分几个数值点，每个分数值与相应的等级对应。

分段赋分法，即先把测评指标分为若干等级，然后将指派给该测评指标的分数（权重分）根据等级个数划分为相互连接的数段。

连续赋分法，即先把测评指标水平等级看作是一个连续的系统，用 0—1 之间的任何一个数值来表示被测者在相应的指标上所达到的水平，然后再把这个小数值与该指标被赋予的权重分数相乘即得测评分数。

计分赋分法，即用文字描述测评指标的不同等级或不同的要素（指标），把测评指标的分数（权重分）分派到各个要素上去，各判定要素分数相加即为该测评指标的测评分数。计分赋分法具体又分为分等积分法和累计积分法两种。所谓分等积分即测评指标各要素上分派的分数均相等；所谓累计积分就是测评指标各要素上分派的分数不相等。

## 七、试测并完善人员素质测评标准体系

经过以上六个步骤所制定的人员素质测评标准体系由于在工作中受到许多因素的干扰，因此尽管主观上按照科学方法行事，花费很多的时间精力，但实际效果并不一定就能如愿，其客观性、准确性如何，可行性怎样，还必须经过实践的检验。因此，人员素质测评标准体系在大规模的试测之前，还必须在一定范围内试测一下，同时还要对整个的人员素质测评标准体系进行分析、论证、检验并不断修改，进一步充实与完善，最后达到客观、准确、可行，以保证大规模测评的可靠性与有效性。

## 第三节 领导人才素质模型实例分析

本节主要以某市党政领导人才素质模型构建为例，对人才素质测评标准体系构建进行实例分析与研究。

## 一、研究的方法

### （一）测评标准内容的收集与编制

首先在词汇学原则假设前提下，主要参考了肖鸣政主编的《职业资格理论考评的理论与方法》（中国人民大学出版社 1999 年版），肖鸣政等编著的《人员素质测评》（高等教育出版社 2003 年版），〔美〕加里·尤克尔著、陶文昭译的《组织领导学》（中国人民大学出版社 2004 年版），〔美〕理查德·L.达夫特著、杨斌译的《领导学原理与实践》（机械工业出版社 2005 年版），以及俞文钊著的《现代领导心理学》（上海教育出版社 2004 年版）等学术专著以及在核心期刊上发表的大量学术论文，同时与相关党政领导人才（10 人）以及组织部门和人事部门主管领导（5 人）进行座谈，共收集了 250 个形容词，之后按照政治素质、知识素质、能力素质、品德素质、观念与理念素质、基本心理素质、身体素质、工作经历等 8 个维度进行分类，又按照"领域特殊性"和"领域完整性"分类抽取了 120 个词汇。再通过专家的多次评定，最终将问卷维度划分为政治素质、知识素质、能力素质、品德素质、观念与理念素质、基本心理素质、身体素质、工作经历、教育程度 9 个维度，共 90 个条目。在此基础上，形成了初步的党政领导人才素质标准调查问卷。其中，用于预备性测试的指导语为：

根据您的判断，请您评定下表中各项对于您最了解或熟悉的党政领导人才事业成功的重要性程度，在下面选项对应方格中画"√"，并按照它的相对重要性程度进行排序。"1"表示"非常不重要"，"5"表示"非常重要"。

### （二）预备性问卷与分析

#### 1. 被试

预备性问卷测试的群体主要是北京大学政府管理学院 MPA 班学员，共发放 200 份问卷，收回有效问卷 160 份。

#### 2. 结果

用 SPSS for Windows 10.0 对数据进行因素分析。运用主成分正交旋转，去除特征值大于 1 的因子，并去除因子负荷小于 0.4 的项目，还剩下 74 个项目。统计结果显示：特征值大于 1 的因子共有 9

个，总方差解释量为 61.2%，其中每个大因子又分为若干个小因子。初始问卷一致性系数为 0.969。虽然一致性很高，但在结构上和因子项目组成上都需要进一步精练。

### 3. 项目分析与筛选

首先，对因子负荷矩阵进行分析发现，一些项目在不同的因子上有着十分接近的负荷，这表明该项目对不同因子的区分度很小，所以予以剔除。其次，考虑到问卷编制的简洁性原则，对原有各因子项目进行增删，每个因子最多保留 8 个项目。对不同因子组成项目的含义及因子进行比较，发现个别因子在含义上十分接近，从理论上进行同类项合并后，问卷包含的因子应该是 8 个。但两个因子能否合并，尚需要进一步验证，故暂将它们各自作为独立因子对待。问卷暂保留 9 个因子 74 个项目。

## （三）正式问卷的建构

### 1. 工具

使用预试后筛选出的 74 个项目组成的问卷。

### 2. 样本

选取了河北省某市所有科级及以上的党政领导人才为调查对象，共发放问卷 1000 份，有效问卷 368 份。

从年龄、学历、政治面貌、单位性质、职务性质、职务类别、职务范围以及担任党政领导时间长度等方面考虑，被评价人的信息具有较强的代表性。

从行政级别上考虑，我们可以发现被评价人主要集中在副处级、正处级、副厅局级和正厅局级级别党政领导，所以我们将主要对这四类党政领导的素质标准进行重点研究。

### 3. 结果

对数据进行第二次因素分析，取特征值大于 1 的因子，结果显示还是分为 9 个大因子。

本研究还对以上项目进行了斜交旋转，以探明该问卷是否存在二级因子。结果发现，能力素质划分为 2 个因子，基本心理素质划分为 2 个因子，品德素质划分为 2 个因子，观念与理念素质划分为 3 个因子。

所以，划分为 9 个大因子，14 个小因子。

## 二、结果分析

### （一）信度检验

采用克隆巴赫一致性系数（Cronbach α）检验了总问卷的信度及各因素分问卷的信度，结果如表3-6所示。根据心理测量学要求，信度分数达到0.70以上即可接受。而本问卷的信度分数为0.9756，表明问卷的结果是可靠可信的。

表3-6 问卷内部一致性信度分析情况

| 序号 | 项目 | 样本数 | 均值 | 克隆巴赫一致性系数 |
| --- | --- | --- | --- | --- |
| 1 | 政治素质 | 360 | 4.6198 | .9178 |
| 2 | 知识素质 | 343 | 4.2420 | .9264 |
| 3 | 能力素质 | 349 | 4.5353 | .8955 |
| 4 | 基本心理素质 | 353 | 4.5442 | .8911 |
| 5 | 品德素质 | 357 | 4.6106 | .9328 |
| 6 | 观念与理念素质 | 344 | 4.5613 | .8778 |
| 7 | 工作经历 | 337 | 3.9629 | .7417 |
| 8 | 总问卷 | 260 | 4.4650 | .9756 |

### （二）效度检验

在效度检验方面，由于这里所使用问卷项目全部来自过去的文献，很多学者都曾使用这些问卷测量相关变量，我们在最终确认问卷之前，通过咨询相关领域的专家意见、预试并修正问卷的部分提法以适合对象的情况，因此问卷具有相当的内容效度。

在编制各分问卷时，编制者并不会预先知道有几个因素，所以采用探索性因素分析对其进行建构效度验证。

表3-7 问卷效度分析情况

| 序号 | 项目 | 解释变异量 | 因子数量 |
| --- | --- | --- | --- |
| 1 | 政治素质 | 67.778% | 1个 |
| 2 | 知识素质 | 53.960% | 1个 |
| 3 | 能力素质 | 57.042% | 2个 |
| 4 | 基本心理素质 | 60.017% | 2个 |
| 5 | 品德素质 | 64.357% | 2个 |
| 6 | 观念和理念素质 | 67.789% | 3个 |

续表

| 序号 | 项目 | 解释变异量 | 因子数量 |
|---|---|---|---|
| 7 | 工作经历 | 45.828% | 1个 |
| 8 | 整体 | 69.610% | 14个 |

表3-7显示，本调查问卷中，各部分的解释力都符合效度检验要求，解释力都比较强，结构一致，所以总体上看，本问卷的建构效度非常好。

（三）因素分析

为了能对素质结构有清晰的认识和深刻的了解，我们主要采用探索性因素分析法，将各项素质进行因子分析，以便将某些素质归结为少数几个因子，如表3-7所示，能力素质划分为2个因子，基本心理素质划分为2个因子，品德素质划分为2个因子，观念与理念素质划分为3个因子，其他的不变，所以，我们可以得出某市党政领导人才的素质结构，如表3-8所示：

表3-8 某市党政领导人才素质结构

| 一级指标 | 二级指标 | 三级指标 |
|---|---|---|
| 素质结构 | 政治素质 | 因子1 | 政治理想、政治观念、政治立场、政治鉴别力、政治敏锐性、政治热情和政治使命感 |
| | 知识素质 | 因子2 | 党和国家方针政策知识、马克思主义理论知识、领导学知识、战略管理知识、人力资源管理知识、财务管理知识、经济学知识、政治学知识、历史学知识、危机处理知识、业务专业知识、法律知识和外语知识 |
| | 能力素质 | 因子3 | 战略规划能力、科学决策能力、全局掌控能力、组织领导能力、人才管理能力、交往协调能力、开拓创新能力、危机管理能力、学习能力、表达能力和自我控制能力 |
| | | 因子4 | 专业技术能力 |
| | 基本心理素质 | 因子5 | 思路清晰 |
| | | 因子6 | 思维敏捷、心胸宽阔、意志坚强、明辨是非、积极进取、洞察敏锐、直觉和预见、谦虚谨慎、机动灵活和情绪稳定 |
| | 品德素质 | 因子7 | 公道正派、勤政廉洁、国家事业心、诚实守信、平易近人、民主集中、求真务实、忠于职守、乐于助人、自律严谨、顾全大局 |
| | | 因子8 | 自信果断、坚韧不拔和勇敢机智 |

续表

| 一级指标 | | 二级指标 | 三级指标 |
|---|---|---|---|
| 素质结构 | 观念与理念素质 | 因子9 | 效率意识、服务意识、创新意识、法治意识、群众意识、人才意识、团队意识 |
| | | 因子10 | 市场意识和效益意识 |
| | | 因子11 | 领导别人意识、追求卓越意识 |
| | 工作经历 | 因子12 | 基层工作经历、现岗位相似工作经历、大型企业单位工作经历、大型事业单位工作经历、多种工岗位工作经历和国外工作经历 |
| | 学历 | 因子13 | 大专以下、大专、本科、硕士、博士 |
| | 身体素质 | 因子14 | 身体健康、精力充沛 |
| 总计 | 9 | 14 | 48 |

表3-8显示，某市党政领导人才素质可以分为9个大因子，14个小因子，48个条目。

### （四）描述统计分析

得出某市党政领导人才素质结构之后，我们再利用描述统计分析，得出其中最为重要的素质项目，从而形成某市党政领导人才的素质标准，具体如表3-9所示：

表3-9 某市党政领导人才素质标准

| 一级指标 | 二级指标 | | 最重要的三级指标 |
|---|---|---|---|
| 素质标准 | 政治素质 | 因子1 | 政治立场、政治理想、政治使命感、政治鉴别力和政治敏锐性。 |
| | 知识素质 | 因子2 | 党和国家方针政策知识、领导学知识、业务专业知识、法律知识和人力资源管理知识。此外，马克思主义理论知识、经济学知识和危机处理知识也很重要。 |
| | 能力素质 | 因子3 | 科学决策能力、组织领导能力、全局掌控能力、开拓创新能力和战略规划能力。此外，人才管理能力和交往协调能力也很重要。 |

续表

| 一级指标 | 二级指标 | 最重要的三级指标 |
|---|---|---|
| 素质标准 | | |
| 基本心理素质 | 因子5 | 思路清晰。 |
| | 因子6 | 明辨是非、心胸宽阔、积极进取和思维敏捷。此外，意志坚强、谦虚谨慎和洞察敏锐也很重要。 |
| 品德素质 | 因子7 | 公道正派、勤政廉洁、顾全大局、国家事业心和求真务实。此外，民主集中也很重要。 |
| 观念与理念素质 | 因子9 | 创新意识、服务意识、法治意识、群众意识和效率意识。此外，团队意识和市场意识也很重要。 |
| | 因子10 | 市场意识。 |
| 工作经历 | 因子12 | 基层工作经历和多种工作岗位工作经历，最佳时间长度为5年左右。此外，现岗位相似工作经历也很重要。 |
| 学历 | 因子13 | 本科或者研究生学历。 |
| 总计 | 8　　10 | 45 |

### （五）交叉列表与 Means 过程

因为被评价的对象涉及不同行政级别、不同性别、正副职等的党政领导人才，所以采用了交叉列表和 Means 过程，以分析这些变量的影响情况。通过这些分析，我们也发现了比较重要的结论，如不同行政级别这个变量的影响情况为：

（1）正厅局级党政领导对"政治理想"的要求明显要高于其他级别党政领导人才，并且均值高达4.89，所以"政治理想"是成功正厅局级党政领导人才的核心政治素质之一。

（2）"意志坚强"是成功正处级、副厅局级和正厅局级党政领导人才的基本心理素质之一。

（3）"平易近人"是成功正厅局级党政领导人才事业成功非常重要的品德素质之一。

（4）"求真务实"是正处级和正厅局级党政领导人才事业成功的核心品德素质之一，是副处级和副厅局级党政领导人才事业成功的非常重要的品德素质之一。

（5）"追求卓越意识"是正处级、副厅局级和正厅局级党政领导人才事业成功非常重要的观念与理念素质之一，是副处级党政领导人才事业成功的比较重要的观念与理念素质之一。

## 四、讨论与分析

### （一）党政领导人才素质结构

党政领导人才素质是个体潜在的特征，包括政治素质、知识素质、能力素质、品德素质、观念与理念素质、基本心理素质、身体素质、工作经历等特征，但素质特征并不是这些要素的简单相加，或对任何一种潜在特性都加以关注，而是注重那些与管理绩效具有因果联系的个性特性，用以区分绩效优秀者与平庸者。从本研究的结果来看，素质特征没有能包含理论构思中的所有要素，并且不同行政级别、不同性别、正副职所包含的成分也不同。但从更高层次来看，党政领导人才素质具有层次结构，我们将之划分为9个大因子、14个小因子和48个条目。

### （二）党政领导人才素质标准

在确定了党政领导人才素质结构之后，还需要进一步对非常重要的素质条目进行挑选，通过描述统计分析，我们发现了其中8个大因子、10个小因子以及45个条目对于党政领导人才事业的成功起着非常重要的作用，所以我们将这些条目归为党政领导人才的素质标准，以便为党政领导人才的管理提供科学的依据。

### （三）个人简历因素对党政领导人才素质标准的影响

我们得出的党政领导人才的素质标准是一个共性的标准，但是由于个人简历因素对素质标准有影响，要求不会完全一致，所以，我们运用 SPSS 统计分析软件，进一步对其进行了交叉列表和 Means 过程分析。结果显示，不同行政级别、不同性别、正副职等个人简历因素对素质标准影响比较大，为素质标准的差异提供了有力的证据。

因此，在人才的选拔与配备中，要做到"人—职—组织匹配"，只考察素质标准的共性是不够的，还必须给不同岗位构建不同的管理胜任力特征标准，选拔合适的人才，以达到人事匹配。这样，各层次的岗位既有各自特定的素质标准，能够相互区分开来，又有共同的基本条件，体现区分性，使人才选拔与配备既公平合理又面向岗位业绩要求。

## 本章小结

1. 本章主要介绍了人员素质测评标准设计的基本概念和技术，包括人员素质测评标准体系的作用、构成、要素和类型，人员素质测评的标准化方法，胜任特征模型理论及其构建方法，并辅以领导人才素质模型的实例分析，帮助读者理解人员素质测评理论及技术。

2. 人员素质测评标准体系设计是人员素质测评活动的中心和纽带，是整个人员素质测评工作的中心，在人员素质测评过程中的作用与意义主要体现在以下三点：有利于促进人员与工作岗位的物化连接；有利于提高人员素质测评的科学性、客观性；有利于统一观点、深化认识。

3. 从构成来看，人员素质测评标准体系的设计分为横向结构和纵向结构两个方面。横向结构是人员素质测评标准体系设计的基础。纵向结构是对横向结构各项素质的层层分解，把横向结构各项素质测评推向可操作化。

4. 人员素质测评标准体系要素是人员素质测评标准的投射，在人员素质测评过程中充当一种价值等价物的作用，它一般包括标志、标度、标记三个要素。

5. 人员素质测评标准体系有两大类型：一是效标参照性标准体系，二是常模参照性指标体系。前者基于硬性指标，后者基于竞争比较。

6. 人员素质测评内容的标准体系设计主要包括以下七个步骤：明确人员素质测评的客体和目的，确定人员素质测评的项目或参考因素，确定人员素质测评标准体系的结构，筛选与表述人员素质测评指标，确定人员素质测评指标权重，规定测评指标的计量方法，测试并完善人员素质测评标准体系。

## 复习思考题

1. 你如何看待人员素质测评标准体系的作用？
2. 你认为人员素质测评标准体系如何分层？分层之间有何联系？
3. 人员素质测评标准体系包含哪些要素？有哪几种类型？

4. 请选取实际工作中你所感兴趣的案例，谈谈人员素质测评标准体系的设计应该包含哪些要点。

## ▶▶ 案例与分析

### 大亚湾核电站 RO/SRO 素质模型构建①

**提出问题**

大亚湾核电站是我国唯一以核电为主业、由国务院国有资产监督管理委员会监管的中央企业。

核电站是一个技术高、庞大而又极其复杂的统一体，其运行的安全性非常重要，会受到许多复杂因素的影响，其中人的因素起决定性作用。在大亚湾核电站有个特殊的群体就是持有反应堆操纵员（简称 RO）和高级操纵员（简称 SRO）执照的运行人员，他们担负着核电站安全运行的重担，这些人员的素质能否满足岗位要求，将直接影响到核电站是否能够安全稳定地运行。选拔、培养和拥有一支高素质的持照人员队伍是核电站长期、安全、经济运行的关键。

随着企业进入飞速发展阶段，对人才的需求日趋紧迫，尤其对负责反应堆正常运作的 RO 和 SRO 的需求更加迫切，为满足核电站发展的需求，每年至少需要选拔培养 50—70 名新的 RO 和 SRO，这就对运行人才的选拔和培养提出了新的要求。然而，一名合格的反应堆操纵员的培养需要一个漫长而异常昂贵的过程，一名大学生要想成为一位合格的操纵员一般需要 5—6 年时间，培养成本往往需要上百万。因此，选拔有培养潜质的员工参加操纵员培训，保证培训的合格率，能够大大节省企业的人员成本。

那么，究竟如何以更科学、合理的方式选拔、培养一支高素质的 RO 和 SRO 人员队伍，以满足企业当前发展形势下多出人才、快出人才的需要？大亚湾核电站运营管理有限责任公司的领导提出了以"RO/SRO 素质模型"为核心理念的选拔培养方式，并决定引入第三方咨询公司，通过科学、规范的建模和素质测评工具开发流程，为集团 RO、SRO 两个人群构建统一的人才评价标准和客观的评价工具，探索出建立核电站管理人员和核心技术骨干"素质模型

---

① 本案例根据李慧渊写的《RO/SRO 素质模型——特殊岗位素质模型的构建》改编而成，原文载《人力资源》2007 年第 7 期。转引自萧鸣政主编：《人员测评与选拔》（第二版），复旦大学出版社 2010 年版，第 184 页。

和应用体系"的有效方法和途径。

**解决方案**

大亚湾核电站反应堆操纵人员素质模型的构建及测评项目于2006年7月6日正式启动，并通过调研界定了项目的具体目标为：

（1）通过建立RO/SRO岗位人员素质模型，厘清人才的素质标准；

（2）以素质模型为基础开发相应的素质测评工具，构建选拔体系应用于今后的RO/SRO人员的选拔工作；

（3）以素质测评所分析提炼出的共性特点为指导开发针对性的素质训练课程，以提升RO/SRO的综合素质。

本次项目执行紧紧围绕以应用为导向的研究型项目定位展开，通过科学、专业的研究方法，规范、系统的项目管理与组织将项目分解为素质模型构建、测评体系与相关工具开发、素质测评组织与实施和素质训练课程开发与示范教学四个阶段，解决了RO和SRO的人才素质标准、RO和SRO的候选人的素质测评工具与方法和如何培训、提升RO和SRO的自我素质等问题。

根据核电站对人才选拔的精度要求，项目组选用了最为严谨的素质模型构建方法，以区分绩效的行为事件访谈法（即以业绩优秀者和绩效一般者作为访谈对象，通过访谈等调研方法找出取得优秀业绩的人之所以取得优秀业绩的素质原因）作为主体研究方法对大亚湾核电站的117人进行了大规模的调研、访谈，并运用了工作分析访谈、现场观察、行为事件访谈等多种方法作为补充调研方法构建素质模型。同时，考虑到本项目的选拔功能定位，将个性测验作为补充调研引入音质模型构建中，以探索对胜任目标岗位具有重要支撑作用的深层次个人特质与心理机制，从而保证模型与岗位更加紧密地结合。在抽取出初步指标后，项目组通过严格的统计检验方法，找到了真正适合选拔、评价核电从业人员的素质指标。

考虑到目标岗位的特殊性和从RO向SRO过渡和成长的实际需要，项目组创造性地用"门槛类""胜任类""成长类"三类名称对模型的指标进行了区分，以更好地体现素质模型的倡导性以及和企业文化的适应。其中，"门槛类素质"是指成为RO或SRO所必须具备的素质，主要用于指导两类人员的选拔；"胜任类素质"是指成为一名优秀的RO或SRO所必须具备的素质，主要帮助他们规范日常行为，以创造更好的绩效；"成长类素质"则反映了两类岗位的未来成长方向，是RO和SRO人员向更高岗位发展的指引和导向。

## ▶▶ 案例分析题

1. 你认为大亚湾核电站 RO/SRO 素质模型构建的过程是否合理？有无需要改进的地方？
2. 请就此案例的素质标准体系建立流程进行讨论分析。

## ▶▶ 建议阅读文献

1. 吴林润、马金壮：《我国政府行政部门人员素质测评指标体系探析》，《人才资源开发》2010 年第 9 期。
2. 孙圣勇：《基层党组织人才素质测评标准体系构建》，《企业导报》2011 年第 15 期。
3. 闫贤惠、杨昆元：《应用 AHP 确定企业人员素质测评中评价指标的权重》，《中国市场》2011 年第 18 期。
4. 滕明雨、奉公、张磊：《我国农民科学素质测评指标体系的构建》，《华中农业大学学报（社会科学版）》2012 年第 2 期。
5. 李明：《党政领导干部素质测评体系的构建及方法研究》，《湖北社会科学》2013 年第 5 期。
6. 周春燕、徐袁瑾：《临床医学人才素质测评指标体系构建》，《中国医院》2014 年第 11 期。
7. 郭庆、秦自强：《农村基层干部素质测评指标体系构建及实证分析——以雅安市雨城区 A 村为例》，《农村经济与科技》2014 年第 1 期。
8. 杨丽昕：《基于胜任素质的营销人才素质测评体系研究》，《现代经济信息》2015 年第 1 期。
9. 徐袁瑾、冯希平：《口腔医学人才素质测评指标体系构建》，《解放军医院管理杂志》2015 年第 1 期。
10. 唐晋：《国有企业中层管理人员素质测评体系构建研究》，《现代商业》2015 年第 4 期。

# 第四章

# 人员素质测评方法

📖 **本章学习目标提示**

1. 掌握心理测验的一般原理及其应用
2. 把握面试的基本概念、内容、形式及应用
3. 理解评价中心的概念、基本操作与主要程序
4. 了解履历分析及其在人员测评与选拔中的优点与不足

人员测评的方法是选择优秀人才与进行人岗合理配置的关键。为了对被测评对象进行客观、合理的素质测评，通过多年来大量的实践，已经建立起一套行之有效的测评方法，主要有心理测验、面试、评价中心技术、履历分析等。

## 第一节 心理测验

什么是心理测验？简单地说，心理测验是心理测量的一种具体形式。为了对它有较为全面的理解，下面将对心理测验的起源与发展、定义、形式等进行简单介绍。

### 一、心理测验概述

#### （一）起源与发展

心理测验起源于实验心理学中个别差异研究的需要。1879年

德国心理学家冯特（Wundt）在德国莱比锡大学设立了第一个心理实验室，实验中发现个体的行为相互之间存在个别差异。个别差异的存在产生了心理测量的需要。

1883年，英国优生学家高尔顿（F. Galton）在《人类才能及其发展的研究》一书中首先提出了"测验"这个术语。1884年创设了"人类学测量实验室"，六年间测量了9337个人的身高、体重、视力、听力、色觉等素质特征。

1890年，美国个性心理学家卡特尔（J. M. Cattell）发表了《心理测验与测量》的论文，介绍了他编制的第一套心理测验题。这套测验共10道题目，主要测量个体的感觉能力与动作过程。

1894年，卡特尔首先用各种测验测量哥伦比亚大学的学生，使测验走出实验室，直接应用于实际。

心理测验的发展大致可以分为萌芽时期、成熟时期、昌盛时期与完善发展时期。

1869—1904年，心理测验处于萌芽时期。这一时期，心理测验尚未形成自己的体系，依附于试验心理学与个别差异的研究而存在。测验的内容大都限于感觉、动作或简单反映时间的测量，属于简单身体素质测评。由此可见，心理测验不仅仅运用于心理素质测评。

1905—1915年，心理测验处于成熟时期。这一时期，心理测验已步入独立发展的轨道，出现了较为成熟的比奈西蒙智力测验。这一测验用于鉴别低能儿童。

1916—1940年，心理测验处于昌盛时期。这一时期，不仅智力测验在广度与深度上有了突破性的发展，而且一般能力测验、特殊能力测验、人格测验相继出现，心理测验理论上得到完善，应用上得到了空前的发展。测验的形式由个体扩展为团体；测验的客体由儿童扩展为成人；测验的表现形式由文字扩展到图形、操作等非文字的智力测验，由直接的测量扩展到投射与预测的测验；测验的功用由研究走向社会服务。

第一次世界大战期间，美国应用智力测验挑选士兵，防止低能的和不合格的人进入部队，后又广泛应用于军队官员的选拔与安置。二战期间，美国编制了一般分类测验（GCT），借以预测军人的能力。二战后，美国则把测验应用于服务行业，兴起了职业测验。

1941年至现在，可以说，心理测验处于完善发展时期。这一时期，心理测验一方面接受教育评价运动的挑战，另一方面在测验的理论、技术与编制方法等方面，都有非常大的进步。

1938年，瑟斯顿（Thurstone）发表了"主要的心理能力"论，在使用因素分析法数学化之后，概括出了7种主要的智力：知觉速度、推理能力、词语理解、词语流速、空间知觉、记忆和计算能力。同年，默里与摩根（Murray and Morgan）编制了投射测验之一的主题统觉测验（TAT）。哈特威（Hathaway）和麦金利（McKinley）于20世纪40年代初期编制了调查个人适应和社会适应能力的明尼苏达多相个性调查表（MMPI）。1953年，艾森克（Eysenck）夫妇编制了人格（个性）问卷（EPQ）。1973年卡特尔编制了16因素测验。这一时期，兴起了职业性向与职业技能测验的新高潮，用于挑选各行各业的职员与管理干部。

## （二）心理测验的定义

心理测验产生于对个别差异鉴别的需要，广泛应用于教育、企事业人员的挑选与评价。在这一过程中，人们编制了许多心理测验。其中，比较有影响的有比奈－西蒙智力测验、斯坦福－比奈儿童智力测验、罗夏墨迹测验、默里与摩根的主题统觉测验、明尼苏达问卷、艾森克人格测验、卡特尔16因素测验、皮亚杰故事测验、科尔伯格（Kohlberg）两难故事测验、雷斯特测验等。

在以上较为典型的心理测验形式中，我们认为在所有的心理测验定义中阿纳斯塔西（Anastasi）所下的定义比较确切："心理测验实质上是行为样组的客观的和标准化的测量。"这个定义告诉我们：

（1）心理测验是对行为的测量。这些行为主要是心理的而不是反射性的生理行为（打喷嚏、打呼噜等），是外显行为而不是内部心理活动，是一组行为而不是单个行为。

（2）心理测验是对一组行为样本的测量，即所测量的行为组是有代表性的一组行为。任何个体在不同时间、空间与条件下的行为表现是不尽相同的。测评的行为抽样不同，所得到的结果就会不同。

（3）心理测验的行为样组不一定是真实行为，而往往是概括化了的模拟行为。例如，投射（墨迹）测验，答题行为均不是真实的行为，而是一种间接的行为反应。

（4）心理测验是一种标准化的测验。所谓标准化，在这里指测验的编制、实施、记分以及测验分数解释程序的一致性。这是测验的内在要求。因为要使测验的最后结果具有可比性，测验的条件必须具有等同性或统一性。

（5）心理测验是一种力求客观化的测量。

从上述所有测验都可以看出，这些测验所采用的种种技术，例如机器评分，采用填空、选择等客观性试题，都是要尽可能排除人为主观影响。然而，值得注意的是，不能完全客观化。

## 二、心理测验的种类与形式

心理测验依据不同的标准，可以划分成不同的类别。

根据测验的具体对象，可以将心理测验划分为认知测验与品性测验。认知测验测评的是认知行为，品性测验测评的是社会行为。认知测验又可以按其具体的测验对象，分为成就测验、智力测验与能力倾向测验。成就测验主要测评人的知识与技能，这是对认知活动结果的测评；智力测验主要测评认知活动中较为稳定的行为特征，是对认知过程或认知活动的整体测评；能力倾向测验是对人的认知潜在能力的测评，是对认知活动的深层次测评。品性测验按其具体的对象可以分为态度、兴趣与品德（包括性格）测验。

根据测验的目的，可以将心理测验划分为描述性、预测性、诊断咨询、挑选性、配置性、计划性、研究性等形式。

根据测验的材料特点，可以将心理测验划分为文字测验与非文字测验。文字测验即以文字表述，被试用文字作答。典型的文字测验即纸笔测验。非文字测验包括图形辨认、图形排列、实物操作等方式。

根据测验的质量要求，可以分为标准化与非标准化心理测验。

根据测验的实施对象，可以分为个别测验与团体测验。

根据测验中是否有时间限制，可以分为速度测验、难度测验、最佳行为测验、典型行为测验。

根据测验应用的具体领域，可以分为教育测验、职业测验、临床测验、研究性测验。

下面是较为通用的一种分类：

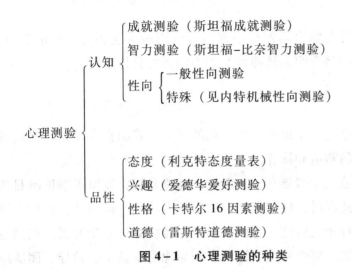

图 4-1 心理测验的种类

心理测验形式与心理测验的类别有所不同。心理测验的形式是指测验的表现形式，包括刺激与反应两个方面。划分的标准不同，形式也就各异。

按测验的目的与意图表现的程度，有结构明确的问卷法和结构不明确的投射法。后者所表现的刺激为意义不明确的各种图形、墨迹、词语，让被测评者在不受限制的情境下，自由地做出反应，从分析反应结果来推断测验的结果；前者所表现的则为一系列具体明确的问题，它们是从不同方面来了解被测评者的素质情况，要求被测评者按实际情况作答。从问卷调查的具体对象来看，则分为自陈量表和非自陈量表。

根据测验时被测评者反应的自由性来看，有限制反应型和自由反应型。投射测验属于自由反应型，而强迫选择属于限制反应型。按测验作答结果的评定形式，有主观型和客观型之分。从作答方式来看，有纸笔测验、口头测验、操作测验、文字测验与图形、符号、实践等测验形式。从测验反应场所来看，有一般测验、情境测验和观察评定测验。一般测验是对被测评者在行为样组上反应的测评；情境测验是对被测评者在模拟情境中反应的测评；观察评定是对被测评者在日常实际情况下行为表现的测评。

## 三、心理测验的应用

品德测评与能力测评是心理测验应用最为重要与困难的领域,因此下面我们将介绍品德测评与能力测评的具体应用。

### (一) 品德测评

作为一个受儒家思想影响深远的国家,我国自古以来一贯重视对人的品德的塑造和培养。

改革开放三十多年来,我国经济高速发展,取得了举世瞩目的成就,但与此同时,转型期社会中部分人员的低诚信度、代理人道德风险等各种相关问题一直困扰着我国经济的进一步发展。我国各类企业、机关、事业单位逐渐认识到品德对于员工、领导、团队绩效的重要影响,越来越重视对员工和领导品德的考察、测评和培养。

品德测评的方法主要有 FRC 品德测评法、OSL 品德测评法、问卷法、投射技术法。

#### 1. FRC 品德测评法

所谓 FRC 品德测评法,是笔者 1991 年自行设计并进行过实验研究的一种方法。它是事实报告计算机辅助分析的考核性品德测评方法。FRC 是"事实报告计算机测评法"的简称。这种品德测评法的基本思想是,借助计算机分析技术从个体品德结构要素中确定一些基本要素,再从基本要素中选择一些表征行为或事实,然后要求被测者就是否具备这些表征行为与事实予以报告。报告的方式既可以是个别谈话,也可以是集体的问卷。每个人所表征的行为事实,经过光电信息处理后,即储存于个人品行信息库中,然后计算机根据专家仿真测评系统对被测评人报告的表征行为进行分析,做出定性或定量的评定。

FRC 品德测评法的操作程序如图 4-2 所示。

# 第四章 人员素质测评方法

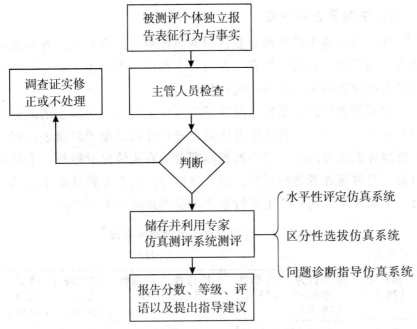

图4-2 FRC品德测评法操作流程图

被测人独立报告表征行为与事实，可以采用个体测评方式，直接通过计算机终端输入；也可以采取集体测评方式，在规定的时间与场合中，（部门全体人员、全公司甚至全行业）统一地对所问的各种行为事实予以实事求是的报告。报告的方式是，先在问卷上进行选择，然后把所选择的结果标记在答卷卡上。与此同时，要求主管人员检查每个被测人问卷上的选择，检查选择是否符合事实。当检查卡与答卷卡的差异在误差允许范围（事先给定）之内时，则进行评定，否则退出，要求机外进行调查证实与修正。

测评后报告分数、等级与评语，并给出有关专家诊断以及人力资源管理与开发的建议。

为了控制被测人报告事实的虚假性，除设置主管人员检查的监控系统外，还另外采取了五条措施：一是通过指导予以说明（为了诊断或帮助咨询等），解除被测评人不必要的顾虑；二是所问之问题没有明显的价值取向与对错标准；三是设置了一系列监察问题量表，被测人回答的虚假程度能由此看出一些；四是所问的问题大多数是一些别人可见到或者可复检验证的事实与行为；五是行为事实的关键性。为了确保品德测评的准确性，所有的问题都是取自一些关键点与区分点上的行为事实。

## 2. 主观量表测评法

现在我国越来越多的企业认识到品德测评的重要性，在品德测评方面做了许多有益的探索。在实际工作中，当前不少企业运用主观量表测评法对员工的品德进行测评。

主观量表测评法是根据品德等级测评量表对公司员工的品德进行测评的一种方法。其具体方法是，先设计出品德等级量表，列出需要测评的品德因素，再根据被测评者的真实情况对照每一个品德因素，对被测评者进行打分，然后根据分数的大小转换成不同的等级。下面是某公司对员工进行量表品德测评的一个实例：

**表4-1 某公司员工品德测评量表**

员工姓名：　　　　部门：　　　　考评时段：

| 责任心（20分） | | | 基本行为准则（10分） | | | | 主动性（15分） | | | | 协作性（15分） | | | 纪律性（10分） | | | 工作服从性（10分） | | | 奉献精神（20分） | | |
|---|---|---|---|---|---|---|---|---|---|---|---|---|---|---|---|---|---|---|---|---|---|---|
| 对工作高度负责，可放心地交付工作 | 勤勤恳恳，可交付工作 | 较负责，能完成本职工作，偶尔需要督促 | 工作欠缺责任心 | 自觉维护公司和个人形象，爱护财产，节约成本 | 处处维护公司利益，举止文明 | 不太注意小事，需更严格地要求自己 | 自觉主动积极地分担和完成工作 | 对已安排的工作能自觉地完成 | 工作较被动，有时需要上级督促 | 积极配合他人，团队意识强 | 能较好地配合他人，有协作精神 | 可以配合他人 | 较被动 | 严守规章纪律，具有监督表率作用 | 能自觉遵守纪律和规章制度，有安全意识 | 纪律一般，自我要求较松 | 服从集体安排，积极配合 | 能服从领导安排，有反馈 | 被动服从，回避工作安排 | 不计较个人得失 | 在确实需要的情况下可以奉献 | 不愿意奉献，对个人得失斤斤计较 |
| 20 | 18 | 15 | 10 | 10 | 7 | 5 | 15 | 12 | 10 | 8 | 15 | 12 | 10 | 10 | 7 | 5 | 10 | 7 | 5 | 20 | 18 | 12 |

然后，根据得分高低对员工的品德进行等级判定，85—100分为优秀，70—84分为良好，60—69分为及格，小于60分为需改进。

## 3. OSL品德测评法

所谓OSL品德测评法，是笔者设计并且通过实验检验的以品德素质开发为目的的行为主观测评法，通称为开发性品德测评或者促进性品德测评。① 实际上它是一种表现为品德测评的素质开发方法，是发挥测评开发作用的一种实体建构模式。这里 O 即英文单词 on（做到）的缩写，S 即英文单词 short（稍差）的缩写，L 即英文单词 long（较差或需努力）的缩写。O、S、L 即品德开发结果（做到、稍差、较差）主观测评的一种简便标记符号。

首先，在 OSL 品德测评法中，为了避免分项直接打分带来的不良影响，为了吸取分数便于综合比较的优点，我们采取了折中的办法。具体测评时，划分"做到""稍差""需努力"三种差异情况并代以 O，S，L 的符号，使记录既简便（每个字母都是一笔书写），又避免了差异直接显示的刺激作用（分数与词语均直接显示了差异，容易给人以刺激）。测评期末综合时，累计 O，S 和 L 的个数 $m_1$，$m_2$ 与 $m_3$，把它们代入下列公式计算总分 P：

$$P = \frac{3}{2}m_1 + m_2 + \frac{1}{2}m_3$$

$$= \frac{1}{2}(3m_1 + 2m_2 + m_3)$$

P 四舍五入取整数。分数仅为比较之用，报告时采用优秀、良好、中等、尚可、需努力等词语，其中规定，P＞85 为优秀，85＞P＞75 为良好，75＞P＞65 为中等，65＞P＞55 为尚可，P＜55 为需努力。对于被测人的个性特征、突出事例，还要辅以文字描述。

其次，在 OSL 品德测评法中，我们特别强调突出被测人的自我测评。

目前，人们认为，在品德测评中，只有他评才能保证客观性，自评只是他评的手段，是为他评服务的。事实上，自我测评在整个品德测评中尤其是开发性品德测评中起着十分重要而关键的作用。

最后，在 OSL 品德测评法特别注意发挥与利用品德测评的"蝴蝶效应"作用。

"蝴蝶效应"的原理认为，一个极微小的起因经过一定的时间以及其他因素的参与作用，可以形成极为巨大和复杂的影响力。为了在品德测评过程中突出地发挥培训与开发的作用，依据"蝴蝶效应"原理，我们把 OSL 品德测评法建构成以品德测评为主线、串联其他教育培训方法的系统模式，具体程序如图 4-3 所示：

---

① 肖鸣政：《OSL 品德测评法的基本思想及其实验》，《江西教育科研》1994 年第 2 期。

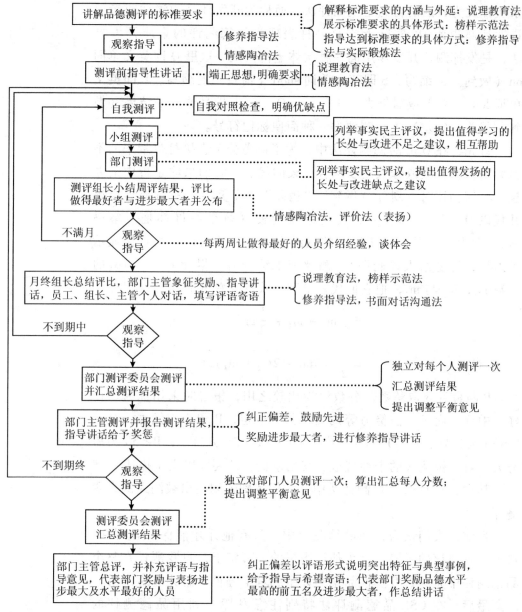

**图 4-3　OSL 品德测评法操作流程图**

### 4. 问卷法

采用问卷测验形式测评品德，是一种实用、方便、高效的方法。这种形式的代表有卡特尔 16 因素个性问卷、艾森克个性问卷、明尼苏达多相个性问卷等。下面着重介绍卡特尔 16 因素个性问卷。

卡特尔认为任何人的个性特征都可以归纳为以下 16 个因素：

## 第四章　人员素质测评方法

表4-2　卡特尔16种人格特质因素命名及特征表现

| 因素名 | 低分特征 | 高分特征 |
| --- | --- | --- |
| A：乐群性 | 缄默、孤独、冷漠<br>（分裂情感） | 外向、热情、乐群<br>（环性情感或高情感） |
| B：聪慧性 | 思想迟钝、学识浅薄、抽象思考能力弱<br>（低） | 聪明、富有才识、善于抽象思考<br>（高） |
| C：稳定性 | 情绪激动、易生烦恼<br>（低自我力量） | 情绪稳定而成熟、能面对现实<br>（高自我力量） |
| E：恃强性 | 谦逊、顺从、通融、恭顺<br>（顺从性） | 好强、固执、独立、积极<br>（支配性） |
| F：兴奋性 | 严肃、审慎、冷静、寡言<br>（平静） | 轻松兴奋、随遇而安<br>（澎湃激荡） |
| G：有恒性 | 苟且敷衍、缺乏奉公守法的精神<br>（低超载） | 有恒负责、做事尽职<br>（高超载） |
| H：敢为性 | 畏怯退缩、缺乏自信心<br>（威胁反应性） | 冒险敢为、少有顾虑<br>（副交感免疫性） |
| I：敏感性 | 理智的、着重现实、自恃其力<br>（极度现实感） | 敏感、感情用事<br>（娇养性情绪过敏） |
| L：怀疑性 | 依赖随和、易与人相处<br>（放松） | 怀疑、刚愎、固执己见<br>（投射紧张） |
| M：幻想性 | 现实、合乎成规、力求妥善处理<br>（实际性） | 幻想的、狂放任性<br>（我向或自向性） |
| N：世故性 | 坦白、直率、天真<br>（朴实性） | 精明能干、世故<br>（机灵性） |
| O：忧虑性 | 安详、沉着、通常有自信心<br>（信念把握） | 忧虑抑郁、烦恼自扰<br>（易于内疚） |
| Q₁：实验性 | 保守的、尊重传统观念与行为标准<br>（保守性） | 行为自由的、批评激进、不拘泥于现实<br>（激进性） |
| Q₂：独立性 | 依赖、随群附众<br>（团体依附） | 自立自强、当机立断<br>（自给自足） |
| Q₃：自律性 | 矛盾冲突、不顾大体<br>（低整合性） | 知己知彼、自律严谨<br>（高自我概念） |
| Q₄：紧张性 | 心平气和、闲散宁静<br>（低能量紧张） | 紧张困扰、激动挣扎<br>（能量紧张） |

注：括号内为术语名称。

从这 16 种因素的具体内容来看，就是我们所说的品德特征。因此，我们可以说卡特尔 16 因素个性问卷实际上就是 16 个品德素质问卷的测验。

卡特尔 16 因素个性问卷共 187 个问题，每一种品德素质有 10—13 个问题测试，每个问题后附有 a、b、c 三个选项。

这个测验的编制思想是，卡特尔对阿尔波特和奥伯特从字典中选择的 17953 个描述品德特征的形容词进行分析，将具有相同意义的词进行归类，获得 171 个特征名称；接着请有经验的人对这 171 个词进行评价，再用因素分析技术简化，将简化后的特征因素作为测评项目试测，然后对测评结果进行因素分析，即获得 12 种品德素质；后来的工作中又发现与补充了 4 种品德素质，共 16 种。

针对每种素质编写一些测验题。所有的测验题都尽量采取"中性"问题，避免含有社会上所公认的"是非"题，而且有的声东击西，表面上看来似乎与某一因素有关，实际上却与另一因素相关。

每个品德素质的测验题选择好后，不是集中排列，而是分散轮换排列，这既可以防止猜测，又可以激发兴趣。对于 a、b、c 三个选项的排列，不但正答随机出现，而且分值增减方向也是随机出现：一会儿 a 是最低分，c 是最高分；一会儿 a 是最高分，c 是最低分。

卡特尔 16 因素测验不计时间，高中以上文化水平的人应在一小时左右完成。要求直觉性反应作答，实事求是，无须思考。每个问题只可以在 a、b、c 中选一个，不能遗漏任何问题。

卡特尔 16 因素测验不仅能够测评出 16 个独立品德因素自身水平的高低，而且通过对其中部分因素的组合，还能推测出其他品德素质的水平。例如，成功者的品德素质：知己知彼、自律严谨（高 $Q_3$），有恒负责（高 G），情绪稳定（高 C），好强、固执（高 E），精明能干、世故（高 N），自立自强、当机立断（高 $Q_2$），自由、批评激进（高 $Q_1$）。

推算公式为：

$Q_3 \times 2 + G \times 2 + C \times 2 + E + N + Q_2 + Q_1 =$ 成功者品德素质分数

当得分在 67 分以上时，成功的可能性就非常大。

创造性素质的推算公式为：

$C = (11 - A) \times 2 + B \times 2 + E + (11 - F) \times 2 + H + L \times 2 + M + (11 - N) + Q_1 + Q_2 \times 2$

当 C>88 时，其创造性潜能就比较大。

也许有人会问：创造能力属于能力范畴，为什么与品德素质连在一起呢？实际上，创造性不仅仅是能力问题，智力或能力只是其中的一个重要的因素。当一个人的智商随着年龄的增长达到 120 以上时，创造力大小则在很大程度上取决于其创造性素质。正因为如此，我们才能够由品德素质测评推测其创造成就的大小。

我国有关专家在试用后认为，卡特尔 16 因素测验有较高的信度、效度。16 个因素中，最高信度系数为 0.92（O 因素），最低信度系数为 0.48（B 因素）。在效度方面，测验结果表明 16 种因素之间的相关系数较低，这不仅说明品德确实是由这样一些相互独立的品德素质组成，也说明该问卷完全可以如实测验这些品德素质。他们随机抽取 8 个项目进行试测，发现它们与总分及其他测验相关较高。1983 年我国中央组织部曾组织有关专家，效仿卡特尔 16 因素测验编制了一个干部品德素质测评问卷。

卡特尔 16 因素问卷测验既适用于个人，也适用于团体，操作简便；但是，它要求被测者积极配合，反映真实情况，否则就很难取得满意的效果。

因此，有些问卷测验中采用设置监测表、计分修正等方法加以校正，以防止诸如肯定定势、社会赞许性、过分谨慎、极端定势等反应定势的影响。

卡特尔、艾林克、吉尔福德和塞斯顿个性测验均属于因素分析问卷测验。它们在编制上的共同特点是，从大量测验试题开始，试测众多有代表性的被测者，通过因素分析法筛选组织测验。把那些相关程度很高的试题放在同一组，认为它们测验的是同一个素质，结果是每一因素内的测验题具有较大的相关系数，而不同因素内的测验题相关系数很小。

问卷测验还有爱德华个性问卷、罗特内外控个性问卷测验等。这类问卷设计的共同特点是，以某种个性（品德）理论为出发点，由此演绎推论出品德表征，并在此基础上编制测验题，最后筛选组织测验的根据就是，题目内容是否测量了所想测评的品德素质。这类问题测验一般称之为内容效度问卷。与之相类似的还有经验效标问卷测验。明尼苏达问卷即属于这种类型。它的设计特点是，选择几组公认的各有特色的被测，然后对他们进行一系列的问题测验，最后依据测验结果，把那些能将不同组被测明显区分开的试题挑选出来组成问卷。这种类型的问卷一般称为经验效标问卷。

因素分析、内容效度与经验效标方法是品德测评问卷编制中可以选择的三种具有独立意义的方法。新近个性问卷编制的发展启示我们，可以在同一个品德测验问卷设计中，综合使用上述方法，取长补短。首先将要测评的品德素质特征作一详细的研究说明，然后编制或搜集大量的题目，并对很多具有代表性的被测团体试测，最后采取因素分析法筛选试题，组织测验，使同一品德素质的测验题高度相关，而不同素质的测验题之间相关程度很低。

### 5．投射技术

投射技术有广义和狭义两种定义。广义的投射技术是指那些把真正的测评目的加以隐蔽的间接测评技术。狭义的投射技术是指把一些无意义的、模糊的、不确定的图形、句子、故事、动画片、录音、哑剧等呈现在被测评者面前，不给任何提示、说明或要求，然后问被测评者看到、听到或想到什么。

投射技术起源于临床心理学和精神病治疗法，作为诱出被试者内心思想情感的一个手段。但现在每当不宜直接提问或研究的真正目的不宜暴露时，便会采用投射技术。

投射技术具有以下特点：

（1）测评的目的的隐蔽性。被测者所意识到的是对图形、故事或句子等刺激的反应，而实际上他们的反应行为却把内心的一些隐蔽的东西表现了出来。

（2）内容的非结构性与开放性。在投射技术中，试题的含义是模糊不清、似是而非的，不像一般的测评技术中的试题含义非常明确。一般说来，试题的结构性越弱、限制性越少，就越能引发被测评者的内情。

（3）反应的自由性。一般的测评技术都在不同的程度上对被测者的回答进行了这样那样的限制。而在投射技术中，一般对被测评者的回答不做任何的限制，完全是自由性的反应。

投射技术的理论依据是，被测评者在模糊不清的刺激面前的反应行为很少受到认识方面因素的影响，加上可以自由反应，不受什么约束，因此，在这种情况下，潜藏于被测者心底深处的东西必然会活跃起来，并主导个体的反应行为。这样，表现的反应行为就反射出了被测评者的内情或潜意识。投射技术对于我们的素质测评尤其是深层的思想品德的测评非常适用。

投射技术根据其刺激的内容与形式可以分为图形投射、语言投射、动作投射三种。图形投射有墨迹投射（这是出现最早、用得最多的一种投射技术）、主题投射、统觉图投射；语言投射有逆境对话投射、词语联想投射、句子完成投射、创作投射、故事投射、问题投射（例如，天热时坐在休息室休息，你偶然意识到电风扇嗖嗖的转动声，当时想到了什么？）；动作投射有娱乐投射、玩具投射、游戏投射（例如捏面团、泥团）。

按投射的具体方式来分类，可分为联想投射、构造投射、完成投射、选择排列投射、表演投射。

下面选择几种加以介绍。

（1）联想投射。在这种投射中要求被测者看过"试题"或接受刺激后说出他的第一感想，即首先引起的联想。例如词语联想法是测评者大声宣读某个词，要被测者报告他第一个想到的词，由此获取素质测评的信息。

（2）构造投射。在这种投射中被测者看过或听过有关的试题后，立即要他们编造或创造一些东西，如故事、诗歌、论文、图画等，从中获取素质测评的信息。例如，主题统觉就与个体对图像的认识和经验有关，想象的内容实际是个人意识与潜意识的反映，因此被测者在所编故事的情节中会宣泄内心的冲突与欲望。

（3）完成投射。这种投射一般要求被测者补充完成试题中残缺的部分。例如，句子完成投射就有点类似填空题，但题干限制很少。它要求被测者用自己的话将句子补充完整，从所补充的词语中即可获得有关素质测评的信息。下面即为句子完成投射的例子：

我在_____时感到幸福。

再过5年_____。

（4）选择排列投射。在这种投射中，一般要求被测者对投射进行挑选、归类或排列。例如，给被测评者一些玩具，让他自由排列、归类，然后从其行为中获取品德测评信息。

（5）表演投射。在这种投射技术中，一般让被测者自由地扮演某种戏剧的角色，或者让被测者自由自在做某种游戏。被测在扮演角色与自由游戏过程中，很容易将其内情表露出来，从中可以获取品德测评信息。

（6）他人动机态度描述投射。在这种投射中，一般要求被测者描述其他人的动机或态度，从中可以了解其动机与态度，因为人们常常会将自己所喜欢但又会被反对的东西说成是其他人如同学、邻居、同事喜欢的东西。

（7）逆境对话投射。这种投射一般是设计出各种假定的令人欲求得不到满足的场面，然后要求被测者进入其中扮演角色，帮助身处逆境的人做出反应，从中获得品德测评的信息。

除了以上投射技术以外，还有利用幽默作为投射物的幽默投射技术。其根据是，不和谐性是产生幽默感的基本因素。人们对于幽默中的不和谐性所作出的反应有助于显示出内心的适应性和非适应性的范围。他们感觉有趣的东西正好表明他们的思想或信仰体系的适应范围。

虽然投射技术在品德测评中很有价值，但这种技术的实施与解释只有训练有素的专业人员才能胜任，而且编制起来也相当不容易。一般情况下，被测者的反应及主测人的解释都具有很大的随意性，信度和效度也难以检验，因此它只能是一种辅助性的品德测评工具。

**6. 其他测验方法**

在素质测评中，用于品德测评的方法，除了问卷法与投射法之外，还有以下一些测验方法。

（1）生理学测评。

所谓品德的生理学测评，是通过检查被测评者在特定刺激下血压、脉率和波电的反应来测评个体的品德。更复杂一些的生理学测评，则是通过血液化学成分变化、脑电波、肌肉紧张度和音调等进行测评，例如测谎器。

但是，不同的反应（恐慌与其他原因性紧张）所引起的生理反应可能相同，因此这种生理学测评不够准确，很难找到能够区分不同情绪或品德特征的生理学反应模式。

（2）萧孝嵘修订哈梅诚实测验。

哈梅诚实测验共有三种，操作顺序依次为：曲线迷；周迷；方迷。

做曲线迷与方迷时，主试人要求被测者闭上眼睛，同时将铅笔在迷津双线间移动，不可接触任何一边。在做周迷时，被测者必须闭着眼睛，将数字写在各个圆周内。

记分时按年龄段的标准评定诚实分数。例如，假设我们通过试测，得到了四个年龄段的标准分数，如表4-3所示：

表 4-3　测试标准分

| 测验＼年龄 | 16—18 | 19—21 | 22—24 | 25—27 |
|---|---|---|---|---|
| 曲线迷 | 5 | 5 | 7 | 6 |
| 周迷 | 3 | 3 | 4 | 2 |
| 方迷 | 1 | 2 | 3 | 1 |

某被测者20岁，在曲线迷上得分为6分，那么，先看20岁属于哪个年龄段，查表得知属于19—21年龄段，因为标准分为5，故 $5-6=-1$，这就是该被测者的诚实分数。负号表示该被测者有不诚实的倾向，负数越大说明越不诚实；正号则表示意义相反。

这种测验方法显然是一种客观化测验方法，但效度不一定高，应参照其他测评结果综合解释诚实程度，才有一定的价值。

（3）认知测验方法。

认知学派认为个体的品德是由品德中的认知因素决定的，因此他们主张从品德现象的认知方面测评品德水平。这方面最具代表性的是雷斯特测验。

雷斯特测验一般由1—6个两难故事组成，每个故事分测验均由三部分组成：故事内容、问题、重要性排列。下面就是一个故事分测验实例。

某人犯罪被判劳教10年，服刑1年后逃出了监狱，用一个假名字唐信在另一个小镇上居住。他辛勤工作了8年，渐渐有了积蓄，自己开了一个小店。他对顾客公道，给店里的职员很高的工资，并把大部分赚来的钱捐给了社会福利机构。不料，有一天，一个昔日的老邻居张老太认出他就是8年前越狱的罪犯，并且公安局现在还在通缉他。

张老太应该向公安局报告而将他捉拿归案吗？（请选一个答案）

_____应该报告　　_____不能决定　　_____不应该报告

同时，请对表4-4中每个问题的重要性（相对答案的选择）做出评价，每个问题只评定一个等级。

表4-4 问题重要性评价表

| 非常重要 | 比较重要 | 一般性 | 不大重要 | 毫不重要 | 问题 |
|---|---|---|---|---|---|
| | | | | | 1. 唐信这么多年来的良好行为不是证明了他不是个坏人吗？ |
| | | | | | 2. 每次都容许罪犯逍遥法外，不是会鼓励更多的人犯罪吗？ |
| | | | | | 3. 如果没有监狱和压迫人的法律制度，我们会过得更好吗？ |
| | | | | | 4. 唐信是否已经真正偿还了以前对社会所欠下的一切？ |
| | | | | | 5. 社会将使唐信的合理愿望落空吗？ |
| | | | | | 6. 尤其是对一个行善的人来说，监狱惩罚脱离了社会的期望，会有什么好处呢？ |
| | | | | | 7. 谁能这样残忍无情，把唐信送进监狱呢？ |
| | | | | | 8. 假如让唐信逃出法网，对于其他必须服满刑期的囚犯来说是否公平？ |
| | | | | | 9. 张老太是不是唐信的好朋友？ |
| | | | | | 10. 无论在什么情况下，报告一个逃犯不是每个公民应有的责任吗？ |
| | | | | | 11. 大众的意愿和公共的利益，如何能得到最适当的照顾？ |
| | | | | | 12. 将唐信送进监狱，对他本人是否有好处，或者是否保护了其他人？ |

注：以上评价只选一个等级。

表4-5 问题重要性排序表

| 重要性<br>题号 | 第一重要 | 第二重要 | 第三重要 | 第四重要 |
|---|---|---|---|---|
| | | | | |

注：请全面比较以上12个问题，按照它们在决定中的重要性排出前4个，并按顺序填入表4-5。

雷斯特测验的评分是依据被测者在重要性排列部分的解答，经过加权而进行的。具体分为三个步骤：

第一，剔除废卷。为了保证所得结果的正确性，必须进行回答的一致性检查，即核对"重要性评定"和"重要性排列"两部分的回答是否一致。例如，某一被测者若将某一问题在"重要性排列"部分列为第一位，那么该问题在"重要性评定"栏内，必定是等级最高；若某个问题在"重要性排列"部分列为第二位，则其"重要性评定"的等级，除已列为第一位的那个问题外，应该高于其他所有问题所评定的等级。否则，表明被测者不了解回答方式，或是不小心弄错了，或是随便回答的。无论哪种情况，均是废卷。

此外，雷斯特本人建议，凡是在第一、第二两个重要性排列部分的题目，有两则故事（含）以上或六则故事合计有八个题目（含）以上有倒错的现象时，此问卷作废，不予计分；凡是被测者在任何两则故事中，有九个（含）以上的问题评定在同一等级，亦视为废卷。

第二，计算分数。

第三，评定等级。

（4）知觉测验。

相当多的研究发现，品德与知觉有一定的关系。原则性强的人比一般人更警觉，对疼痛更敏感，更容易厌烦，但这种测验只是一种辅助性的品德测评方法。

威金特的倾斜知觉独立测验是一个最好的代表。这一测验由三个分测验构成。

第一，身体调节测验。这一分测验要求被测者坐在一间倾斜的房间的椅子上，要求他调节椅子使其真正达到垂直的位置。那些能正确达到垂直位置的人独立性比较强。

第二，标尺和框架测验。这一分测验要求被测者坐在暗室中，面前有一倾斜放置的发光的框架和标尺，让被测者调节标尺使之与水平垂直。只有那些独立性强的人才能调节到正确位置。

第三，镶嵌图形测验。这一分测验要求被测者从一系列复杂的图形中找出一个简单的图形来，并记录找的时间，只有那些独立性较强的人才能有把握迅速准确地把简单图形找出来。

## （三）能力测评

任何人要在工作中取得一定成就，就必须具有相应的能力，能力不是万能的，但没有能力是万万不行的。然而，每个人具有的能力与其他人可能是不同的，体现着自己的水平和特点。正因为人与人之间在能力上存在着水平和类别的差异，所以，在人员选拔的过程中，很有必要对候选人的能力进行测评，以便选贤举能，合理地配置和使用人才。

然而，古话说得好："千里马常有，而伯乐不常有。"可见识人的能力并不是简单的事情。为了能客观、定量地对人的能力进行测评，长期以来许多人致力于这方面的研究，取得了丰硕的研究成果，提出了许多关于能力测评方面的理论和测评方法。

1. 一般能力测评

一般能力测验，也即我们通常所说的智力测验，按照测验方式的不同，我们常将其分为个体智力测验和团体智力测验。下面将详细介绍几种常见的个体和团体智力测验。

（1）个体智力测验。

个体智力测验，是指一个主试在同一时间内只能对一个被试进行施测的测验。这类测验比较著名的是韦克斯勒智力量表，它是目前影响最大、应用最广泛的智力测验之一。我国的龚耀先等人对此进行了修订。

第一，韦克斯勒智力量表。

韦克斯勒智力量表是世界上最有影响力、应用最为广泛的智力测验。自1939年韦克斯勒发表第一个成人智力量表后，又陆续推出了儿童和幼儿智力量表，并进行了多次的修订。韦氏的几个量表在结构上非常相似，下面我们就以韦氏成人智力量表为例，来简单介绍该类量表。

韦克斯勒认为："智力是个人有目的地行动、理智地思考以及有效地应付环境的整体或综合的能力。"基于这一定义，他在韦氏成人智力量表中设计了11个分测验，其中第1、3、5、7、9、11个分测验组成言语量表，而第2、4、6、8、10个分测验则组成操作量表。每个分测验的内容可见表4-6。

表4-6 韦氏成人智力量表的内容

| | 分测验名称 | 所欲测的内容 |
|---|---|---|
| 言语量表 | 常识 | 知识的广度、一般学习能力及对日常事务的认识能力 |
| | 背数 | 注意力和短时记忆能力 |
| | 词汇 | 言语理解能力 |
| | 算术 | 数字推理能力、计算和解决问题的能力 |
| | 理解 | 判断能力和理解能力 |
| | 类同 | 逻辑思维和抽象概括能力 |
| 操作量表 | 填图 | 视觉记忆、辨别能力，有视觉理解能力 |
| | 图片排列 | 知觉组织能力和对社会情境的理解能力 |
| | 积木图 | 分析综合能力、知觉组织及视动协调能力 |
| | 表图形拼凑 | 概括思维能力与知觉组织能力 |
| | 数字符号 | 知觉辨别速度与灵活性 |

## 第四章 人员素质测评方法

韦氏智力测验是典型的个别施测智力测验，它要求主试严格按照测验手册的说明对被试进行施测。如果在人员的选拔和招聘中使用类似的测验，无疑会加大工作量。该量表在提供结果时，不仅可以给出一个可与他人进行比较的总的智商分数，还可以给出每个分测验的分数、分量表的分数及智力的轮廓图，我们由此可以知道被测者智力内部的情况。这在人员的选拔和培训时是非常有用的。

需要说明的是，测试的主试人员必须经过严格的培训。

第二，我国龚耀先等人修订的成人智力测验。

较早将韦克斯勒智力测验引入我国，加以研究改造，进行本土化，并成功实施的是由湖南医学院龚耀先主持、全国56个单位协作完成、于1982年发表的中国修订本。中国修订本里保留了韦克斯勒智力测验的基本测试项目和评价方法，但是结合中国经济、文化、职业、教育、年龄等实际情况，根据测试结果，在五个方面进行了必要的调整，并且有的地方调整还比较大。

例如，我国城乡之间经济、文化和教育的发展十分不平衡，城乡差别与发达国家相比很大。龚耀先及其协作组在常模取样中设计了城市、农村两个量表，实际取样城市人口2029人，农村人口992人，男性多于女性；凡长期工作、学习、生活在县属城镇以上的使用城市量表，长期工作、学习、生活在农村的使用农村量表。这种城乡分类测试是符合我国国情的。龚耀先等人还在修订中删去了不适合我国文化背景的题目，修改了算术的部分命题方式，改变了某些项目的测试序列，从16岁到65岁以上分为八个年龄组。

由于龚耀先等人修订的成人智力测验保留了韦氏测验的基本测试项目和评价方法，同时进行了必要的调整和变动，所以在我国的实践中保持了较好的信度和效度。据抽样统计，10个分项测试的分半信度在0.35—0.85之间，再测信度在0.82—0.89之间，高考名列前茅者与其他高中毕业生智商平均数之差为12.38，存在显著差异。

按照设计，龚耀先及其协作组的成人智力测验先进行语言部分的测验，再进行操作部分的测验，都要求依次作答完毕。施测前，工作人员检查各种测试材料和作答工具，主要熟悉测试手册，掌握有关的方法和技术。例如，测试手册中附有各项分测试原始分转换成标准分的表格，标准分同样以10为平均数，以3为标准差，但是它是按不同的年龄组分别计算，不是与被试总体比较。例如，某被试者为城市人口，60岁，被试测评原始分数11，查得标准分9，其成绩高于同年龄组的平均水平，低于被试总体的平均水平。需要强调的是，尽管城乡两类测试分项和评价标准相同，仍然存在分项测试顺序、计算标准分与智商的区别，因此要使用不同的分项排列和常模表。

（2）团体智力测验。

第一，瑞文标准推理测验。

瑞文标准推理测验（Raven's Standard Progress Matrices，简称SPM），是英国心理学家瑞文（R. J. Raven）于1938年设计的一种非文字智力测验。1947年和1956年，瑞文对该测验作了小规模的修订。另外，为了扩大该测验的使用范围，瑞文于1947年编制了适用于更小年龄的儿童和智力落后者的彩色推理测验（Raven's Color Progressive Matrices，简称CPM）和适用于高智力水平者的瑞文高级推理测验（Raven's Advance Progressive Matrices，简称APM）。这些测验自问世以来，许多国家对它们作了修订，直至现在仍被广泛使用。

北京师范大学心理系的张厚粲教授在瑞文标准推理测验编制者的支持下，于1985年组织了全国协作组对该测验进行了修订，并建立了中国城市版的常模。

瑞文标准推理测验的编制在理论上依据斯皮尔曼的智力二因素论。人们认为瑞文测验是测量G因素的有效工具，尤其与被测者的问题解决、清晰知觉和思维、发现和利用自己所需信息以及有效地适应社会生活的能力有关。

该测验共有60个题目，依次分为A、B、C、D、E五组，每组12题。从A组到E组，难度逐步增加；同时每组内部题目也是由易到难排列。每组题目所用解题思路基本一致，但各组之间则有差异。直观上看，A组题目主要测辨别力、图形比较、图形想象等；B组主要测类同、比较、图形组合等；C组主要测比较、推理、图形组合；D组主要测系列关系、图形套合；E组主要测套合、互换等抽象推理能力。

测验的构成是每个题目都有一定的主题图，但是每张大的主题图中都缺少一部分，主体图下有6—8张小图片，其中有一张小图片可以填补在主体图的缺失部分，从而使整个图案合理与完整。被测试者的任务就是从媒体下面所给的小图片中找出适合于填补大图案的一张，并把该小图片的序号填入答案纸内相应题目号下面。记分时对照标准答案标为被试者记分（满分各为12分），然后再将五组测验的分数相加即可得测验总分（满分为60）。由于该测验已建立了中国城市常模，因此，所得到的分数还是原始分，必须根据测验手册将原始分转化为标准分，并对照常模对被试者的智力水平做出合理科学的评价。

瑞文测验主要有以下一些优点：

首先，可适用的年龄范围特别宽。6岁及以上的人都可以施测。

其次，可适用各种文化背景的人和各种类型的人，利于做比较研究。由于该测验由一系列图形组成，是一种典型的非文字智力测验，因此测验对象不受文化、种族与语言的限制，并可适用于一些有聋、哑等生理缺陷的人，从而使得该测验可以进行各类比较性研究，尤其有利于作跨文化研究，以及正常人、聋哑者、智力迟滞者之间的比较研究。

最后，使用方便，结果可靠。该测验既可个别施测，也可团体施测，施测时间短，结果解释直观简单；同时，该测验具有较高的信度和效度。

因此，瑞文标准推理测验经常被用于智能诊断和人才的选拔与培养。据了解，到目前为止，该测验是我国企业在人员选拔和招聘时所用能力（智力）测验中使用得最多的一种。[①]

第二，美国陆军甲种测试。

第一次世界大战前，美国陆军的战斗力并不理想，而面对德国的战争和威胁，美国不仅需要百万兵员，而且需要士兵身心健康。选拔优秀军官，大大提高陆军的心理素质和战斗力，这些任务就落到了当时美国心理学会主席耶克斯、桑代、推孟等一批著名心理学家的身上。推孟的研究生奥蒂斯研究团体测试较早，在奥蒂斯研究成果的基础上，这些心理学家从任务紧急浩大的现状出发，舍弃了斯比量表个别测试的方法，提出了团体测试分类使用的观点，即用智力测试选择士兵，判断出能迅速有效地训练成军官的人才、能学会其他专长或一般需要的人才，从而研制出陆军甲种测试方法。

陆军甲种测试有8个分项测验，共145个小项和题目，包括：

---

[①] 刘远我、吴志明、章凯、武欣编著：《现代实用人才测评技术》，经济科学出版社1998年版，第114页。

指使测验，要求被试者按照规定的指导语划记，测试理解与应用能力；算术测验，通过一些并不复杂的算术题，测试基本的计算能力；常识测验，测试普通知识面；异同测验，区别同义词和反义词，测试判断能力；词句重组并辨真伪，测试逻辑思维能力；填数测验，在一系列数字后填上适当的数字，测试逻辑思维和计算能力；类比测验，依据所给的一对字词关系，选择与另一个字词相对应的字词，测试选择能力和速度；填空测验，在每个句子的空缺处填上一个最合适的字词，测试语言文字能力。

由于甲种测试的内容和对象有一定的局限性，心理学家不断地修订，曾修订过九次，而且推出乙种测试，又称非语言测试，把测试内容和对象进一步扩大，较好地完成了紧急浩大的任务。乙种测试由七个分测验组成，包括迷津、立体分析、补充数列、数目符号、数字配对、图画补缺、几何形状分析，主要测试数理能力和分析综合能力。

随着时代的发展，战后陆军甲种和乙种测试一方面自身发展演变为军人资格测验，主要测试词汇、算术、空间关系、机械能力等，仍属于团体智力测试的性质，为美国军队现在选拔士兵所采用；另一方面，经过改进应用于民间，以往个体智力测试的传统观念被陆军智力团体测试的成功所打破，心理学家的思想得到极大的解放，美国社会各界受到震动。团体智力测试得到了长足发展和广泛应用，市场上出现了更多有效的智力团体测试方法和技术，为工商、教育、卫生、行政系统所普遍采用。在智力测试发展和提高的历史长河中，美国陆军甲种测试的地位、作用是不应被遗忘的。

2. 特殊能力测评

特殊能力测评，主要指对于某些行业、组织与岗位特定能力的测评，这种测评具有专业特色与要求。

（1）一般文书能力测评。

该测验主要包括文书速度和准确性（知觉速度和准确性）、言语流畅性和数字能力。可见，该测验包括知觉运动任务，也包括一般智力测验的任务。

文书测验中的知觉速度和准确性测验是用来测查被试者对事物的细微特征进行快速准确识别和判断能力的一种测验，这是一种典型的速度测验。下面是两道例题。

例1：从所给出的每两组字符中找出相同字符的数目，这个数目就是答案。如果两组中没有相同的字符，答案为零。

1. 王大土 MH   N 三口 H 土大   （答案为3）
2. K7298B   M720K5
3. 日口石天示   标日白六石

例2：核对题目中用汉字替换数字或字母时，替换得是否正确。数出替换正确的字符的个数，就是答案。如果替换得都不正确，答案就为零。

| A | B | C | E | 2 | 5 | 8 | 9 |
| 风 | 田 | 大 | 兰 | 又 | 平 | 少 | 公 |

1. AB25   风田又平   （答案为4）
2. 98EC   少公兰大
3. B89E   田少共兰

（2）明尼苏达办事员能力测试。

明尼苏达办事员能力测验是比较著名的文书能力测验。该测验的两个分测验各有200题。第一个分测验是题目校对，每一对数字从3到12位不等，其中有些相同，有些不同，要求被试者比较异同，把不同的找出来；第二部分是人名校对，也是要求把不同的找出来。这种测验并不难，但要求迅速准确，主要是测评知觉的广度、速度与正确性。

例3：如果两个数字或者名字完全相同，在它们中间的横线上打上核对过的标记"√"：

66273894 ＿＿＿＿＿ 66273894
527384578 ＿＿＿＿＿ 527384587
New York Wortd ＿＿＿＿＿ New York World
Cargill Grain Co ＿＿＿＿＿ Cargil Grain Co

这种测验是一种速度测验，目的是确定在规定时间内一个人对测验题判断的正确性。

（3）操作能力测评。

对某些工作，尤其是某些装配线或流水线上简单而又重复的工作，有的人比较适应，而有的人则不然。为了更好地选出具有较好的适应能力并具有这方面潜力的人，心理学家编制出了操作能力测验作为选拔工具。

下面介绍的是一些比较著名的操作能力测验。

第一，珀杜插板。该测验主要用来测量手指的灵活性以及手指、手和手臂的大幅度动作技巧，它模仿了装配线上的工作情况。测验内容主要是要求被试者尽快地把栓柱插进一系列的孔中，每只手插30秒钟，交替进行。另外，还要求用双手把栓柱、环和垫圈装配到孔中。

第二，克劳福德灵活性测验。该测验主要测量眼和手的配合准确性，适用于测试电器和电子产品装配工的能力倾向。该测验的第一部分是要求被试者用镊子将栓柱插入孔中，然后将一个环套在栓上。第二部分是要求被试者用螺丝刀将螺栓旋进螺母里。尽管该测验的两部分都比较简单，但是由于它与实际工作比较接近，因此，在选拔时具有较好的预测效度。

第三，奥康纳测验。该测验主要用于测量手指的灵活性，适用于选拔缝纫机操作工和其他需要准确操作技能的工作人员。它只要求被试者以尽可能快的速度用手和镊子把栓柱插入小孔里。研究表明，尽管这种测验比较简单，但它的预测效度比较好。

此外，还有其他一些操作能力测验，这里就不一一介绍了。这些操作能力测验都大同小异，主要用于选拔流水线上需要一定操作技巧的员工。这类测验有一个共同的特点，即测验的情境与实际工作的情境比较接近，预测效度也比较高。它们在被单独使用时，主要用于人员的选拔；也可被整合到一般能力倾向测验中，作为一般能力倾向测验的一个分测验，已被用于职业指导和咨询。

（4）机械能力测评。

通常所指的机械能力有空间知觉、机械理解、动作敏捷性等，但不同的机械能力有时存在着性别差异。比如，男性在空间能力和机械能力上比较好，而女性在动作敏捷性上得分较高，这与我们一般的感觉和体会也是相符的。

第一，工具使用测验。

工具使用测验就是呈现一些机械方面的工具，使受试者应用这些工具，去做若干规定的工作，然后根据受试者使用工具的灵活程度来评定其机械能力的高低。这类测验中比较著名的有贝内特手工具灵巧测验（Bennett Hand-Tool Dexterity Text）和克劳福小零件灵巧测验（Crawford Small Parts Dexterity Test）。下面从材料和实施程序两个方面加以介绍。

贝内特手工具灵巧测验的主要材料是一个以木架和三种不同尺寸的螺栓（12组，包括垫圈和螺帽）。在木架的左框和右框上，各有和螺栓直径大小相仿的孔位12个，用以装置那些螺栓。此外，还有大小不同的扳手和旋凿数个。开始测验时，将12组螺栓装在左框上，使受试者依照规定的顺序，用扳手或旋凿将装妥的螺帽、螺栓和螺垫一一松解卸下，再装到右框上去，装妥后，将木架调转方向，即可测验另一个受试者。受试者完成前后工作所需的时间，就是测验分数。这种测验的效度为 0.44—0.5，信度为 0.91。

克劳福小零件灵巧测验所用的工具为镊子和小旋凿，所用的小零件是螺栓、插销和小圈。此外，有一块 1/3 米长和 1/3 米宽的金属平板，上面穿有许多小孔。有些小孔是平滑的，用来放插销；有些小孔孔边是车成螺纹的，用来插螺栓。孔径的大小和插销及螺栓直径的大小刚好吻合。将所用的小零件分别放在一个圆盘里，测验开始。

测验一的实施过程，是让被试者用镊子将插销一一插到平滑的孔里，并将小圈套在凸出的插销上。测验二的实施过程，是让被试者将小螺栓一一插入有螺纹的孔里，再用旋凿将它们往下旋，使螺栓穿透平板落到地下的盘子里。被试者完成这两项工作所需的时间，就是他的测验成绩。普通被试者可在 15 分钟内完成测验。

第二，形板置放测验。

形板置放测验，就是呈现若干形式一律相同或形式各异的木块，让被试者将这些木块放到具有和这些木块形状相同的空洞之板里去，然后根据被试者置放形板的速度或正确程度，评定其机械能力的高低。如明尼苏达操作速度测验（Minnesota Rate of Manipulation Test）和空间关系测验（Minnesota Spatial Relations Test）。

明尼苏达操作速度测验：在 1/3 米宽和 7/6 米长的一块木板上，凿有圆孔 58 个，除首行与末行每行 3 孔外，其他各行每行均 4 孔，圆孔的直径是 1/20 米。此外，有小圆板 58 块，除木板略厚外，其大小和圆孔相等，都可以放进圆孔里去。测验前将小圆板按照圆孔的位置排列在桌上，大木板放在这些小木块和被试者的中间。被试者的工作是用一只手或两只手将圆板一一放进孔里，然后再将它们翻转过来。如此测验四次，第一次作为练习，最后三次所需的时间就是受试者的测验分数。

明尼苏达空间关系测验：所用的材料是 4 块木板，每块木板上面挖有 58 个形式不同大小各异的空洞，另有许多木板，其形式和大小都和空洞一一对应，可以放到木板空洞中去，但比木板稍高。A 与 B 两板上面的空洞，除位置不同外，其形式和大小是一样的，所以可合用一组木块。同样的情形，C 与 D 两块模板也合用一组木块。使用 A 与 B 板木块时，先将 A 板放在被试者面前，所有木块都放在空板的前面，其排列的位置和在 B 板中的位置一样，然后要求被试者将这些木块放到 A 板空洞里去。放好后，移去 A 板，再将 B 板放在被试者面前，要求被试者将这些木块放到 B 板里去。主试者按时间及错误计分。时间分数就是放置全部木块所需的秒数，错误分数就是误用木板的次数。使用 C 与 D 板时，程序与此相仿。根据实验结果，A 与 B 板的测验成绩的相关系数为 0.86—0.91。所以，A 与 B 两板和 C 与 D 两板可以替换使用。

第三，机件配合测验。

机件配合测验，就是呈现若干种机械原件或其图形，要求被试者将这些事物或图形分别装配成一个完整的机件，然后根据被试者装配的正确程度，评定其机械能力的高低。如明尼苏达集合测验（Minnesota Assembly Test）、施旦贵斯机械性能测验（Stenquist Mechanical Aptitude Test）。

明尼苏达集合测验：所用材料分装在 A、B、C 三个箱子里，每箱放置机件若干件，均可拆为元件。A 箱中有机件 8 种：扩大螺旋帽、水管夹、纸夹、发条衣钉、链环瓶塞、按铃、脚踏车铃、扁锁。B 箱中有机件 9 种：剃刀、螺旋钳、架夹、玻璃管夹、发火塞、内弯脚规、塞子、电线和熨斗柄。C 箱中有机件 16 种：小夹、绞板、钳子、电灯套、翼形螺旋盖、玻璃抽屉球、联绳器、壶盖球、螺旋锁帽、弗德磁石柱、龙头活嘴、皮带夹、无线电开关机、削笔器、气表开关、机械铅笔。测验开始前，主试者先将各种机件拆散，分别放在规定的格子里。测验时，要求被试者将这些拆散了的元件逐件装配起来。每一机件的装配各有规定的时间限制。时限一到，如尚未装好，必须停装本件，开始下一件的装配工作。每装完一种机件，给出分数：装对全部结构者可得 10 分；装对一部分者，亦按比例分别给以相应的分数。

施旦贵斯机械性能测验：所用材料为均分机械图画，分为第一、第二两部分。第一部分各图以 1、2、3 等数字加以标识；第二部分各图以 A、B、C 等字母加以标识。前者或是后者的部分，或是后者的附件，或在应用上与后者有不可分离的关系。此项图画，本测验中共有 95 对，分为 6 组。呈现测验材料后，要求受试者寻找第一部分与第二部分所有图画间的关系，按其关系分别加以配合。作答方法，即在 1、2、3 等数字后面分别注上 H、D、A 等字母。测验时限为 45 分钟，答对一题给 1 分。此项分数的信度系数为0.79，与施旦贵斯另一种机械实施配合测验成绩的相关系数为0.69。

第四，机械理解测验。

机械理解测验就是呈现若干物理和机械方面的图画，附以有关机械原理的问题，要求被试者根据他在日常生活中所获得的经验加以解答，然后，根据被试者答对的题数，评定其机械智力的高低。如贝内特机械理解测验 AA 式（Bennett Test of Mechanical Comprehension AA）是适用于男性被试者的机械理解测验；贝内特－弗莱机械理解测验 W1 式（Bennett-Fry: Test of Mechanical Comprehension Form W1）是适用于女性被试者的机械理解测验。

贝内特机械理解测验 AA 式：所用材料为物理及机械理解方面的图画 60 幅，各附有关机械理解原理方面的问题一个，印成测验册一本。图画中所表示的现象及问题均系男性被试者在其生活中易接触到的。例如：哪一把剪子剪金属片比较容易？测验时要求被试者根据图画内容，运用其生活经验解答问题。测验时间不限，被试者所有的答案都记在答案纸上，此项答案可用人力或机器计分。答对题的数目减去二分之一答错题的数目，就是被试者的测验成绩。此项成绩第一半分数与第二半分数的相关系数为 0.84，与 66 名学习机器工具使用的学徒的测验成绩的相关系数为 0.64。

贝内特－弗莱机械理解测验 W1 式：测验内容亦为物理及机械方面的图画 60 幅，分别附以有关机械原理的问题一则。此种图画及问题，均系女性被试者在生活中经常遇到的。例如：哪一个花瓶比较容易翻倒？本测验所有的施行办法、时间限制以及计分方式等，均与前项测验相同，唯被试者限于女性。测验成绩自身的相关系数经校正后为 0.77。与前一机械性能测验成绩的相关系数为 0.66。

3. 创造力测评

创造力的重要性在当今这个竞争激烈的时代被提到了一个前所未有的高度，在人才选拔尤其是选拔高层管理人才和技术型人才时，创新能力的高低更是一个重要的考虑因素。心理学家早在 20 世纪 50 年代就对创造力进行了系统的科学研究，并形成了很多研究成果，编制了一系列测验来测评创造力。下面将简要介绍其中比较著名的三个创造力测验。

对某些工作，尤其是某些装配线或流水线上简单而又重复的工作，有的人比较适应，有的人则不然。为了更好地选出具有较好的适应能力并具有这方面潜力的人，心理学家编制出了操作能力测验作为选拔工具。

下面介绍一些比较著名的操作能力测验。

（1）托兰斯创造性思维测验。该测验是托兰斯在吉尔福特关于创造性思维的三个特征的基础上编制的。它包括托兰斯图形创造性思维测验、托兰斯语文创造性思维测验、托兰斯声音和词的创造性思维测验三种。该测验测量的是表现于学校教育背景中的创造力，适用于从幼儿园到研究生在内的在校学生。

（2）威廉斯创造力测验系统。这是著名的心理学家威廉斯总结了不同专家从人格角度研究创造力所得结果的基础上编制的创造力测验。该测验系统包括发散性思维测验、发散性情意测验及威廉斯量表三个分测验。它是为适合认知情意互动教学模式而设计的，因而较多地适用于在校的学生，尤其是儿童。

（3）南加利福尼亚大学测验。该测验是吉尔福特及其同事在大规模的能力倾向研究计划中发展起来的，主要用于测量发散思维。其主要内涵包括：词语流畅性、观念流畅性、联想流畅性、表达流畅性、非常用途、解释比喻、用途测验、故事命题、推断结果、职业象征、组成对象、略图、火柴问题、装饰。这些测验是比较典型的创造力测验。

### 4．学习能力测评

在现在这个瞬息万变的时代，知识的更新速度极快，只有具有良好的学习能力，才能跟上时代的步伐，不被时代所抛弃。正是基于学习能力在这个大时代背景下的重要性，下面将介绍学习能力测评的相关问题。

对于学习能力测评，可以有多种方式，如心理测验、面试、情境测验、试用等，其中最简单有效的是心理测验，具体的应用形式是笔试。用笔试测评学习能力，可以在三个不同层次上进行。

（1）记忆。

记忆是人脑对过去经历过的事物的反映。个体经历过的事物，包括感知过、思维过、体验过和操作过的事物，都可以经过识记、保持、再认和重现几个环节。

知识作为个体一种有意识认知活动的成果，人们显然会用记忆去保持、去再现。保持得越多，再现得越多，说明人的学习能力越强;保持得越清楚,再现得越准确,则说明人的记忆力越强。因此,从记忆层次测评学习能力,可以从记忆的广度、准确性与持久性等方面进行衡量。

记忆广度,又叫记忆范围,指对某方面知识所能正确复现的数量;记忆的准确性,指对某方面知识的再现没有任何歪曲、遗漏和附会;记忆的持久性,是指对某方面知识保持时间的长短性。

记忆力的测评有两种基本方法:一是回忆法,二是再认法。

回忆法,又叫复现法。它要求被试者把他所拥有的知识以某种方式再现出来。例如,复述背诵、口答均是以口头语言再现的形式;笔答、画图等则是以书面语言再现的形式;造型、表演、示范则是以行动或实物再现的形式。

再认法,要求被试者把特定的知识与其他的知识加以区别。挑选、辨认、分类等均属于再认形式。

一般来说,人的知识量要大于回忆的知识量。回忆法比再认法更难一些。换句话说,能回忆的知识一定能再认,但能再认的知识不一定能回忆。

(2)理解。

理解是人认识事物的联系和关系,进而揭露其本质和规律的一种思维活动。理解能力在不同的场合具有不同的表现方式:有时是要把某一事物归入某一范畴,归入相应的概念,回答"这是什么";有时是要揭露现象的本质;有时是要分析事物之间的因果关系;有时是要确定事物的意义与作用;有时是要阐明逻辑的依据;有时是要确定物体内部的构造和组织。

从理解层次测评学习能力,应从理解广度、深度、复杂程度等不同角度进行衡量。广度体现在对知识点相关范围的了解上,深度体现在对知识点理解的系统性上,复杂程度体现在对知识点与其他众多知识关系的理解上。

从理解层次测评学习能力,有简单理解与复杂理解两种。简单理解指单个概念的理解,复杂理解指对两个以上相关概念及其关系的综合理解。这种综合理解仅从单方面的角度很难把握。

运用已学过的知识分析尚未出现过(遇到过)的例子,是衡量是否真正理解的标志。理解有三种不同的水平:直接理解、类同理解与迁移理解。直接理解是指只要熟悉了知识点就能理解;类同理解是指材料内容不同但关系结构相同的理解;迁移理解是指材料内容不同、关系结构也不同的理解。显然,迁移理解既有深度又有广度。

（3）应用。

应用是运用知识概念分析新情境、解决新问题的活动。从理论上来说应用具有知觉、思维与操作三个层次，但笔试测验中的应用只涉及两个层次，这就是知觉水平上的应用与思维水平上的应用。

知觉水平上的应用方式主要是辨别与归类。思维水平上的应用则不同于知觉水平上的应用，它要求人们重新组织已有的知识概念，包括分析、评价与综合等思维活动，才能解决所遇到的新问题。

从应用层次上测评学习能力，有三种方式：一种是要求被试者机械模仿"套用"，把已有知识直接套用到问题上；第二种是要求被试者正确地"运用"，在理解的基础上正确应用已有的知识；第三种则是要求被试者创造性发挥"活用"，打破现有的知识模式，解决新出现的问题。

### 5. 职业能力倾向测评

要研究职业能力倾向测评，首先需要了解什么是能力倾向。

能力倾向是一种潜在的素质，是经过适当训练或被置于适当环境下完成某项任务的可能性。也就是说，能力倾向是指一个人能够获得新知识、新技能的潜力。从概念上可以看出能力倾向与能力的不同：能力是能够从事某种工作或完成某项任务的主观条件，它是当时就已经具备的，已成为现实；能力倾向只是一种成功的可能性，而不是已有的水平，还没有成为现实。在心理学中，能力倾向和能力是不相同而有着密切联系的两个概念。

能力倾向是相对稳定的，它影响人在某一部分活动中的效率，对其他活动则影响甚少；能力倾向与能力对人的职业的影响具有不同的意义：能力影响人在职业上的成就，而能力倾向影响的是人在职业上的选择。

这其实非常容易理解，不同的职业对各种不同能力倾向的人的要求是不一样的。例如，从事秘书工作需要有较强的字词知识、知觉速度和手指灵活性，而微机操作员只需要在后一项上特点突出即可；从事工程设计的人员需要具有良好的空间想象力和数学计算能力；从事律师职业的人员则要求具有良好的推理、言语、字词知识、知觉速度及准确性；等等。在作职业选择时要充分考虑职业对人的要求，根据自己的能力倾向，选择适合自己的职业。同样，在人员选拔时，也要充分考虑到候选人的能力倾向，因为一个人的能力倾向可能不利于其在某些职业领域中的发展，但完全可能使其在另外一些职业领域中获得其他人难以企及的成功。因此，能力倾向测评对于求职者和选拔人才的部门来说都是十分必要的。

职业能力倾向测验就是了解人在职业领域中具有某些潜力的有效手段。它可以帮助我们认识和选拔在某职业领域中最可能获得成功的个体，或者不录用在某职业领域中不可能获得成功的个体。标准化了的能力倾向测验需要考虑两个方面的问题或者说具有两种功能：一是判断求职者具有什么样的职业能力倾向，即所谓的诊断功能；二是该职业需要什么样的能力倾向，一个人在该职业中成功与适应的可能性有多大，即所谓的预测功能。从心理学的角度考虑，这是为了做到人事相宜。

对职业能力倾向测验的研究工作已经开展了几十年。1934年，美国劳工部就业保险局编制了一套一般能力倾向成套测验（GATB）试题。自问世以来，多次被其他国家引进和修订。测验性质的考试、美国大学的学术能力测验（SAT）以及研究生入学考试（GRE）中都含有对能力倾向的测验。英国的文官制度中的考试程序也包含能力倾向测验的内容。加拿大公务员选拔考试中，有关于一般行政能力倾向方面的测验，用于考查完成基本行政任务的潜在能力，如规划、决策、分析问题、解决问题的能力。在我国，人们对职业能力倾向测验的认识还只是在1997年国家公务员录用招考中。实际上，早在1989年，在作为公务员制度试点的国家统计局第六部门的录用考试中就尝试使用了行政职业能力倾向测验。此后，许多部门和地方也在各自组织的考试中不同程度地使用了职业能力倾向测验。

## 第二节 面试方法

### 一、面试概述

在人员测评与选拔过程中，面试是很关键的一步，而面试的方法又是关键的关键。面试不仅可以评价出被试者的学识水平，还能评价出被试者的能力、才智、品德及其他个体心理特征等。

面试是组织人员招聘中常用的一种方法，也是争议最多的一种方法。有的时候用面试效果较好，有的时候使用面试效果较差。面试的基础是面对面进行口头信息沟通，效度主要取决于主试的经验。如果主试的经验比较缺乏，信度和效度就会很低。

## （一）面试的理论基础

与笔试、行为观察、情景模拟相比，面试所依据的测评信息的来源与获得具有表面性与短暂性。测评时间一般是半小时左右，所提的问题10个左右，仅凭被试者所言，主试者依据短短几十分钟的所见所闻，就能测评一个人内在的素质，不少人对此大惑不解。因此，对面试理论基础的深究发难也就更加强烈。然而，目前对面试理论的基础研究还比较少，本书所述仅仅是一种初探。

内在与外显在人身上是一个动态的整体系统，是一个耗散结构系统，内在的素质必然会通过外显的行为表现出来。外显的行为受制于内在的素质，具有某种特定性、稳定性与差异性。

人的外显行为包括语言行为与非语言行为。非语言行为包括体态行为、工作行为、生活行为、生理行为。它们之间的关系如下：

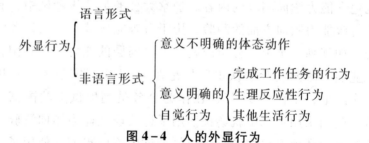

图4-4 人的外显行为

面试是在特定的时间、空间与情景下，以行探行、以问试答，听其言、观其行、察其色、析其因、觉其征、推其质的过程。主要是以语言形式以及意义不明确的体态动作为中介，推测其内在的素质。这种推断既是必要的也是可能的，具有一定的可靠性与合理性。

在各种测评方式中，面试中的信息沟通通道最多。素质是一种内在的心理形式，具有隐蔽性与潜在性，观察评定量表主要是测评那些业已成熟的、在自然状态下能够表现出来的素质，对那些隐蔽的或暂时不能表现的潜能，则无法观察，无法测评。对那些观察到的行为表现，也往往是进行"单向式"的判断，中介因素引起的误解无法消除。测验问卷虽然是双方沟通，但却仅仅是一往一返，是单向的、静态的，沟通仅仅是书面语言的沟通，大量的体态语言信息被丢失掉了。面试却不然，它是多向的动态的信息沟通。面试中主试人发射的刺激信息，既有语言的也有体态的，被试者接受并反馈到主试人的信息中，也是既有体态的又有语言的。而且，这种沟通不是单向的而是多向的，各个"向"之间不是机械的重复，而是动态的变化，主试人根据被试者的回答情况及测评需要可以不断地调换问题的形式与内容。

在所有测评方式中，面试所获得的信息量最多、利用率最高。心理学家曾对交谈中言谈与行为传递信息的效果进行过因素分析学的研究，研究结果表明，其中言辞只占7%，声音占38%，而体态竟占55%。由此可见，同等条件下，以测验问卷形式测评素质，所收集与利用的信息只有7%，而面试却可以达到100%。其原因至少有二：一是素质的表现方式是多种多样的。就言语方式来看，它可以同时通过言辞、声音与体态三种信息载体来表现，其中言辞占7%，声音占38%，而体态语占55%。例如，问某人："您认为人力资源开发中最大的问题是什么，如何来解决？"对这一问题的回答，若只要求用笔写，则最多知道他是否在这个问题上有所研究，信息量只有7%；若闭上眼听他的回答，则除了他回答的内容之外，还能从他回答的声音快慢推测熟知程度、反应的敏感性及其他素质，信息量为7% + 38% = 45%；若既看又听，除回答的内容与声音外，还能看出其回答时的体态表现是紧张还是从容不迫，有些什么下意识的动作等等，信息量可达到7% + 38% + 55% = 100%。正因为如此，所以面试以少量时间与问题可以测评相当多的素质内容。二是有些信息有时只能通过第六感官或诸多感官的共鸣的效应才能意会不少复杂的信息。许多情感性的东西往往无法在书写的言辞中体现或口头直接表达，而只能在动作与表情中流露。

上述分析启示我们，面试中主考官的注意力应放在体态语与声音的辨别、接受与转释上。实际上，由于每个人对信息的接受、确认与转释的能力有着某种特定性与局限性，不可能百分之百地理解被试所发出的全部信息量。

上述分析同时也启示我们，要提高测验问卷的测评效度，应该通过增加信息源（问题）数目来增加信息量，最后达到增强效度的目的。

语言与体态语对素质的揭示具有充分性、确定性、直观性与必然性。语言是思维的物质外壳，它是思想的直接表现，因此通过语言可以推断一个人内在的思维内容与思维方式。思维的内容体现着一个人的思想、观点与态度，思维的方式体现着一个人的智力与能力。语言表达体现了一个人对事物的认识、分析、综合与归纳的能力。许多能力与观点态度均可以通过语言表述出来并被测评。

然而，人的思想与态度并不是都能公开的，自身能力并不是都能被被测评者本人所意识得到。对有些思想观点，被测评者采取中立回避的态度，有些则是采取隐蔽、掩饰甚至做假的方式。有些潜能与素质，被测评者本人尚未认识或认识模糊，此时，语言作用甚微，但非语言的体态动作却可能充分揭示。

精神分析学说为面试提供了更充分的心理学依据。精神分析学鼻祖弗洛伊德认为，人的行为是由意识与无意识支配的。意识就是人能认识自己和认识环境的心理部分。无意识包括原始冲动和本能以及出生后的种种欲望，由于社会标准不容，得不到满足就被压抑到无意识中。它们虽然不被本人所意识，但并没有消灭，而是在无意识中积极活动，追求满足的时机与方式。每当意识中的稽查作用松弛时，被压抑的冲动和欲望就会乘机混进意识，使自己原有的意念以化装的形式不知不觉地表现出来。因此，我们平时说错话，读（写）错字，忘了某事、某人姓名，以及无意中的活动与姿势体态语行为，都不是心不在焉的无意义动作和行为，它们都不是偶然发生的，而是下意识活动的表现，通过精神分析可以找到隐藏于个人意识之下的冲动的目的。

弗洛伊德认为，每个人都有一定的活动能量，以使个体有效地进行心理活动；人的行为的目标就在于减除由于不愉快的能量日久积累起来的紧张，使能量趋于平衡。

由此可见，任何一个人的素质都可以看作是日积月累起来的一种活动能量，如果行为主体对它进行压抑，该表现（外部刺激）而不表现，那么其内心就会产生一种紧张，这种能量必然会寻找机会以其他形式表现出来，这就是下意识的体态语。

语言行为，尤其是针对主考人问题的回答，显然是一种意识行为，每说一个词、一句话都在被试者意识的严密控制之下。被试者回答问题时，其注意力绝大部分投放到语言行为上，此时此刻被试者的体态语行为则处于松弛状态，那么被压抑的素质冲动产生的行为必然会由此表现出来。从这个角度来看，面试中的提问要设计得有吸引力、扣人心弦，同时要注意观察与分析。

反过来，精神分析学说告诉我们，只有当被试者如实地表述他的素质状态时，其语言行为与非语言的体态才能协调一致。

## （二）面试的作用

面试具有与其他测评方式不同的特点，发挥的作用也是其他测评方式不能比拟的。面试的作用主要体现在以下几个方面：

（1）面试所测评的素质很广泛。只要时间足够、设计精细、手段适当，面试便可以测评个体的许多素质。如果把心理测验中对人的知识、技能、品德的问题以口头形式表现，当然可以达到同样的效果；如果与某些情景模拟和任务操作相结合，还可以考查到一些实际工作的能力。从能力素质方面来讲，主要测验其知识广度与深度、实践经验与专业特长、反应能力与应变能力、分析判断与综合概括能力、自我控制能力及口头表达能力等。

（2）面试能够测评其他测评方式难以考察出来的素质。在很大程度上，面试能考查出被试人的仪表、风度、自然素质、口头表达能力、反应能力等笔试与观察中难以测评到的内容，可以有效地避免高分低能等情况的出现。

（3）面试能弥补笔试的失误。在测验或问卷等笔试中，有的人或因身体状况不佳、紧张等原因而没有发挥好，如果仅以笔试成绩为录用依据，那么这些人就没有机会被录用了。如果再采用面试形式，那么这些人可以有机会再次表现，弥补笔试的失误。

（4）面试比其他测评方式更灵活、具体。面试可以灵活、具体、确切地考查一个人的知识、能力、经验及品德特征。在面试中，测试过程主动权掌握在主试者手里，测评要深则深、要浅则浅、要广则广、要专则专，具有很大的灵活性、可调性与针对性。如果在面试中引入某些情景模拟或任务操作，还可以考查实际工作的能力。

## （三）历史与发展

面试是一种古老而又现代的素质测评形式，其历史在我国可以追溯到先秦时期的孔子甚至更远。孔子、汉代的刘劭、三国时期的诸葛亮对面试都已有相当的研究。面试后来以其特殊的"策问"形式普遍运用于科举取士之中。随着笔试的发展与国外测验的兴起，面试失去了它在人才选拔中的主导地位。然而，笔试形式的固化与历史的反省，又使人们意识到笔试的局限性与面试的必要性。美、法、日等发达国家的公务员录用中均有面试，其中以日本最为重视。

从近几年的面试实践来看，面试的发展出现了以下几个趋势：

（1）形式多样化。面试已突破了面对面的问答问题模式，多数地方以面谈问答为基础，引入答辩式、演讲式、辩论式、讨论式、案例分析、模拟操作等辅助形式。

（2）内容全面化。面试的项目开始仅限于举止、仪表与知识面，现在已发展到对知识素质、智能素质、品德素质以及气质、兴趣爱好、愿望理想、动机需要的全面测评；由一般素质测评发展到以拟录用职位要求为依据，包括一般素质与特殊素质在内的综合测评。

（3）内容的深入化。以前的面试基本上等同于简单的口试形式。试题都是事先拟好，考生只需抽取一套回答即可，考官不再针对回答情况提出新问题，考官评定成绩仅依据事先拟定好的标准答案，仅看回答内容的正确与否。实际上，这只不过是笔试的简单口述形式而已。现在则不同，问题的提出是参考事先设计的思路与范围，顺应测评目的的需要而自然地提出，也就是说后一个问题与前一个问题是自然相接的，问题是围绕测评的情况与测评目的随机出现的。最后的评分不是仅依据回答内容的正确与否，而是要综合总体行为表现及整个素质状况评定，充分体现了因人施测与发挥考官主观能动性的特点。

（4）程序规范化。面试是一种操作难度极高的测评形式，随意性较大，一般的人难以掌握，或者说达不到面试应有的效果。为了改进这一点，使面试能够被一般水平的人操作，目前绝大部分面试事先都有一个具体实施方案，对操作要求有一定的程序规定，以提高面试的质量与可比性。

（5）考官内行化。面试开始实行时，主要由组织人事部门的人主持。后来实行组织人事、专业（包括测评专业与拟聘岗位专业）的人员共同组成评判组。现在则实行对岗位专业人员进行面试技术培训，对懂面试技术的人进行专业知识培训，并实行面试前的集训。通过几年的努力，各地已有一批较为稳定的专职与兼职面试考官。

（6）结果标准化。前些年面试的评判内容与结果没有具体要求，可比性差。近年来，各地的面试内容与结果格式趋于一致，基本上都是趋于表格式、等级标度与打分式形式。

## （四）面试的定义与特点

面试，可以说是一种经过精心设计、在特定场景下以面对面的交谈与观察为主要手段，由表及里测评应试者有关素质的一种方式。

与其他人员素质测评的形式相比，面试有它的相对独到之处：

（1）对象的单一性。面试的方式有个别面试和集体面试两种。在集体面试中，7—9个考生可以同时位于考场之中，但主考官不是同时分别向不同的考生提问，而一般是逐个提问逐个测评，即使是在面试中引入辩论、讨论的方式，评委们也是逐个向考生提问观察的。

（2）内容的灵活性。由于单位时间内面试对象的单一性，对面试的具体内容就有调节的自由性。面试的问题虽然可以事先设计一番，准备很多试题，但是绝不是向每个考生都提同样的问题，按同一的步骤和内容进行。

（3）信息的复合性。与测验、量表等测验方式不同，面试对任何信息的确认，都不是通过单一的视（眼）、听（耳）、想（脑）等信息通道进行，而是通过主试对被试的问（口）、察（眼与脑）、听（耳）、析（脑）、觉（第六感官）综合进行的。这种既注意收集语言形式信息又注意非语言形式信息的复合性增强了面试的可信度。

（4）交流的直接互动性。与笔试、观察评定不同，面试中被试者的回答行为表现与主试人的评判是相连接的，中间没有任何中介转换形式；面试中主试人与被试者的接触、交谈、观察是相互的，是面对面进行的；主客体之间的信息交流与反馈也是相互作用的。此外，面试中考生与考官发出的信息具有相互影响性。

（5）判断的直觉性。其他测评大多数是理性逻辑判断与事实判断，面试的判断却带有一种直觉性。它不是仅仅依赖于主试严谨的逻辑推理与辩证思维，而往往包括很大的印象性、情感性与第六感觉特点。

面试的类型，从目的用途上划分，有招工面试、招干面试、招兵面试、招生面试等；从操作规范程度上划分，有结构面试、半结构面试与随意面试；从被试多少来划分，有个别面试与集体面试；从主试的结构与实施程序来划分，有逐步面试、依序面试与小组面试；从操作模式上来划分，有问答基本式与操作综合式；从面试气氛设计上划分，有压力面试与非压力面试。

## 二、面试的方法与关键问题

### （一）面试的方法与技巧

　　面试的方法与技巧，是指面试实践中解决某些主要问题与难点问题的技术与方法，它是面试操作经验的累积。每个人所累积与掌握的技巧不尽相同，但在众多的主试个体中，必然有一些共同的与基本的技巧，它们是面试中经常运用且被大家所公认的。

　　面试中，主试人员的提问和倾听被试人员的回答是关键。面试的技巧也集中在问和听之中。

　　**1. 面试中如何把握"问"**

　　主试人员在面试中提问是与被试人员沟通的基础。如何"问"是主试人员应该思考的问题，应注意以下几个方面：

　　（1）创造和谐的气氛。提问时，主试人员要力求引导被试人员进入一种自然、亲切、渐进、近乎聊天式的氛围，不能因主试人员自身原因给被试人员带来不必要的压力。

　　（2）问题必须简明易懂。提问的方式要力求通俗、简明，内容要有深度、切合主题，不能漫无边际。

　　（3）提问的形式要多样。提问的形式既可以是假设式，又可以是连串式，还可以是引导式，等等。在提问中注意掌握主动，引导被测试人员深入进行交谈。

　　（4）提问要先易后难、由浅入深。问题的提出要做出较周密的安排，先易后难，循序渐进。

　　（5）主考人要掌握问答过程的主动权。在提问过程中，主试人员可以根据被测评人员的回答，把握时机恰到好处地转换、收敛、结束与扩展话题。

　　（6）提问应适当艺术包装，方能区别被测试人的水平。在面试中，还可以采取声东击西、旁敲侧击的手法。有的时候被测评人员不太愿意暴露自己的观点，主试人员就不能强人所难，较委婉地声东击西，使被测评人员较轻松地、不知不觉地表露自己的观点。

　　（7）面试中要充分发挥应试者的主动性。为了让被测试人员如实地回答问题，说出自己的真实想法，使面试收到实效，主试人员要利用机会创造出一种与被试人员相互具有信任感与亲切感的交谈氛围。只有在一种轻松、和谐的氛围中，被测试人员的素质才能自然体现出来。

（8）面试中应给被测评人员弥补缺憾的机会。在面试中，被测评人员处于被动地位，因此，在面试结束前，主试人员应给被测评人员一个补充表达想法的机会。这也是被测评人员调整完善自己形象的机会。

### 2. 在面试中如何"听"

主试人员在面试中如何"听"，应注意以下几个方面：

（1）要善于发挥主考人员身体语言的作用。在面试中，主试人员要集中精神去倾听被测评人员的回答，绝对不应去做别的事情。在倾听被测评人员回答时，眼神不能斜视、俯视、直视，使其感到不自在甚至有不平等感，影响被测评人员回答问题，进而影响其表现。

在倾听被测评人员回答问题时，主试人员要适当地点头来对被测评人员的回答进行反馈，使其轻松自如地完成面试。

（2）主试人员要善于把握和调节被测评人员的情绪。一般来讲，被测评人员在面试中往往会有紧张情绪。主试人员应根据面试进行情况，适当把握谈话机会来使被测评人员情绪放松，自然地表露其素质水平。

（3）要注意应试者的身体语言。面试中，主试人员还应注意从言辞、音色、音质、音量、语调及回答问题时的身体语言来区别被测评人员的内在素质水平。

（4）注意倾听，不要随意打断被测评人员。

（5）主考官要表现出良好的教养和修养。

### 3. 面试中如何用眼"观察"

（1）谨防观察失误，不能以貌取人。

（2）在观察中要全面地考察，坚持目的性、客观性、全面性与典型性相结合的原则。

（3）在面谈中要充分发挥感官的综合效应和直觉效应。

### 4. 面试最后如何评价

（1）在面试过程中也有某种程度上的评价，这种评价要把被测评人员的反应过程和回答的结果有机地结合起来。

（2）综合评价要选择适当的标准形式，包括评价项目、评价指标、评价标度等。

（3）面试评价中不能忽视印象测评。面试与其他测评方式的不同就是采取直接面对面的形式。因此，综合评价时要注意把分项测评与综合印象测评相结合，提高面试效果。

（4）在集体面试中，主试人员在综合评价时要充分讨论交换意见，不能一人说了算。

### 5．提高面试质量的方法

面试从设计、组织、实施到最后录用，是一个系统的工程。要提高面试的质量，应该按一定的程序进行。面试的组织与实施可参考以下程序进行：

（1）精选面试考官；

（2）对面试考官进行培训；

（3）给每个主考官提供一份拟聘岗位的职位说明书；

（4）告诉每个考官观察什么；

（5）告诉每个考官注意听什么；

（6）告诉每个考官如何有效地利用所"看"到与"听"到的信息，正确、客观地解释被试者的行为反应；

（7）采取评判表的形式使各个考官的评判方式趋于一致；

（8）对整个的面试操作提出统一的原则性要求。

要提高面试的质量，除了宏观上按上述步骤实施外，关键要做好以下三项工作：

（1）考官的选择与培训。

面试是一种对考官素质依赖性比较强的测评形式，主试人素质高低、经验丰富与否直接决定着整个面试的质量。刘劭就曾深有体会地说，一流之人能识一流之善，二流之人能识二流之善。

面试官的素质主要由三方面构成：一是思想作风是否正派；二是对拟聘岗位的工作要求是否熟悉；三是对面试的理论与实践是否有一定的掌握，富有操作经验。

面试考官素质除了个体要求尽可能高之外，还要求整体上结构合理，各有侧重。统计结果表明，最常见的是5—7人，由用人单位主管、人事处（科）长、专业（职位）及面试技术专家四方面的人员构成。

面试考官无论有无经验，面试正式开场前，均应接受培训，时间可长可短，视需要而定。培训的目的是要统一标准尺度与操作方式。培训的内容包括方法、技能培训和标准要求操作培训。从英国与日本等国的情况来看,培训的方法是讲解、案例观摩、操作实习与研讨四个环节。例如,英国对面试官的培训分三轮进行:第一轮是讲解,用一天时间要求面试官了解面试的目的、内容、程序与日程安排,发放《考官手册》;第二轮是观摩,让面试官参加一次例会,为期3天,进一步听讲,观摩面试的程序和技法,对照面试录像,分析并熟悉操作程序及操作方法,并进行模拟面试练习;第三轮是研讨,利用3天时间先进行小组讨论,然后要求每个考官就面试的程序、技术写出报告,包括自己对所观摩案例中面试考官的评价。

(2) 考生的筛选。

面试与其他测评形式相比,多花费时间与人力。因此,应根据拟聘职位要求,先进行一次筛选,以减少面试人数,从而提高面试的效率与效果。筛选的方法很多,比较可行的方法是资格审查、体检、笔试。

(3) 考场的选择与设置。

考场应尽可能选择宽敞明亮、阳光充足、安静通风的地方。考场布置应活泼一些,可以考虑放些盆景。安排座位时应注意,主试人不要坐在背对光源处,这样会使考官形象放大,对考生产生不利影响。考生不宜放在中央,离主试人太远,这样也会使其产生一种不安的感觉,但也不宜太近,一般相互距离在2米左右为宜。

## (二) 面试的关键问题

### 1. 工作描述与分析

人员挑选的关键问题在于预测申请者在未来工作中的表现,为了达到这一点,事先必须掌握与工作有关的必要信息。我们在前面也谈到面试中要以岗位职责为依据,而岗位职责的来源是工作描述和分析。所谓工作描述,主要说明工作性质、内容、工作环境以及目的、任务、结果等。工作分析指个体应该表现的行为模式以及表现到什么程度才能恰当地处理工作。这也是人力资源管理的基础工作。

### 2. 通过简历了解应聘者

简历是一面镜子,它可以反映应聘者的人生轨迹。面试时可以问与简历有关的问题很多,在事实性问题方面有:教育、工作经验、家庭背景、工资水平、改变工作的动机,还可以仔细询问与行为和态度有关的问题。在一般情况下，简历所起的作用主要是帮助人们记录主要技能和主要成就，所以主试一定要在面试前认真阅读简历。阅读简历要关注四个方面：人际关系技巧、创造力、求职动机和诚信。尤其注意简历中可能存在的自相矛盾的地方，并加以标注。从简历中的反馈信息设计第一轮的问题。

### 3. 在面试中如何提高面试者的评价效果

（1）观察。观察指观察者带着描述和总结对一个或多个人或事件的行为或表达的系统察觉。为了实现系统、聚焦式的观察，事先对行为标准的明确界定起到关键性的作用，特别是与标准有关的独特的行为可能有哪些。

（2）记录。忠实、正确地记下所发生的信息为面试中的记录。面试就是收集信息以帮助面试者做出正确挑选的决策。

（3）分类。分类指按照事先确定的行为框架，把有关事实性信息放在不同的维度中，即给行为以名称，并对我们知道的信息进行比较。这是一个验证有关记录是否说明了与标准有关的信息的过程。在必要的时候，还要反复阅读记录材料，才能把记录按照结构化的标准进行分类。

（4）评价。评价指决定行为符合期望标准和确定分数的程度。当所有事实都按照确定的标准分好类后，应该给不同的标准以不同的值。量表应该在不同的标准上保持同一性，这样才能使相互比较有可能进行。评价结果是强弱项分析。评价是基于工作需要的，而不是申请者之间的表现对比。

### 4. 如何有效地提问

（1）面试者要使用对方可懂的语言。提问的方式应该是积极的，要根据应聘者的情况调整用词，时刻注意对方的非言语行为还要注意不要问对方明显不知道的事情。

（2）封闭性和开放性的问题的选择。以"如何""哪里""什么时候""哪个""什么""为什么"开头的问题都是给对方足够空间的开放性问题。在面试的开始阶段，这类问题有助于激发应聘者进入状态。因为在这一阶段，应聘者可以决定说什么以及怎样说。回答是基于应聘者自己的感觉和思想的，是比较可靠的。当然，这类问题还应该是清楚、可懂和无歧义的。

（3）独特的行为方面的问题和一般的理论问题。行为类问题中常用"已经做""正在做"等词语以收集行为例证。通过这类问题，面试者可以检查应聘者的日常工作中成功表现的行为。

（4）决定面试结构的主要问题。这些问题取决于面试者的事先计划，包括介绍性、转换性的问题。这些问题预示着面试的目的和进一步的面试程序。

（5）中性和建议性、判断性的问题。中性问题是面试中最受欢迎的，它们最可靠，威胁也最小。建议性的问题指面试者指导应聘者作答，但它可能导致答案不一定可靠，而且应聘者可能说了不想说的答案。

（6）当面试考官受到攻击。当面试考官受到应聘者的人身攻击时，面试考官不要进行反驳，要尽量和这一情境保持距离，并且继续控制谈话。

面试不是闲谈，它是基于标准的。有关问题应该是基于职位而收集事实、行为或感觉信息。标准是按照有关工作行为界定的。换言之，标准是在工作中获得成功的行为特点。为了使问题适合职位，面试者应该在事前就根据工作描述和分析决定与工作有关的标准。在行为标准、智力、技能的基础上，就可以准备合适的问题了。

**5．面试中应注意的问题**

当面试结果难以说明个体对职位的适合性时，还要依靠其他工具的联合作用。另外，每个面试者都有自己的风格，所以并没有统一、固定的方法。但面试仍有一些值得关注的问题：

（1）选择合适的面试环境。要选择能使面试者感到轻松、友好、宽敞明亮的自然环境。

（2）面试者有必要努力营造融洽的气氛，以便让应聘者放松进入面试状态。

（3）进一步了解与把握应聘者的动机和对工作的期望。

（4）根据事前准备的基于标准的问题清单进行提问。

（5）提供职位信息。

（6）结束面试与准备履历检查。

## 三、面试测评案例与分析

人员招聘是人力资源管理的关键。这就要求人力资源管理者不能仅凭应聘者的简历来判断其是否胜任某职位。成功的面试会大大提高招聘的效率和效果。下面的实例分析就面试技巧在面试中的应用进行了探讨。

面试一般分为关系建立阶段、导入阶段、核心阶段、确认阶段、结束阶段等五个阶段。

## （一）案例介绍[①]

小 A 到一家大型集团公司应聘招聘主管一职，下面是主考官和小 A 的一段对话，并根据对话分析面谈技巧。

### 1. 关系建立阶段

目的是营造自然、轻松、友好的氛围；一般采用简短回答的封闭式问题，约占面试过程的 2%。

主考官：你是看到广告还是朋友推荐来的？

小 A：我一直敬仰贵公司，这次是从广告上看到而来的。

分析：这是封闭性问题。它要求应聘者用非常简单的语言，对有限可选的几个答案做出选择。封闭性问题主要用来引出后面的探索性问题，以获得更多的信息。

### 2. 导入阶段

这一阶段主要问一些应聘者有所准备、比较熟悉的题目，最好的方式是开放性问题，约占面试的 8%。

主考官：请你介绍一下你的经历，好吗？

小 A：……

分析：这是一个开放性问题。它是让应聘者在回答中提供较多信息的面试问题，这种题目不是让应聘者简单地回答"是"或"否"，而是要求应聘者用相对较多的语言做出回答。在它的基础上可构建许多行为性问题，而行为性问题能够让我们得到对应聘者进行判断的重要证据。

### 3. 核心阶段

这一阶段主要收集关于应聘者核心胜任能力（岗位胜任特征、素质模型）的信息，约占面试过程的 80%。

---

[①] 刘节、萧鸣政：《企业面试中存在的常见问题及对策浅析》，《人才资源开发》2006 年第 12 期。

主考官：请问当你与用人部门的主管对某一职位的用人要求有不同意见时，你是怎样处理的？（开放性问题）

小A：我想我会尽量与用人部门的主管沟通，把我的想法和理由告诉他，并且询问他的想法和理由，双方来求同存异，争取达成一致意见。

主考官：那么你能不能举出一个你所遇到的实例？

小A：好的。有一次保安部门有一个保安人员的职位空缺，用人部门的经理要求应聘的人必须身高在1.8米以上，体重在80公斤以上。

分析：这是一个行为性问题。它要求针对过去曾经发生的关键事件提问，根据应聘者的回答，探测应聘者对事件的行为、心理反应（行为样本），从而判断应聘者与关键胜任能力（素质模型）拟合程度。

主考官：为什么？

小A：因为他认为身材强壮的保安人员对坏人具有威慑力。

分析：这是一个探索性问题。它通常是在主考官希望进一步挖掘某些信息时使用，一般是在其他类型的问题后做继续追问。

主考官：那后来怎么样了呢？（探索性问题）

小A：我向那个部门经理解释这并不是必要的条件。因为对于保安人员来说，忠于职守、负责任、反应敏捷、良好的自控能力这些才是最重要的，而身高和体重则不必非得提出那么高的要求。

主考官：那么你是怎么做的呢？（探索性问题）

小A：我对他说，如果你能够拿出一些统计数据表明保安人员的身高和体重确实可以阻止坏人的犯罪企图，那么我就接受这条要求，否则的话，提出这种要求就是没有道理的。

主考官：那接下去情况怎么样了？（探索性问题）

小A：接下去那位部门经理收回了他的意见，到现在为止，那个职位还处于空缺的状态。

主考官：那么你和那位部门经理这次意见不一致是否影响了你们之间的关系？（封闭式问题）

小A：没有。

4. 确认阶段

主考官进一步对核心阶段所获得的对应聘者关键胜任的判断进行确认，约占面试过程的5%。这一阶段最好用开放性问题。

主考官：刚才我们已经讨论了一个具体的实例，那么现在你能不能谈谈招聘的程序是怎样的？

小A：……

5. 结束阶段

结束阶段是主考官检查自己是否遗漏了关于那些关键胜任能力的问题并加以追问的最后机会，约占面试过程的5%。在这个阶段，可以适当采用一些基于关键胜任能力的行为性问题或开放性问题。

主考官：你能再举一些例子证明你在招聘方面的专业技能吗？（探索性问题）

小A：……

（二）案例评析

好的面试不但前期要有充分的准备工作，而且在面试过程中要注意运用面试的技巧。一次成功的面试不但是对应聘者的考验，更是对主考官如何选择合适的人到合适的岗位的能力考验。

以上是一个典型的人员招聘面试案例。如今，面试是企业使用频率最高的选拔工具之一。它的优点是：面试主考官有机会直接判断求职应聘人，而且可随时解惑答疑，考察应聘人是否热情忠诚、机智敏捷，还可以评估应聘人的情绪控制能力以及仪表等内外特征。鉴于此，99%的企业在进行人员招聘时都采用面试的方法，但许多企业由于没有系统地研究过面试方式的效果而对其缺点不甚了解或主观加以淡化，使人员招聘面试的优点难以充分体现。这就需要我们正视企业人员招聘中存在的面试问题。总之，面试是一种经过组织者精心设计，在特定场景下，以考官对应聘者进行面对面交谈与观察为主要手段，由表及里地测评应聘者的知识、能力、经验等有关素质的一种测评方式。

## 第三节　评价中心技术

评价中心是人员素质测评的一种主要方法，也是人力资源开发中的一种重要形式。与面试和心理测验方法一样，它有着自己的独特形式与功用，是人力资源开发与管理领域较为特别的一种测评方法。

### 一、评价中心概述

评价中心是什么？有哪些形式？起源于何时？有什么特点？诸如此类问题，非人力资源专业的人大都还不太清楚。

#### （一）历史渊源

评价中心的起源，国内外有所不同。评价中心被认为是现代人员素质测评的一种新办法，起源于德国心理学家1929年建立的一套用于挑选军官的非常先进的多项评价程序。其中一项是对领导才能的测评，测评的方法是让被试者参加指挥一组士兵，他必须完成一些任务或者向士兵们解释一个问题。在此基础上评价员对他的面部表情、讲话形式和笔迹进行观察。评价中心在我国的历史可以追溯到公元前21世纪尧对舜的德才考查。从我国古代与现代的情况来看，主要是以此代替或简化实践考查的形式，来测评考生的实际工作能力，更直接的原因则是源于管理能力的测评。

#### （二）基本概念

评价中心是一种程序，而不是一种具体的方法。在这种程序中，主试人针对特定的目的与标准采用多种评价技术评价被试者的各种能力。

根据上述分析可以把评价中心具体定义为：评价中心是以测评管理素质为中心的标准化的一组评价活动。它是一种测评的方式，不是一个单位，也不是一个地方。在这种活动中，包括多个主试人采取多种测评方法对素质测评的努力，所有这些努力与活动都围绕着一个中心，即管理素质的测评。

## （三）主要特点

评价中心最主要的特点之一就是它的情景模拟性。它是通过多种情景模拟测评形式观察被试者特定行为的方法。这些情景模拟测评包括写市场问题分析报告、发表口头演说、处理一些信件与公文、处理某个用户产品质量投诉问题等。情景模拟测评还可以让几个被试者共同讨论组织生产问题或销售策略问题。正是这些情景模拟给主试人提供了观察被试者如何与他人相处、分析问题与解决问题的复杂行为的机会。除此之外，评价中心有以下几个突出特点：

（1）综合性。与其他素质测评方法相比，评价中心最突出的特点之一是它对其他多种测评技术与手段的综合兼并。

（2）动态性。评价中心的第二个显著特点是其表现形式的运动变化性。与问卷测验、观察评定、面试投射相比，评价中心中被试者处于最兴奋的状态。评价中心通过一系列的活动安排、环境布置与压力刺激来激发被试者的潜在素质，使其得到充分的表现，使主试人对其有一个真实、全面的把握，真正体现了在运动中测评素质的特点。

（3）标准化。与行为观察、面试相比，评价中心更具有标准化的特点。评价中心虽然活动频繁、形式多样，时间持续从几个小时到一周不等，但每个活动都是按照统一的测评需要设计的。一般来说，测评内容不是随意而定的，而是通过工作分析来确定的。整个测评活动的安排，所有的主试人与被试者的活动，都是以工作分析所确定的素质为目标进行的。

（4）整体互动性。与其他测评形式相比，评价中心的测评体现了整体互动的特点。主试人对被试者的测评，大多数是置于群体互动之中进行比较性的整体测评。对于每项素质的测评，不是进行抽象的分析，而是将对象置于动态的观察之中，联系其具体的行为举止做出评定。人的素质测评非常复杂，要对其做出准确、真实的测评和静止、分解与孤立的分析，往往难以把握，常常需要在相互比较的实际活动中作整体测评。

（5）全面性。它既不是个别人评定说了算，也不像面试那样仅仅以谈话方式进行，而是综合多种测评活动，由多个测评人员共同测评。

（6）以预测为主要目的。评价中心主要是对管理人员进行管理能力与绩效预测，因此它的测评内容主要是管理人员的管理素质与潜能。

（7）形象逼真。评价中心中的"试题"与实际工作的高度相似性，使得它所测评的素质往往是分析和处理具体工作的实际知识、技能与品德素质，使评价中心具有较高的效度；评价中心活动的形象性与逼真性，使得整个测评过程生动活泼，不像笔试那样死板，能引起考生更大的兴趣，发挥其潜能；由于考生"作答"的过程就是完成任务的过程，也是充分表现实际素质的过程，因此整个测评显得形象直观。这样既提高了测评的准确性又扩大了测评的内容与范围，可以在同一种情景模拟中测评多种管理素质。

（8）行为性。测评中要求考生表现的是行为，主试人观察评定的也是行为。这种行为与笔试中书写的行为显然不同：一是它的复杂性，它不是机械的书写与语言上的诠释，而是多种素质的综合体现；二是它的直观性；三是它的生动性，不像书面答卷那样抽象静止、枯燥无味。

## （四）主要类型

评价中心是以评价管理者素质为中心的测评活动，其表现形式是多种多样的。从测评的主要方式来看，有投射测验、面谈、情景模拟、能力测验等。但从评价中心活动的内容来看，主要有公文处理、无角色小组讨论、管理游戏、有角色小组讨论、演讲、案例分析、事实判断、面谈等形式，如表4-7所示：

表4-7 各种评价中心形式使用频率

| 复杂程度 | 评价中心形式名称 | 实际运用频率 |
| --- | --- | --- |
| 更复杂 | 管理游戏 | 25% |
| | 公文处理 | 81% |
| | 角色扮演 | 没有调查 |
| | 有角色小组讨论 | 44% |
| | 无角色小组讨论 | 59% |
| | 演讲 | 46% |
| | 案例分析 | 73% |
| | 事实判断 | 38% |
| | 面谈 | 47% |

### 1. 评价中心的主要类型

（1）公文处理。

公文处理（In-Basket）是评价中心中用得最多的一种测评形式，从表4-1可以看出其使用频率高达81%。它也是被认为最有效的一种形式。在这种测评活动中，被试者假定为接替或顶替某个管理人员的工作，在其办公室的桌上堆积着一大堆亟待处理的文件，包括信函、电话记录、电报、报告和备忘录。它们分别是来自上级和下级、组织内部和组织外部的各种典型问题和指示、日常琐事和重要事件。所有这些信函、记录与急件都要求在2—3个小时内完成（美国电话电报公司要求3小时内处理25件公文）。处理完后，还要求被试者填写行为理由问卷，说明自己为什么这样处理。对于不清楚的地方或想深入了解被试者，评价者还可与被试者交谈，以澄清模糊之处。然后主试人把有关行为逐一分类，再予评分。

通过以上一系列测评活动，主试人观察被试者对文件的处理是否有轻重缓急之分，是有条不紊地处理并适当地请示上级或授权下属，还是拘泥于细节、杂乱无章地处理，由此测评被试者的组织、计划、分析、判断、决策、分派任务的能力和对工作环境的理解与敏感程度。

（2）小组讨论。

小组讨论（Group Discussion）中典型的形式是无角色小组讨论，从表4-1可以看出它的使用频率为59%，它也是评价中心中常用的一种形式。这种形式把被试者划分为不同的小组，每组人数4—8人不等，不指定负责人，大家地位平等，要求就某些争议性大的问题，例如额外补助金的分配、任务分担、干部提拔等问题进行讨论，最后要求形成一致意见，并以书面形式汇报。每个组员都应在上面签字，以表明自己同意所做的汇报。

主试人一般坐在讨论室隔壁的暗室中，通过玻璃洞或电视屏观察整个讨论情形，通过扩音器倾听组员们的讨论内容（当然也可以用录像机、录音机录制），看谁善于驾驭会议，善于集中正确意见，并说服他人，达到一致决议。为了增加情境压力，主试人还可以每隔一定时间，给讨论小组发布一些有关议题中的各种变化信息，迫使其不断改变方案并引起小组争议。当情境压力增加到一定程度时，有的被试者就会显得焦躁不安，甚至发脾气，而有的则沉着灵活，处置自如，这样就能使每个人的内在相关素质一一展现。

在这种形式中，主试人评分依据的标准是：发言次数的多少，是否善于提出新的见解和方案，敢于发表不同意见，支持或肯定别人的意见，坚持自己的正确意见；是否善于消除紧张气氛，说服别人，调解争议问题，创造一个使沉默寡言的人也想发言的气氛，把众人的意见引向一致；能否倾听他人意见，是否尊重他人，是否侵犯他人的发言权。还要看语言表达能力如何，分析问题、概括或总结不同意见的能力如何，以及发言的主动性、反应的灵敏性如何等。

（3）管理游戏。

管理游戏（Management Games）也是评价中心常用的方法之一。在这种活动中，小组成员各被分配一定的任务，必须合作才能较好地完成，例如购买、供应、装配或搬运等。有时引入一些竞争因素，如三四个小组同时进行销售或进行市场占领，以分出优劣。有些管理游戏中包括劳动力组织与划分和动态环境相互作用及更为复杂的决策过程。通过被试者在完成任务的过程中所表现的行为来测评被试者的素质。

（4）角色扮演。

角色扮演（Individual Presentations）是一种主要用以测评人际关系处理能力的情景模拟活动。在这种活动中，主试人设置了一系列尖锐的人际矛盾与人际冲突，要求被试者扮演某一角色并进入角色情境去处理各种问题和矛盾。主试人通过对被试者在不同角色情境中表现出来的行为进行观察和记录，测评其素质潜能。

角色扮演的效度不一定高。未能进入角色的人并不一定意味着他以后不行，角色扮演很好的人并不一定保证日后什么都行。

（5）其他形式。

第一，面谈模拟。这是一种特殊的情景模拟。在这种模拟中，被试者（一个）要求与另一个下属、同事或顾客进行对等性的谈话。

第二，事实判断。在事实判断中，被试者只能看到少量的有关某一问题的信息资料，然后被试者可以通过询问有关人一些问题，获得其他信息；被试者所问的人可能是一些事先接受过专门训练的辅助人员甚至主试人。事实判断非常适合于测评被试者搜集信息的能力，尤其是适合测评被试者如何从那些不愿意或不能够提供全部信息的人那里获取信息并最后把握事实的能力。主试人也可以通过事实判断法测评被试者的决策技能和压力承受能力。事实判断法的缺点是设计与实施都比较困难。为了保证事实判断的活动对被试者有一定的挑战性，准备的材料信息必须充分周全，主试人必须预测被试者可能会做出的许多判断或会遇到的问题。此外，辅助人员或主试人为了及时地回答被试者的问题，必须对有关问题的信息内容非常熟悉。像面谈模拟一样，辅助人员难以在所有被试者面前表现出一致的行为。

第三，书面案例分析。在这种方式中，先让被试者看一些有关某个组织管理中的问题材料，然后要求向高层领导提出一个分析报告。这种方式的优点是操作相当方便，而且可以组合用于测评一般的能力（例如组织一个生产活动）和特殊技能（例如计算投资效益）。分析结果既可以采取口头报告，也可以采取书面报告。当书面分析报告提交之后，主试人可以从报告的形式与内容两方面进行分析评价。缺点是评分比较主观，难以制定一个客观化的评分标准。

### 2. 评价中心的新进展

自从第二次世界大战以来，评价中心已经走过了很长的路程，它的整个技术也在理论研究和使用者的努力下得到不断的发展。

（1）发展中心。

发展中心可能代表了评价中心最重要的发展趋势。现代管理的一些概念如授权、学习型组织、全面质量运动等都说明了个体的改进之路永无止境。仔细比较起来，传统上的评价中心和发展中心还有一些区别，见表4-8：

表4-8 评价中心与发展中心的区别

| 评价中心 | 发展中心 |
| --- | --- |
| 挑选： | 发展： |
| 外部招聘 | 识别潜能 |
| 内部招聘 | 诊断与工作有关的优/劣势 |

与评价中心相比，发展中心的主要特点是：它不是一个成功/失败的决策事件，持续时间更长，成本更高，参与者个体对资料所有权的分享，在评价过程中就予以反馈，发展从评价中心过程中就已开始，聚焦于学习和自我提高，对咨询或支持要求更高，关注可发展的标准，更多的中心前/后的活动，自己和他人评价的机会。

当然，基于这种区分的实践，美国电话电报公司在1971年就已使用过。但"发展中心"这一术语本身的历史并不长。大约在20世纪90年代被提出来。罗杰（Rodger）认为发展中心就是运用评价中心的技术用以识别个体优势和不足，以便诊断发展需要，提高工作绩效，促进职业生涯发展，帮助组织获得成功。

布恩（Boehm）在1977年提出了两种不同的发展中心类型：识别策略和诊断策略，其主要区别见表4-9①：

表4-9 识别策略和诊断策略的区别

| 特　点 | 识别策略 | 诊断策略 |
| --- | --- | --- |
| 目标 | 对个体进行早期潜能识别，以帮助快速发展 | 改善现在的工作绩效、动机和士气 |
| 目标人群 | 已被识别为有高潜能者 | 多数人 |
| 提名程序 | 邀请符合标准者 | 自愿或推荐 |
| 决策或结果的特点 | 多数成功/失败决策是为了长远发展 | 聚焦于有关优势和劣势 |
| 反馈报告的特点 | 突出高层发展活动的需求 | 优/劣势的详细信息，以促进后续行动计划 |
| 组织监控的水平 | 高度集中化的监控 | 基层管理控制 |

由此可见，识别策略与传统的评价中心更加相似，也更加受到组织的欢迎。

（2）自我洞察的评价中心。

自我洞察的评价中心是迈克（Mike）于20世纪70年代提出的一种评价方法。这是一种将传统评价中心与自我发现和向他人学习相结合的方法。正如其字面意思，自我洞察的评价方法包括的活动有：

第一，识别优势和发展需求，而不是事先确定与工作有关的绩效标准；

第二，形成一个发展计划以满足发展需求和建立优势；

第三，开发参与者的绩效技能；

第四，熟悉评价中心的技术和实践。

从评价程序上来看，自我洞察的评价方法和其他评价一样，要

---

① 唐宁玉：《人事测评理论与方法》，东北财经大学出版社2002年版，第178页。

事先确定合适的标准，然后经历约五天的练习。它与传统方法的主要区别是没有任何评价者。参与者的有关资料被记载或记录下来供以后分析用。

参与者第一天要做的工作是大量练习和测试。第二天，参与者要了解将要使用的行为标准。在这一阶段，参与者开始了解目标工作的要求以及与结束的模拟间的相关性。第三、四天，参与者要处理练习的大部分，每一个参与者都要扮演评价者对自己的表现进行全面评价，这就是自我洞察的过程。同时，也要对另一同伴的表现予以评价。所有练习都分析完后，参与者再扮演评价者将结果反馈给其他参与者。这些反馈都是比较积极和富有建设性的，这也许是因为所有人都进行过了自我评价。第五天，每个参与者收集好与自己有关的信息、材料、反馈，形成一份自我发展报告。

这种方法的一个特点是没有威胁，只有参与者自己拥有所有完整的绩效表现资料。与其他评价中心相比，自我洞察的评价的优点还有：参与者自己更了解自己的发展需求；这种方法提高了评价、反馈技能；这种方法相对节省资源，它不需要另外的评价者；参与者对自我洞察的评价方法反应积极。

(3) 评价中心的未来趋势。

评价中心技术会发展得越来越成熟，社会和科学技术的发展也为这种进步提供了支持，如早期的评价中心运用的是录像、普通电视，再到后来的交互式网络手段，直到今天广泛使用的电脑多媒体技术，甚至还有人在尝试虚拟评价。未来的评价中心发展大约有如下特点：

第一，机会均等。越来越多的研究表明，传统的心理测试的方法具有一定的歧视性，比如，不同性别和不同种族者对常模、内容方面的争议由来已久。现有研究表明，评价中心的方法对上述问题提供了良好的解决方案，设计良好的评价中心对所有人都是平等的，所以这种能给所有人提供均等机会的方法是未来发展的一个趋势。

第二，组织文化和价值的提升。组织总是需要选拔和招聘人员，不管是从内部还是外部，评价中心的发展也会随着组织的变化而发展，比如现在的学习型组织、数字组织、虚拟组织等，都会影响评价中心的发展。组织越是发展到了高级阶段，越是需要提高其员工的胜任力，那么评价中心方法和组织的发展就需要不断找到结合点。发展性的评价中心从传统评价中心中分离出来本身就很好地说明了这一点。所以,这一方法的发展本身也是企业文化变迁和价值更替的产物。

## 二、设计方法与应用

如何设计与应用评价中心,是学习与掌握评价中心法的关键,涉及情景设计、应用目的选择与操作程序等问题。

### (一)情景设计

情景设计应注意如下几点:

**1. 相似性**

所谓相似性,是要求所设计的情景要与拟聘职位的工作实际具有相似性。具体表现在素质、内容与条件三个方面的相似性上。

素质相似是指情景模拟中所测评的素质与实际工作中经常需要的工作素质相一致。

内容相似是指情景模拟中考生所要完成的活动与实际工作的内容相一致。例如,司法部公文处理情况设计中要求考生所处理的文件,应该是司法部办公室或秘书人员经常要处理的一些文件。

条件相似是指情景模拟中考生所拥有的工作条件与实际工作中人们所拥有的工作条件相一致。例如调研模拟,只给考生一个调研任务,而对于调研途径、方法及调研对象则不予给定。这与实际工作中调研情形是一致的,使考生有一种"现实"感。

**2. 典型性**

所谓典型性,包括两方面的含义:一是指所模拟的情景是考生未来任职工作中最主要、最关键的内容,而不是那些次要的、偶然的事情;二是所设计的情景不是原原本本地从实际工作中节选一段,而是把实际工作中多种主要的、关键的、最具代表性的情形归纳、概括、集中在一起,使本来不同时间、不同情形下发生的事情集中在一起出现。

**3. 逼真性**

所谓逼真性,是指所设计的情景在环境布置、气氛渲染与评价要求等方面都必须与实际相仿,否则情景模拟就失去了它的测评价值。

逼真与真实还是有一定距离的,这是指所设计的情景是根据一定工作原型与生活规律经过加工创造的"情景"。它们来源于工作实践，受实践的规律制约，是一种相对的"真实"而并非绝对的"真实"，是现实的"写照"而不是现实的"摄照"。

### 4. 主题突出

虽然所模拟的情景一般包括多种活动，要测评考生的数种素质，但这并不等于说所有这些活动主次不分、杂乱无章。整个情景设计应该使考生的行为活动围绕一根"主线"进行，突出表现所测评的素质，不要让一些不相干或相干不大的细节浪费了宝贵的测评时间。

### 5. 立意高，开口小，挖掘深，难度适当

所设计的情景，立意要从大处着眼，从素质的宏观结构与深层内涵出发，根基要深，使整个情景模拟的每一步都有根有据，可以考察较复杂的素质。但是，留给考生问题的入口要具体一些，使考生可以从小处着手，不会感到漫无边际、无从下手。问题的"开口"要小一些，要求上有一定的弹性，水平高的考生可以深挖，水平低的考生可以浅挖；问题不是所有的考生一下子就能回答的，而是"仁者显仁，智者显智，能者显能，劣者显劣"。情景设计要看似容易深入难，不同水平的考生都能有所领悟、有所表现，而优秀的考生也能脱颖而出。

例如，1989年上海任职资格考试中心研制了一种外汇银行业务员能力仿真测评系统软件，以外汇银行柜台业务员的实际工作状态为原型，利用微型电子计算机为手段，设计了七项基本业务交易活动，包括外汇汇出、汇入，打印英文业务电稿，两种外汇存款、取款，会计科目分录，英文业务交易处理；同时，让有关任务或问题随机出现，使每笔业务交易都像实际工作那样处于变化状态；还设计了噪音干扰。时间为一个半小时。它以与外汇银行业务员绩效相关的十种能力为测评项目：手眼配合灵活性、手指运动灵活性、注意力集中性、观察灵敏性、数字敏感性、计算能力、英文打字能力、银行初级外语能力、外汇会计知识运用能力、适应新环境的能力等。

## （二）操作程序

这里所介绍的操作程序是针对主试人来说的，是一种具体的操作程序，而不是针对整个评价中心组织与实施的操作程序。

1. 观察被试者的行为表现

每位主试人一般要观察评定1—2个被试者的行为表现。每个被试者由三位主试人观察评定。观察评定要求每个主试人用客观性的语言描述所观察到的具体行为现象，不允许做任何解释。观察评定的内容一般规定为与所要测评素质相关的行为。这些内容也可以事先以评定表的格式固定下来。

2. 对所记录的行为进行归类

主试人记录完所观察的行为之后，要立即进行归类，把每一行为表现归类到相应的素质测评项目中。素质测评项目及其内容特征，一般事先有统一的规定。

关于归类的项目，美国有人做过专门研究，调查了200多家企事业单位，发现项目数12—18个不等。大多数人趋向于11个，但如果想要提高观察评定的效果，以7个项目为宜。

3. 给每个素质测评项目评分

主试人归类了所有观察记录的行为之后，就要对每个素质测评项目进行分析研究，根据素质特征、被试者的行为表现以及评分规定逐项评分。评分一般为0—5分不等，共6个等级。具体评分标准如下：

5分：被试者所表现的素质远远高于工作本身的要求；

4分：被试者所表现的素质略高于工作本身的要求；

3分：被试者所表现的素质达到实际工作的要求；

2分：被试者所表现的素质略低于实际工作的要求；

1分：被试者所表现的素质大大低于实际工作的要求；

0分：被试者所表现的行为根本没有显示出实际工作所要求的素质。

4. 指定观察评分人报告评定结果

所谓指定观察评分人，是指给被试者A事先安排好的三位主试人（甲、乙、丙）。三位指定观察评分人顺次向其他主试人报告自己对被试者A观察到的行为、归类过程、每个素质测评项目的评分及（在项目评分基础上做出的）总体评分结果。只有三位指定观察评定人一一报告完毕，才能进行另一个被试的报告工作。

5. 其余主试人记录报告中的有关事实

当指定观察评分人报告自己关于某被试者的评定情况时，其余的主试人在事先制定好的一张特殊的记录表上记录某些重要的事实，并在此基础上独立地就每个素质测评项目做出自己的初步评定。主试们可以向报告人提问以澄清事实，但是不能讨论，也不能对报告者在该点上对评分的解释提出质问。

**6. 要素综合评分**

每个主试人听完三个指定观察人的报告后，根据自己记录的事实，对每项素质测评的分数（自己评定的与别人评定的）进行独立的考察，然后在此基础上综合所有项目测评结果评定一个总分数。在综合评定总分数的过程中，要考虑到不同项目的权重，不要对各个项目简单平均地求出总分。

**7. 公布每个主试人对每个人的评分结果**

采取表格形式公布主试人对每个人的评分结果。表格按被试者逐个张榜公布。表格左边列素质测评项目，从上至下排列；表格的上端横栏，从左至右逐个列出主试人的名字。表体内是每个主试人对每个项目的评分。表格最底下一栏（行）是每个主试人的综合评分。从这张综合评分表格中，人们马上可以看出一致与不一致的地方。

**8. 主试人讨论**

公布每个主试人的评分结果后，主试们应该就不一致的地方进行讨论，直到达成一致意见。不过也可以采取平均分数代表大家的一致意见。然而一般很少这样做，因为讨论过程不仅可以达成一致意见，而且可以更深入地认识测评对象，提高测评的准确性。

**9. 其他评语**

除规定的测评项目外，主试人还可以就其他重要（突出）的素质做出评论。上述九个步骤是就评价中心活动开始后主试人的操作程序而言的。实际上在评价中心活动正式开始前，应该做好一些准备工作。其程序如下：

（1）确定评价中心活动中所要测评的素质项目；
（2）对于每个素质项目找出一些便于区分与辨认的代表行为；
（3）根据拟聘职位的要求选择适当的评价中心形式；
（4）对于每个素质测评项目，确定不同水平等级区分的标志；
（5）确定评分标准；
（6）制定评价中心活动需要的有关方案、计划与实施要求。

### （三）应用形式

就一般情况来看，评价中心主要是用作高层管理人员的选拔与晋升的考核手段。有人调查了1000家企事业单位所进行的评价中心测评，其中95%属于这一类。

然而事实表明，评价中心近来除了用于选拔预测之外，还广泛用于素质开发、标准研究、职业规划、非传统（特殊）管理评价等方面。

例如，长期以来，人们对人员培训计划有效性的鉴定一直是一个难题，许多人提出要进行专门研究，但收效甚微。纽约市大都会公共交通局首次于1972年把评价中心作为培训效果鉴别方法。具体做法如下：

两个小组各有12位总监，按照年龄、贡献、管理经验、文化程度以及表现两两配对，使两个组"等值"，然后一个小组接受培训，另一个小组不接受培训，培训结束后进行一次评价中心的测评；接着让未接受培训的小组接受培训计划，另一组培训停止，事后对两个小组进行第二次评价中心的测评。分析与比较两次评价中心的结论就可以鉴定培训计划的质量优劣。

评价中心结论有时还被用来作为某种测评方法质量鉴定的标准，用作效度分析的关联效标。

### （四）问题与改进

任何一种方法都有利有弊，评价中心法也不例外。就一般调查来看，人们发现评价中心存在以下一些问题：

(1) 花费大，代价高。与其他素质测评形式比较，在所需人力、物力、财力与时间上，评价中心都高于其他方法。

(2) 应用范围较小。这主要体现在测评的素质与人数上。评价中心主要是用于管理能力的测评。

(3) 一般人操作不了。虽然我们前面说过面试难以被一般人操作，实际上评价中心操作的难度远远高于面试。如果草率运用，盲目接受评价结果，危害极大。

(4) 评价中心法的质量很难鉴定。虽然评价中心结果可以用来作为鉴定其他测评方法或培训计划的效标，但其本身质量好坏却很难找到参照效标。近期观察中素质充分显示出来，而远期观察的结果中则又包括其他因素的影响。

（5）存在一些无法克服的误差。首先，被试者目前的工作行为表现并不一定能揭示他在以后新的工作中的管理能力。其次，主试人在观察评定中存在错误与偏见。例如，当被试者即将上任的工作与评价他的主试人的工作完全不同时，主试人总是用自己的行为模式来衡量被试者的优劣。

（6）法庭纠纷案例中所揭示的问题。这可通过下述两个案例加以说明：

**案例1：**

巴里是美国奥马哈市警察局副局长位置的候选人之一，因竞争失利，他指控评价中心方法运用不当，是不公平的。这实际上是评价中心法第一次被人指控至法庭。诉状中对操作评价中心法的主试人的能力以及评价中心的实施提出了一系列问题，主要是对评价中心的标准化和公平性提出了质疑：

（1）主试人的培训是否充分？

（2）评价中心中的活动是否充足？

（3）认识某些候选人的主试人是否应该留用？

（4）公文处理与面谈之间间隔了好几天，这是否会影响最终的结论？

（5）某些主试人的过去评价经验是否会影响最终的结论？

以上五条指控都归结为一点，即指控三个评价小组所持的标准不同，这样有些人接受评价时的标准就比别人严格了。（后来法庭组织了一批不了解奥马哈市主试人结论的熟练的评价员组成了一个独立小组，对书面证据进行鉴定，包括公文处理、指定观察评分人的报告及其余主试人的记录结果、背景面试记录等材料，法官在得高分的15名候选人中抽取了10名再次独立地进行排序，结果发现4名来自第一组，3名来自第二组，3名来自第三组。）奥马哈市的排序与法官的排序之间存在很高的一致性。斯波尔曼排序相关系数是0.84，而且两张名单上的前四名完全相同，并且奥马哈市的三个评价小组之间也存在着很高的相关性。

这一案例启示我们，评价中心的实施与结果必须充分保证一致性与公平性。

**案例 2：**

美国密歇根州警察局晋升警长时采取了评价中心形式。密歇根州地方法律规定，晋升必须建立在功绩（任职的时间和质量）、效率（有效地完成任务、履行职责）、适合性（能够达到身体和技能要求）等基础上。由于评价中心只考虑了管理技能（即适合性），晋升程序忽略了功绩和效率，法院裁定晋升无效。

这一案例启示我们，不管评价中心的某一部分多么有效，整个体系必须完整，需要注意与其他方法、法律相配套，否则，就会不堪一击。

在案例 1 中，专家的有关证词还揭示了评价中心法的潜在弱点和一些谬误：（1）表现效度高，但不能保证实际效度。（2）工作分析与情景模拟是评价中心法内容效度的保证，但工作分析本身就受到指控，因为它没有证明从工作信息或者工作职责与评价关系中遴选要素的过程（为什么入选的是最后那些要素而不是其他要素）。情景模拟被认为是不现实的。例如，要求在一个半小时内，分配 1000 万美元的预算，这是违背常理的。证人还对情景模拟的可比性提出了质疑，因为被试小组之间存在差别。（3）评分的主观性和评价小组之间的差异也存在疑问。有迹象表明，随着时间的推移，评价标准发生了变化，并且某些评价员在严厉程度上也失去了控制。在历时五个月的评价中心测评里，总体评分的平均数持续上升。另外，鉴定结果发现，被告中 3 名评价员所给出的评分总是显著地低于其他 11 名评价员。

这些现象启示我们，应对进行中的评价中心测评实行质量监控，加强对评价员差别的控制与调整。此外我们发现，评价员的行为不一致、不统一的原因，主要在于在如何确认内容效度等许多问题上，没有建立明确的、无歧义的规则（标准），因此美国建立了《评价中心实施标准和道德准则》。1978 年修订了该准则，其目标是建立评价中心的最低专业标准，并有助于以后的实施，而不是具体规定某些做法或方法。其中最为关键的部分是定义评价中心是什么以及不是什么。在该标准下，要建立一个有效的评价中心，必须做到以下几点：（1）多种方法评价。（2）评价员必须接受培训。培训内容包括了解要素、方法、程序以及本计划的方针，还有观察、记录、划分以及汇总信息的行为技能。时间可长可短，但必须保证评价员达到胜任其评判工作所要求达到的标准。

## （五）失败原因分析

美国有人研究认为，之所以许多评价中心陷入失败困境，原因大致有以下五个方面：

（1）有些评价中心失败是因为没有充分的准备与计划。有时是主试本人对于评价中心的准备性工作不够注意，有时是因为有些评价中心工作没有得到上级主管的支持，有时是因为周围人对评价中心不够理解与支持，有时是因为评价中心解决不了人力资源管理中的问题而被人丢弃。

（2）有些评价中心没有实施是因为准备工作过于累赘。在评价中心准备阶段，必须进行工作分析、情景模拟调试与编制和评价员训练，这些工作是相当花费时间的。

（3）有些评价中心失败是因为评价中心的结果被错误使用或根本不用。

（4）有些评价中心失败是因为评价结果缺乏预测效度。换句话说，评价中心的结果与后来工作的实际绩效之间缺乏一致性。这意味着评价中心的结果是错误的，或者说后来工作绩效的测评是不准确的。在这种情况下，评价中心得不到公司的支持与信任，因为有些评价中心中得分低的人实际工作相当出色，公司会因此失去许多优秀的人才。

（5）有些评价中心失败的原因在于得不到高层主管的支持与帮助。任何评价中心的实施都离不开上级领导人力、财力、物力与时间上的支持与帮助。

要改进上述评价中心的种种不足，关键有两点：（1）评价中心必须加强技术上的革新；（2）评价中心的实施要与其他措施相配套，保证评价中心的完善。

## 三、测评案例与评析

### （一）案例介绍

Y公司系外商独资企业，主要从事公路养护设备的设计、制造和销售及承接公路路面养护工程，于20世纪90年代中期进入中国内地市场。Y公司在中国的分支机构分列北京、上海、广州、南京、重庆、石家庄等地。在高速路养护领域内，Y 公司把国外最先进的沥青路面修补技术及其维修设备引进到国内，代替传统修补养护方式，在国内市场取得了很大的成功。随着我国高速公路的迅猛发展，Y 公司销售队伍近年日益壮大。新员工特别是有一定工作经验的销售经理的招聘是人力资源部的一项重要工作。Y 公司销售经理的招聘测评工作从 1998 年开始采用评价中心技术，具体评价工具、信息整合手段不断完善，目前已经日益成熟。

1. 招聘岗位

Y 公司的销售特点决定了其所需要的销售经理的任职资格。工程机械销售及养护工程的承揽是销售经理的主要职责。此外，还包括客户关系的维护、对客户提供技术支持和市场信息的收集整理等。其销售工作的特点是：设备单价和销售总价都比较高；销售周期长；销售过程中环节多；其间不可控因素多；需要多人（甚至跨部门）合作。这就导致了反馈周期长、真实信息会伴随比较多的杂音、销售方法的总结和升华十分困难。因此，销售经理的任职要求除了必要的专业知识以外，还要求任职者热爱销售工作，愿意接受挑战，能经常出差，自信，具有较强的沟通能力、工作责任感和团队合作精神等。

2. 评价维度

根据以上分析，评价者确定了下列八项评价维度为选拔测评的重要考察维度：

（1）销售理解力：运用经验和分析解决销售实践中的问题，特别是在销售过程中是否会有效地采用一些销售技巧。优秀者特征是销售经验丰富，深得销售工作要领；不足者特征是对销售工作的理解非常肤浅，不具备一般的销售常识。

（2）言语能力：把握以言语为载体的抽象事物之间的逻辑关系的能力。优秀者特征是言语理解力、表达能力强，可以自如地运用言语进行逻辑分析；不足者特征是很难准确把握比较复杂问题的实质，进一步掌握新知识的潜力不足。

（3）人际交往能力：在与人打交道时，能够恰当、自然地与人进行沟通，与陌生人建立良好的关系的能力。优秀者特征是在社交场合自信、自然、大方，以恰当的方式进行双向沟通；不足者特征是在社交场合拘谨、放不开，过于封闭自己。

（4）灵活性：根据环境条件的变化调整个人的行动策略以及观

念，不拘泥于固有的定式。优秀者特征是随机应变，做事讲求策略，适应环境的能力很强；不足者特征是囿于定势，刻板，对新事物不够敏感。

（5）情绪稳定性：在面临冲突和压力状态下保持镇静，克制冲动性，维持稳定的情绪。优秀者特征是情绪稳定，善于自我克制，以沉着、审慎的态度面对现实问题；不足者特征是情绪容易波动，时时会急躁不安，对强烈的感情冲动不加控制。

（6）自信心：对自己的能力和信念始终保持乐观的态度，在遇到挫折时仍然能够坚持。优秀者特征是敢作敢为，乐观积极，少顾虑，多行动；不足者特征是自卑，面对机会往往采取观望的态度，遇到困难容易丧失信心。

（7）责任感：按照要求持久、认真地工作，遵守承诺、可靠。优秀者特征是做事严守职责，一丝不苟，在需要时敢于承担责任；不足者特征是工作马虎、敷衍了事，回避困难和责任。

（8）销售动机：让他人接受自己的产品或者观念的动力或者愿望。优秀者特征是有强烈的愿望从事销售工作，非常希望把自己的产品或者观点推销出去；不足者特征是缺乏从事销售类工作的动力，在销售中不够积极主动。

### 3. 测评工作流程

根据招聘测评的栅栏原则，测评程序中成本较低的过程会安排在前面。Y公司的招聘测评包括简历筛选、电话沟通、笔试、面试和情景测验五种方式，层层筛选。其中笔试中的心理测验、面试、情景测验等部分共同构成了评价中心。每轮招聘工作，五种测评方式的总体通过人数大约是20∶15∶12∶6∶2。

简历筛选：由招聘专员对收到的简历进行基本的筛选，主要关注点是学历、工作经历是否达到公司内定的要求。

电话沟通：由招聘专员（或招聘经理）对基本简历符合要求的应聘者进行简单的电话沟通。主要内容是对其简历的基本核对，过程中对应聘者的言语表达和人际沟通能力进行一次最基本的评估。没有明显缺陷者将被通知参加下一环节的招聘测试。

笔试：在电话沟通的基础上，公司通常会安排10—15名应聘者来参加笔试。招聘经理首先向大家介绍一下公司背景和招聘测评的大致程序。之后，应聘者将应答标准化的心理问卷和专业知识问卷。标准化的心理问卷包括高级瑞文推理测验（APM）和加州个性问卷（CPI）。这两份问卷都将参照 Y 公司常模进行分数转换及解释。测试时间分别为 60 分钟和 30 分钟。知识问卷包括道桥工程基础知识、工程机械基础知识、商务合同知识（包括国内销售合同和进口销售合同）、国内政府采购的投标常识。测试时间为 120 分钟。其间允许应聘者自行安排短暂的休息。

面试：面试的主试官一般由大区经理和招聘经理共同承担。采用半结构化的面试程序，通常为 40—50 分钟。通过面试的应聘者将被邀请参加日后组织的情境测验。

### 4．情景设计

销售经理的评价中心主要采用两种情景测验：无领导小组讨论和模拟演讲。

无领导小组讨论：一般以 5 至 6 名被评价者为一组，每组有一个讨论任务，小组讨论采取自由开放的形式，不指定他们当中谁是"领导"，只让他们自由地去讨论如何才能完成这个任务。一个小组讨论一个虚拟的业务问题，主题是销售项目的取舍，就是在 5—6 个销售项目中选择一个项目。讨论前每人将有 10 分钟的时间分别阅读一份 500 字左右的各自负责项目的介绍。之后的 60 分钟希望小组达成共识，从中选择一个项目作为唯一的业务突破口。资料中每个销售项目都有一些积极和消极的因素。讨论过程中，评价者将主要观察以下方面：每个候选人提出了哪些观点，与自己观点不符时怎样处理，候选人是否坚持自己认为正确的提议，他们提出的观点是否有新意，怎样说服别人接受自己的观点，以及谁引导讨论的进行，并善于进行阶段性总结等。在这个过程中还可以看到，每个人的领导能力如何，独立见解如何，能否倾听别人意见，是否尊重别人，是否侵犯别人的发言权等。

模拟演讲：每名被评价者在抽到一个题目以后做 5 分钟的准备，之后做 15—20 分钟的即兴讲演；还有 5—10 分钟让在座的 3—4 位评价者对被评价者的演讲内容进行提问，被评价者回答问题。演讲的题目包括：销售人员必备的两项基本素质；团队合作的两项基本要求等。评委可以从以下几个方面来进行观察：声音是否洪亮有力，口齿是否清楚、有无抑扬顿挫；举止是否自然、平静放松；目光是否与听众进行了交流，论据是否有说服力；回答提问是否敏捷，思路是否清楚等。

### 5．评价者及相关培训

情境测验的评价者通常包括大区销售负责人、公司主管销售的副总经理、人事经理和专业的测评专家。公司每年将组织一次关于评价中心的培训，所有销售主管接受 4 小时的培训，包括面试和情境测验基础，观看情境测验的录像（本公司以前的案例），就录像资料对被评价者做出评估并讨论等。

6. 评价结果的整合

两项情境测验之后，评价者首先将独立地进行评估，再以讨论的形式来完成是否雇用的人事决策。讨论的程序会包括对标准化测验结果的解释、面试及情境测验中主观评价的综合和归纳。在讨论中，大区销售负责人的意见将被给予足够重视。从结果来看，虽然评价者的背景迥然不同，但只要测评前接受合适的培训，他们的评分一致性可以达到较高的水平。

## （二）案例评析

（1）人员选拔最重要的是要知道所需人员应该具备什么素质，进而在选拔过程中有针对性地甄别。一般而言，对特定岗位的优秀任职者进行深度访谈、总结和归纳，通过这种方式来获取具体信息是最佳手段。

（2）选拔销售人员的测评维度仅仅通过面试和标准化的心理测验来评价有一定的困难，如果结合情境测验，以评价中心技术来对应聘者进行评估，管理者将更容易做出正确的人事决策。

（3）根据实际工作和测评维度来组合评价中心，特别是设计情境测验是一个关键的环节。在评价中心测评方案的设计期间必须对情境测验的工作任务、压力强度、时间限制等因素进行仔细分析、精心谋划、反复预测。只有这样，才能保证评价中心技术达成预期的效果。

（4）评价者的培训是评价中心技术实际运作中确保可以获得有效评价的关键环节。在接受培训之前，一线管理人员很可能会对评价中心的方法心存疑虑，特别是担心自己的人事决策权受到削弱。同时，在未经过培训的前提下，不同的评价者往往也难以掌握评价技巧，进而对被评价者产生不同的看法。这是评价中心技术在实际工作中效果不良的最主要的原因。

评价中心综合运用了多种人才测评技术，各种测评技术之间互相弥补、扬长避短，从而使得测评结果比较客观有效。评价中心不仅是选拔管理人员的一种强有力的手段，同时也是一种很有价值的培训方法。一方面，受评者可以从评价结果中得到有关自身优点和不足的反馈信息；另一方面，评价者可以从评价过程中认识到什么是管理行为中的重要因素。由此我们也可以看到评价中心所存在的一些优点和局限性。

评价中心除了具有较高的效度之外，还具有许多明显的优点，主要表现在以下几个方面：

（1）以往的管理评价或侧重于定性方法，或侧重于定量方法，都存在操作性、动态性和精确性不足。评价中心综合使用了多种测评技术，由多位评价人员进行评价，能从多个角度对被评价者的行为做出观察和评价，比较客观公正，所以评价效果比较好，这是其他任何单一的测评手段所无法比拟的。

（2）评价中心的主要特点之一就是它的情景模拟性，它是通过多种情景模拟的测评形式来观察被试者特定行为的方法。所以，我们通常利用这一特性来展现被评价者在实际工作中的表现，进而预测其未来的发展潜力。

（3）评价中心所采用的测评手段多是对真实工作情景的模拟，总是强调在动态中考察受评者的能力，因此作为实际工作挑战的演练，参与本身就是对能力的锻炼，从而使受评人的积极性和主动性得到充分的发挥，在测评过程中得到受评者的配合和支持。

（4）评价中心得到的信息非常丰富，通常包括受评者有关方面的详尽情况。

（5）它能够及时提供实际、具体的行为观察和评估反馈，因而能及时发现能力发展中的问题，加快人才培养的速度。

从案例中可以分析出，评价中心具有以上优点的同时，它所具有的局限也是我们要注意的：一是在理论上，有研究者对评价中心方法赖以建立的基本假设提出了挑战；二是评价中心技术过分依赖于测评专家，而且要求主要管理者作为测评师参加，从评价中心的设计到实施都需要专家投入大量的精力；三是由于技术构成复杂、技术要求高，一般人很难掌握评价中心技术，而且成本比较高。

## 第四节　履历档案分析及其他测评方法

前面三节所介绍的是人员素质测评中的主要方法，除这三种基本方法之外,还有包括履历档案分析在内的一些辅助性的测评方法,也不容忽视。

## 一、履历档案的分析

履历表与档案资料等都是一些现成的、由组织部门与人事部门保存较长时间的历史资料,它们描述的虽然是被测者过去的情况,但"鉴往知来"的事实表明,它们可以作为素质测评的一种有效手段。

### (一)履历表

履历表实际上是一种有关被测者背景情况描述的材料,其项目内容与申请表类似,但又有所不同。从项目与内容上来说,履历表比申请表更详细、更全面;从时效上来说,履历表反映的是被测者过去的情况,而申请表反映的是当前的情况,显然两者内容会有所不同。

要提高履历表的测评作用,关键在于履历表项目的设计。

履历表项目的个数从现有的调查情况来看,为15—800个不等,但均包括两部分的内容:一部分是测评者能够核实的项目,如家庭住址、家庭情况、工龄、学历、年龄等;另一部分则是不能核实的项目,如述职报告、自我工作小结等。

履历表项目选择与申请表一样也是以与职位要求或工作绩效的相关性为标准。常见的是选择那些与生产效率、人事变动率、出勤率显著相关的项目、选择方法,示例如下:

假设某单位有100名职员,其中男性40名,女性60名。把100名职员划分为高效率与低效率两组。在高效率组中有10名男职员与45名女职员。因此,男性职员的高效率比例为 $10/40 \times 100\% = 25\%$,女性职员的高效率比例为 $45/60 \times 100\% = 75\%$。两者比例相差50%,由此表明,男性职员中有 $1-25\%=75\%$ 的人位于低效率组,而女性职员中只有 $1-75\%=25\%$ 的人位于低效率组。显然,在这里性别是一个具有高区分度的指标,可以把它作为一个项目列入履历表中。

如果根据高效率比例赋分,则履历表内每个项目根据其具体内容都可以得到一个对应的分数。在上面例子中,男性高效率职员比例为25%,故男性赋25分,女性职员高效率比例为75%,故赋75分,所有项目得分累加就可以得到一个总分,用作测评素质或录用的依据。

对于履历表用于人员素质测评及录用的效果,卡肖(Cascio)曾作过专门研究。他发现,履历用于预测人事变动率的效度系数为 0.77—0.79。其他有关研究也得到了同样的结果。与此同时,卡肖也发现把履历分析作为素质测评的一种工具,存在着三个问题。首先是履历填写的真实性问题。有的研究表明履历中填写的内容与已证实的情况一致性为 0.90,但有的研究得出了相反的结果。解决这个问题的可行办法应该是在履历表中设置一些真实性监测项目,或者尽量减少主观性项目,增加客观性项目。其次是效度系数的稳定性问题。有的研究表明最初效度系数为 0.74,两年后降为 0.6,三年后只有 0.38。解决的方法是再评价与再检查。最后是项目设计的合理性问题。履历表中每个项目的选择除实证性的统计数字外,缺乏符合逻辑的理论解释。米契尔(Mitchell)1982 年研究表明,通过统计检验的履历项目要比按照原理设计的项目(在直觉判断基础上通过因素分析处理)要好,但赖纳(Reiner)1982 年的研究结果却相反。解决这一问题的可能办法是实证与理论分析多方面结合。

为了改进履历表的形式,提高其客观性,目前出现了一种被称为传记式项目检核记录表的表格。其形式如表 4-10 所示。

表 4-10 传记式项目检核记录表示例

| · 婚姻状况<br>目前婚姻状况如何?<br>1. 未婚<br>2. 结婚、无子女<br>3. 结婚、有子女<br>4. 寡居<br>5. 分居或离婚<br>· 健康状况<br>你曾患过什么病吗?<br>1. 强烈过敏<br>2. 哮喘<br>3. 高血压<br>4. 胃病<br>5. 头痛<br>6. 以上疾病皆未患过 | · 经济<br>在正常情况下你作为户主每年打算储蓄年收入的百分之几?<br>1. 5%以下<br>2. 6%至10%<br>3. 11%至15%<br>4. 16%至20%<br>5. 21%以上<br>· 个人特点<br>你觉得你的创造性如何?<br>1. 富有创造性<br>2. 比自己所在领域中的大多数人更富有创造性<br>3. 创造性一般<br>4. 比自己所在领域中的大多数人的创造性差一些 |

续表

5. 没有创造性
- 学校和教育
  你中学毕业时几岁？
  1. 小于 15 岁
  2. 15 岁至 16 岁
  3. 17 至 18 岁
  4. 19 岁以上
  5. 中学没有毕业
- 价值观、观点
  下面这些东西哪一样对你说来最重要？
  1. 舒适的家和家庭生活
  2. 需要才干、令人兴奋的工作
  3. 在社会上出人头地
- 自我印象
  通常情况下你尽力干：
  1. 每种工作
  2. 只是自己喜欢的工作
  3. 要求自己干的工作
  4. 在社团事务中积极活跃、得到承认
  5. 尽量发挥自己的一技之长
- 工作
  你通常工作多快？
  1. 比大多数人快得多
  2. 比大多教人快一些
  3. 跟大多数人差不多
  4. 比大多数人慢一些
  5. 说不好
- 个人贡献
  你觉得自己贡献了多少？
  1. 贡献很大
  2. 比同地位者贡献多些

3. 有一定的贡献
4. 比同地位的人贡献少些
- 嗜好及态度
  你常说笑话吗？
  1. 极常
  2. 常常
  3. 偶尔
  4. 很少
  5. 根本不说
- 人际关系
  你对你的邻居感觉是：
  1. 不感兴趣
  2. 很喜欢他们，但不常见
  3. 常互相访问
  4. 很多时间一同相处
- 早期的家庭、童年和少年
  18 岁之前，你大部分时间是和谁在一起度过的？
  1. 双亲
  2. 单亲
  3. 亲戚
  4. 养母养父或者非亲戚
  5. 在一个家庭或者在一个公共机构
- 业余爱好和兴趣
  去年一年中你读了多少本小说？
  1. 一本也没有
  2. 一两本
  3. 三四本
  4. 五至九本
  5. 十本以上

传记式项目检核记录表一般包括工作情况、嗜好、健康、社会关系、态度、兴趣、价值观、自我观等项目。其设计的依据是，目前的素质与工作绩效及过去各种环境中的行为是相联系的，同时也与态度、嗜好、价值观相关联。但是要确定具体列出的问题与选项，则必须进行大量的实证研究与理论分析，从中找出关键性的因素。例如，一家制药公司研究发现，富有创造性的研发人员均具有以下特点：有主见，埋头工作，希望担任有挑战性的工作，父母亲比较宽容。虽然这些素质特征信息可以通过面试与心理测验来收集，但用传记式项目检核记录表既省钱省事也更有效。

## （二）档案

在素质测评与人员录用中，档案分析也是一种应用较为广泛的方法。我国组织人事部门提拔与录用某个人时，总是要先看看他的档案材料。

档案分析为什么能够作为一种素质测评的方法呢？一是因为档案中记录着一个人从上学到目前为止的所有经历、学习情况与工作的绩效、家庭情况、社会关系、组织与群众的评价意见等，所有这些材料都可以成为素质测评与录用决策的重要依据。二是资历在素质测评与选拔录用中起着重要作用，而档案中对资历的考查最为翔实。表4-11是资历在某公司厂长选拔中的权重分配表。

表4-11 权重分配表

| 资历 | 未担任过领导工作 | 担任过小组长工作 | 担任过车间副主任、副科长工作 | 担任过车间主任、科长工作 | 担任过副总工程师工作 | 担任过副厂长工作或总工程师工作 | 担任过厂长工作 | 在职厂长，任期5—7年 | 在职厂长，任期7—10年 | 在职厂长，任期10—15年 | 在职厂长，任期在15年以上 |
|---|---|---|---|---|---|---|---|---|---|---|---|
| 权重 | 0 | 0.2 | 0.4 | 0.6 | 0.7 | 0.9 | 1 | 0.8 | 0.5 | 0.3 | 0 |

但有人认为档案分析法并不一定可靠，因为档案中的材料本人填写部分并不一定真实，可能有隐瞒之处，组织鉴定可能因好面子而好评，因打击报复或有意"整人"而差评，或不负责任而含糊其辞。有调查发现其中以前领导和朋友提供的材料最为可靠，以前人事部门提供的材料预测效度为零，亲属或亲戚提供的材料预测效度为负数。因此，档案分析应该与实际调查相结合。

## 二、其他素质测评方法

### （一）书面介绍信息的分析

经常用于素质测评的书面介绍有两种形式：一是推荐信，二是申请表。

**1. 推荐信**

推荐信一般是由既熟识被测者又与测评者（雇主）有密切关系的第三者，以书信形式向测评者（雇主）介绍被测者的素质特点。鉴于三者相互间的情感、信誉与责任，一般来说，推荐信在素质测评与人员录用中起着一定的作用。尤其那些知名人士的推荐信，往往起着关键性作用。

推荐信一般在高层职位的人员录用中较为常见。

要使推荐信发挥作用，写推荐信的人应满足四个条件：

（1）对被推荐的人的情况非常熟悉或者有相当多的时间与机会观察被推荐者。

（2）有能力对被荐者作出正确的评价。

（3）愿意也敢于给出自己的直率意见。

（4）有能力正确表达自己的推荐意见，以便测评者能理解他的意见。

有人研究认为，推荐信对素质测评的效度不高。马金斯基（Muchinsky）1979年的一项研究表明，推荐信的平均效度为0.13。其原因主要是：（1）推荐人对拟聘职位要求不了解，大多根据自己的理解进行推荐。（2）被推荐人往往对推荐人施加一定的影响，被推荐者往往请那些能够赞扬肯定自己的人写推荐信。（3）当被推荐人不知信的内容时，推荐信更为真实可靠些；如果被荐者能看到信的内容，则不那么可靠，因为人总是有一种不愿当面对别人进行否定评价的倾向。

因此，有人认为推荐信用于素质测评应具备以下条件：

（1）对推荐信的效度分析已证明完全有足够的效度。

（2）接受者了解写推荐信的人并确信其诚实。

（3）特别设计的推荐信程序使其歪曲程度达到最小，比如用强迫选择程序。

（4）在特定情况下，能合理预期推荐书的参考价值高出"一般"的情况。比如在某些专职和管理人员选拔中，该组织（或其他组织）的先前经历可以提供有关类似职位的推荐书可靠性的资料或证据。

2. **申请表**

运用申请表测评要求申请人如实填写,测评者要分析申请表内的各项内容所提供的信息,并在此基础上做出挑选决定。申请表是人员素质测评中最常用的方法之一,它总是与其他测评方法搭配使用,且总是位于整个程序的第一步。

事实表明,分析申请表内的各项内容,不但可以搜集到许多素质测评的信息,而且可以为下一步的测评安排提供线索与依据。例如,在下一步的面试中,申请表内已清楚的问题就不一定要详问了。

申请表能否在素质测评中发挥重要作用,关键在其形式与内容的设计。申请表的内容不同的单位设计不尽相同。就我国目前一般的申请表内容来看,一般包括姓名、性别、地址、婚姻状况、文化程度、工作经历、特长、直系亲属、社会关系、工资等级、是否犯过错误、业余爱好等。申请表的设计,关键在于保证每个项目均与胜任某项工作有一定的关系,而且比较客观,其他人容易看到与检核。

## (二)工作取样法与实证分析

1. **工作取样法**

(1)概念描述。

所谓工作取样法,就是通过被测者先完成一些实际工作的样本任务来测评其相关素质的一种方法。

为了对工作取样法有一个比较清楚的了解,把它与传统的测评方法做一比较,如图4-5所示。

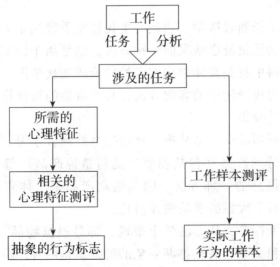

图4-5 工作取样法与传统测评方法的比较

(2) 基本原理。

工作取样法是根据"从母体抽取的子样,具有近似母体的性质"这一统计学思想建立起来的一种测评方法。

(3) 基本程序。

测评目的不同,工作取样的方法也有所变化,一般可按以下程序实施:

第一,确定目的;

第二,确定按照目的要求的分类项目,决定观测内容、观测时刻、次数和间隔;

第三,取得观测对象的配合;

第四,认真做好记录;

第五,系统整理观测结果,使其图表化;

第六,根据目的确认作业能力与改进作业标准。

### 2. 实证分析

实证分析,就是测评者通过调查、分析一些实际的人与事,或借助自己认为可靠的检验手段,来证明某种预想的测评结论。

(1) 现场调查。

现场调查,是指为了查明或证明书面介绍与履历档案中的有关判断,消除有关疑问所进行的实地实事实人调查。有的研究表明领导与一般同事提供的材料比较真实,所属人事部门提供的材料并不真实,往往只说好话不谈缺点,而亲戚与朋友提供的材料则往往夸大其词,因此现场调查是必要的。

(2) 体检。

体检,是指通过医学、物理与生化检验手段测定人体组织器官与整体生理功能及健康状况的一种方法,也是用于证实书面介绍与履历档案材料中有关身体健康评定的结论或变化情况。体检是素质测评及人员选拔录用中的客观方法,具有重要的筛选作用。

(3) 产品分析。

产品分析即活动产品分析,是通过对被测者学习、工作及其成果如作业与劳动产品(包括物质产品与精神产品)等的分析来获取素质测评信息的一种方法。因为活动产品是个体素质的物化形式,其中蕴藏了大量的素质测评信息。

考古与勘探等,从方法学上来说,都是根据物品(包括矿石、遗迹、遗物和文献)特征推断对象的特征,是一种产品分析思想的具体体现。

产品分析法在素质测评中的独立应用较少见到，大多数是以对产品证书、获奖证书、专利证书等的审核分析代替产品分析。换句话说，大多数是以形式性的产品分析代替实质性的产品分析。但是在有些专业，如工艺、美术、雕刻等，产品分析法则是素质测评的一种主要方法。

与其他素质测评方法相比，产品分析法比较可靠、真实，能够测评出被测者的实际水平。但是，产品分析法一般要求由专家操作，费用较高，会受到测评者价值观的较大影响。

## 本章小结

本章主要从基本概念、一般原理、基本操作及实际应用等方面详细介绍了心理测验法、面试法、评价中心技术、履历档案分析等目前人员素质测评的主要方法，以期读者能够对这些主流的测评方法有一个全面而系统的认识。

1. 心理测验是人员素质测评的主要方法之一，它是心理测量的一种具体形式。其实质是行为样组的客观和标准化测量。依据不同的标准，心理测验可以划分成不同的类别。比较通用的一种分类是把心理测验分为认知测验和品性测验两种。其中，认知测验又可分为成就测验、智力测验和性向测验三种，品性测验则包括态度、兴趣、性格、道德等不同方面的测验。

品德测评与能力测评是心理测评应用最为重要与困难的领域。品德测评的主要方法有FRC法、主观量表法、OSL法、问卷法和投射技术法等。能力测评主要有一般能力测评、特殊能力测评、创造力测评、学习能力测评和职业能力倾向测评等类别。

2. 面试是一种要求被试者用口头语言来回答主试提问，以便了解被试者心理素质和潜在能力的一种测评方法。面试具有如下特点：(1) 信息沟通通道最多；(2) 所获信息量最多、利用率最高；(3) 对素质的揭示具有充分性、确定性、直观性和必然性；(4) 有精神分析学说的心理学依据。面试的作用主要体现在：(1) 面试所测评的素质很广泛；(2) 面试能够测评其他测评方式难以考察出的素质；(3) 面试能弥补笔试的失误；(4) 面试比其他测评方式更灵活、具体。面试的主要方法包括"问""听""观""评"四个方面。提高面试质量的关键是做好以下三方面工作：(1) 考官的选择与培训；(2) 考生的筛选；(3) 考场选择与设置。

3. 评价中心是以测评管理素质为中心的标准化的一组评价活动。它是一种程序，而不是一种具体的方法，也不是一个单位或机构。它的主要特点之一就是情景模拟性，另外它还具有综合性、动态性、标准化、整体互动性、全面性、以预测为主要目的、形象逼真、行为性等特点。评价中心的主要形式包括公文处理、无角色小组讨论、管理游戏、有角色小组讨论以及其他补充形式。评价中心在理论研究者和使用者的努力下正不断发展。评价中心的发展趋势主要包括发展中心和自我洞察的评价中心。未来评价中心将越来越朝着机会均等以及体现组织文化和价值的方向发展。

4. 履历表实际上是一种有关被测者背景情况描述的材料，其项目内容与申请表格类似，但在项目与内容、时效上来说又有所不同。要提高履历表的测评作用，关键在于履历表项目的设计。目前一种称为传记式项目检核记录表的方法正以其有效省钱的特点受到人们的认可。同履历表一样，档案分析也是一种应用较为广泛的方法。因为档案中记录着一个人从上学到目前为止的所有经历、学习情况与工作的绩效、家庭情况、社会关系、组织与群众的评价意见等，所有这些材料都可以成为素质测评与录用决策的重要依据，同时档案分析应该与实际调查相结合来提高可靠性。

## ▶▶ 复习思考题

1. 什么是心理测验？试阐述你所了解的心理测验种类和形式。
2. 请简述你所了解的品德测评方法，并结合自己熟悉的案例谈谈应当如何进行品德测评。
3. 能力测评通常有哪几个类型？请简述各个类别的特点及作用。
4. 什么是面试？与其他素质测评方法相比，面试有哪些特点及具体作用？
5. 面试为什么能成为人员素质测评的有效工具？有哪些理论依据？
6. 评价中心有哪些具体形式？在运用评价中心法时，如何选择这些形式？
7. 评价中心的具体操作包括哪几个步骤？你认为哪些最关键？
8. 履历表、档案为什么能作为素质测评的有效手段？

# 第四章 人员素质测评方法

▶▶ 案例与分析

## 中层管理者的选拔①

近年来，随着业务的持续发展，A公司不断扩大规模，但人力资源问题也日益突出，尤其是中层管理人员队伍急需扩大。公司于是决定采用无领导小组讨论和结构化面试等方法从基层管理人员中选拔出具有发展潜能的人重点培养，实现"人才兴企"战略。

在业绩考核和内部推荐的基础上，公司首先选择了36人参与结构化面试，接着从这36人中再选出21人进入无领导小组讨论。讨论共分为3组，每组7人。

步骤一：确定素质结构，选取测评要素

根据人—职—组织匹配的原则，在工作分析的基础上，公司高层提出了中层管理人员必备的职业素质结构，并根据无领导小组讨论的特点，选取了情绪稳定性、人际相容性两种职业个性，以及组织协调能力、团队领导能力、人际沟通技巧三种管理能力，总共五个测评要素。

步骤二：根据测评目的确定讨论题目

无领导小组重在讨论环节。一般来说，讨论题目必须具有政论性，使每个参与者都有话可说。A公司此次以"选人决策"为讨论情景，要求被评价人根据公司情况和候选人背景材料做出人事决策。讨论题目如下：

某通信集团公司拥有六家子公司，分别经营软件开发、话机装配、手机制造等业务。为达到二次创业的目标，董事会决定另外聘请总经理。现有三个候选人，请根据他们各自的特点进行分析比较，并提出任用意见。

李某：男，32岁，某名牌大学电信专业，本科学历，在读MBA。2002—2004年曾在某大型国企从事技术研发工作，2005—2007年在某外资通信企业从事市场营销工作，2007年底至今一直在本公司从事市场营销工作，业绩优良。现任公司副总经理，主管市场营销。李某热情开朗，有较强的应变能力与公关能力，人脉广阔，进取心。但有些自负，性情比较急躁，自我控制情感能力较差。他主张公司必须以市场为导向组织生产经营活动。

---

① 根据萧鸣政主编的《人员测评与选拔》（第二版）（复旦大学出版社2010年版）第370页案例改编。

张某：男，37岁，计算机专业博士，工龄5年，熟练通信业务，精通英、日两门外语。毕业后一直在该公司从事技术研发工作，曾主持开发过多种主干产品，负责过与某外资企业合作项目的建设，并在2008—2009年担任软件开发分公司的总经理，业绩优良。现任公司副总经理，主管研发及企业战略工作。张某精通业务，工作勤恳，精力充沛，但个性内向，不喜欢应酬，人际交往能力有所欠缺。他主张公司将资金投向技术开放而不是市场开拓上，强调以技术带动市场。

王某：男，38岁，通信技术专业专科毕业，有MBA学位。毕业后在一家中型国营电子企业工作。曾任技术员、技术科长、车间主任、副厂长、厂长等职位。2004—2007年在一家英国独资企业上海办事处任首席代表，全面主持工作，业绩优良。王某深思熟虑，办事沉稳，待人谦和，通情达理，在员工中威望很高，但他为人求稳，进取精神不是很强。王某主张公司通过管理创新推动技术创新和市场创新。

步骤三：确定观察要点，编制测评量表

1. 参与程度：被评价者的发言顺序、发言时间、发言时机和发言频次。

2. 观点表达：被评价者采用什么策略提出自己的观点，是否坚持自己认为正确的观点，在观点冲突时如何行动。

3. 扮演角色：旁观者、协调者、激化者还是领导者。

4. 人际影响：谁推动讨论进程，谁起主导作用，谁的亲和力最强。

## ▶▶ 案例分析题

1. 你如何看待A公司确定测评要素的方法？你觉得该公司确立的要素能帮它实现测评目的吗？

2. 该公司设计的讨论题目是否合适？有哪些可以借鉴或改进的地方？

3. 以上观察要点是否合理？你认为无领导小组讨论应该观察哪些方面？

4. 对该公司采用的无领导小组讨论，你有何评价？你对其具体实施有何建议？

5. 假如你是该公司的人力资源部负责人，你是否会采用本章涉及的其他素质测评方法来选拔中层管理人员？具体如何实施？

## 第四章 人员素质测评方法

▶▶ 建议阅读文献

1. 张明亮:《领导素质测评中心理测验的应用与困境》,《山东行政学院、山东省经济管理干部学院学报》2010 年第 2 期。

2. 刘大卫:《履历深度分析法在高管人员甄选中的运用》,《中国人力资源开发》2010 年第 4 期。

3. 司林波、孟卫东:《评价中心技术在地方政府后备干部选拔中的应用——以秦皇岛市农业局为例》,《中国人力资源开发》2011 年第 7 期。

4. 徐亮:《浅论企业人才招聘中的心理测验》,《人才资源开发》2011 年第 5 期。

5. 陆建芳、戴炳鑫:《企业技术中心技术创新资源配置效率评价》,《科研管理》2012 年第 1 期。

6. 吴启、张璐:《浅谈评价中心技术在企业招聘中的应用》,《社会心理科学》2013 年第 3 期。

7. 仵凤清:《评价中心技术应用于党政领导干部选拔的可行性分析》,《中国社会科学研究论丛》2013 卷第 1 辑。

8. 金芮竹:《心理测验在人才测评中的应用》,《社会心理科学》2014 年 Z2 期。

9. 田瑞强、姚长青:《基于履历数据的海外华人高层次科技人才流动研究:社会网络分析视角》,《图书情报工作》2014 年第 19 期。

10. Petrides, K. V., and Yana Weinstein, "An Investigation into Assessment Centre Validity, Fairness, and Selection Drivers", *Australian Journal of Psychology*, Vol. 62, Issue 4, 2010, pp. 227-235.

11. Jackson, Duncan J. R., et al., "Task-Based Assessment Centers: Empirical Support for a Systems Model", *International Journal of Selection and Assessment*, Vol. 18, No. 2, 2010, pp. 141-154.

12. Lehman, Michael S., "Modified Assessment Center Approach Facilitates Organizational Change", *Journal of Management Development*, Vol. 30, Issue 9, 2011, pp. 893-913.

13. Jackson, Duncan J. R., "Task-Based Assessment Centre Scores and Their Relationships with Work Outcomes", *New Zealand Journal of Psychology*, Vol. 40, Issue 2, 2011, pp. 37-46.

14. Hoffman, B. J., and K. G. Melchers, "Exercises and Dimensions are the Currency of Assessment Centers", *Personnel Psychology*, Vol. 64, No. 2, 2011, pp. 351-395.

15. Hoffman, Brian J., "Alternate Approaches to Understanding the Psycho-

metric Properties of Assessment Centers: An analysis of the structure and equivalence of exercise ratings", *International Journal of Selection & Assessment*, Vol. 20, Issue 1, 2012, pp. 82-97.

16. Kuncel, N. R., and P. R. Sackett, "Resolving the Assessment Center Construct alidity Problem", *Journal of Applied Psychology*, Vol. 99, No. 1, 2014, pp. 38-47.

17. Meriac, John P., "A Conceptual and Empirical Review of the Structure of Assessment Center Dimensions", *Journal of Management*, Vol. 40, Issue 5, 2014, pp. 1269-1296.

18. Klehe, Ute-Christine, "Impression Management Behavior in Assessment Centers: Artificial Behavior or Much Ado About Nothing", *Human Performance*, Vol. 27, Issue 1, 2014, pp. 1-24.

19. Hoffman, Brian J., "A Review of the Content, Criterion-related, and Construct-related Validity of Assessment Center Exercises", *Journal of Applied Psychology*, Vol. 100, No. 4, 2015, pp. 1143-1168.

# 第五章

# 人员素质测评的组织与实施

📖 本章学习目标提示

1. 掌握人员素质测评组织实施的程序
2. 把握人员素质测评实施活动的主要环节
3. 把握实施测评过程的具体程序和需要注意的问题
4. 理解人员素质测评在实践中的意义和应注意的问题

人员素质测评是一种有目的有计划的活动，也是一个严密有序的过程。可是由于测评的具体目的不同、对象有异、内容与方法有别、设计与实施的具体环节也不尽一致，因此没有一种固定的程序模式。我们在这一章主要介绍人员素质测评活动的一般组织实施过程。

## 第一节 人员素质测评组织实施程序简述

组织中实施人员素质测评是一项比较复杂的系统工作，需要制定合理周全的工作流程，以保证测评的顺利进行。制定测评流程要考虑测评的目的、测评对象、时间安排、成本等多种因素，结合组织实际合理安排，按照先易后难、先测后评的顺序进行，尽量不影响组织工作的正常开展。在公司等组织中实施人员素质测评一般按如下流程进行：

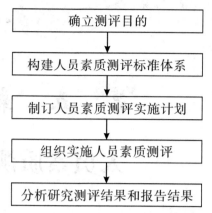

图 5-1　人员素质测评组织实施一般流程

接下来按照上述流程，我们将对人员素质测评在组织中的实施进行相关的评价和分析。

## （一）确立测评目的

测评目的既是测评活动的起点，又是测评活动的归宿。它决定着测评的方向。因为测评的内容、标准、方式、方法都是为测评目的服务的，所以开展测评的首要任务就是要确立正确的测评目的。

确立正确的测评目的事关测评活动成败的关键，一定要进行深入细致的调查研究，了解测评对象、环境和测评自身的发展状况后在科学分析的基础上做出决策。

## （二）构建人员素质测评标准体系

由于具体测评实践的目的、内容、方式方法、地域、时间、对象等诸多差异，可以直接借助或利用的测评工具是有限的。因此，选择或研制针对特定目的和对象的测评工具是现代人员素质测评设计的重要基础性工作。在测评工作中，有的测评工具可以直接利用，有的要加以改造后才能使用，有的则必须完全自行设计研制。无论是选择标准化的测评工具，还是借助、改造、重新设计测评工具，都是一项专业性、技术性很强的工作。需要测评专家、心理测量专家以及长期进行人员素质测评实践的人员的共同努力才能实现。

## （三）制订人员素质测评实施计划

测评计划就是对某一测评活动所涉及诸方面的总体设计、部署与安排，一份规范的测评计划至少要包括下述内容：测评的目的与性质；测评对象：确定范围和人数或具体的人员名单；测评内容与标准；测评方式与方法；测评的组织管理；实施步骤。制订测评计划是一项专业性强、难度大的工作，特别是大规模的、社会性的测评，所以制订测评计划时必须做到细致周密、职责分明、科学可行。测评计划一旦正式确定，就必须严格按照计划进行。

### （四）组织实施人员素质测评

如果说测评计划还只是一纸蓝图的话，那么组织实施就是按照测评蓝图进行施工。由于每次测评的蓝图并不完全相同，组织实施的具体任务和要求也有差异。但面临的基本工作与任务大体相同。组织实施阶段应完成以下工作和任务：

（1）根据测评计划，制定测评实施细则。实施细则应提出具体的任务分工、时间安排及可操作的标准要求等，便于实施时掌握、操作运用。

（2）人员培训。人员培训包括三方面的人员，即测评对象、测评员和管理人员。培训的目标是要提高他们对测评意义的认识，明确各自的任务、职责和要求。

（3）组织测评人员。为了使测评活动能够有步骤、按计划地顺利进行，要对参与测评的人员进行合理的组织、安排，使各个环节之间衔接良好。

（4）实施测评。实施测评是指进行具体的心理测验、笔试、机试、情景模拟或评定等。在进行这些具体的测评活动时，必须按这些活动自身的规律和要求进行。

（5）管理测评工具、器材和资料等物品。

### （五）分析研究测评结果和测评本身

分析研究测评结果阶段的主要任务是汇总、分析、整理由各种测评工具、方法所获得的测评要素的数据资料，并对测评对象做出最终的总体性评价，同时也要对整个测评活动的质量（即测评本身）进行评价以便决定测评的结果在什么范围使用，如何使用。要从大量的测评活动中抽取获得的主客观信息，进行测评质量分析并得出正确可靠的结论，必须做到信息全面、方法科学。

此外，在本阶段还要将测评结果准确无误、适时地反馈给测评对象本人、上司或其委托者，并帮助他们充分地利用测评的信息开展多方面的工作。测评信息反馈与利用必须做到准确客观、方式适当。信息要准确客观，这是最基本的要求。所反馈信息必须是测评结果的真实信息。信息反馈的方式应根据测评目的以及反馈对象的特点而定。

## 第二节　人员素质测评实施活动的基础环节

在人员素质测评的实际操作过程中，主要应该准备好以下几个基础环节。

### （一）统一思想认识

人员素质测评活动应围绕测评的目的展开。测评的目的明确与否，直接影响到测评的效度，即测评结果与测评目的的相关度。人员素质测评是根据公司整体战略和发展需要而进行的，需要公司高层达成共识，取得一致意见。因此，需要向公司高层提交测评工作有关情况的汇报，争取获得高层的支持和推动，这样有利于人员素质测评工作的顺利进行。

### （二）成立项目小组

组织在实施人员素质测评时，一定要成立专门的测评项目小组，包括项目工作小组、评委小组与领导小组，这是人员素质测评工作得以顺利实施的组织保障。项目工作小组具体负责制订和实施人员素质测评的工作计划，领导小组对于项目小组工作进行质量把关、工作关系的协调与重大事情决策，评委小组依据经过领导小组批准的项目小组所设计制定的测评规则与计划具体实施人员测评与选拔工作，领导小组、项目工作小组与评委小组按照不同职责范围对测评的结果共同负责。

### （三）选择测评人员

测评人员是测评工作的具体实施者，其质量和数量对整个测评工作有着举足轻重的作用。合理的人员搭配和人数，能使测评的指标体系发挥预定的效用，达到最佳效益。根据企业组织的特点，测评人员应具备以下基本条件：

（1）有高度的责任感，工作认真负责；

(2) 办事公正，敢于坚持原则；
(3) 善于独立思考，有自己的独到见解；
(4) 具有一定的知识水平（可以把学历作为参考标准）；
(5) 有一定的专业知识；
(6) 有实际工作经验，对人力资源工作比较了解。

### （四）培训测评人员

测评人员作为测评的具体实施者，必须对测评的每个环节、每项内容都非常熟悉，知道该如何应对测评过程中出现的突发事件。公司确定的测评小组成员中可能有知名的专家学者，但其对公司的基本情况和运作程序不太熟悉，而小组中的公司领导对人员素质测评也不太了解。所以，需要对测评人员进行培训。培训内容包括测评纪律及监控、测评的方法、测评的具体过程、具体的操作方法和程序步骤以及本次测评有可能出现的事件和应对办法等。

### （五）建立必要的后勤保障

人员素质测评的组织实施一般情况下涉及的部门和人员较多，时间较长，需要组织和协调的地方也很多。为此，组织应指定专门机构负责测评期间的后勤保障工作，落实人员素质测评团队的办公场地并配套专项资金，形成支持人员素质测评组织实施的良好的环境氛围。

以上五个方面是人员素质测评在组织实施中较为重要的几个环节，是组织具体实施人员素质测评的基础和保障。接下来是人员素质测评的具体实施、对测评结果和测评本身的分析和研究阶段，因为不同的组织其实施会有很大不同，结果也会千差万别，所以对于这两部分的研究，我们将以具体案例的形式展开。

## 第三节 人员素质测评组织实施的案例与分析

我们选择了一家国有企业对中层管理人员的人员素质测评作为案例来进行分析。[①] 通过这个案例，我们可以比较清晰地了解人员

---

① 案例来源：魏凌云：《ZT集团公司中层管理人员素质测评方案的设计与实施》，西南财经大学硕士学位论文，2007年。

素质测评组织实施的具体内容，对于人员素质测评的流程和组织实施有一个更加具体的把握。

## 一、实施的前期准备阶段

### （一）成立测评项目小组进行宣传动员

中层管理人员的素质测评涉及该国有企业所有中层管理岗位，在公司员工中必将引起广泛关注，在管理人员队伍中也会产生较大影响。因此，按照人员素质测评的流程设计非常有必要在开展正式测评前首先取得公司高层的支持。接下来便是对公司员工进行宣传动员，明确测评目的，取得员工的理解和支持，营造有利于人员素质测评顺利实施的良好氛围。因此，必须成立测评项目小组，包括项目工作小组、领导小组与评委小组。领导小组由集团公司分管人力资源与人才工作的主管领导、集团公司人力资源部相关领导以及各用人单位的主管领导共同组成；项目工作小组由集团公司人力资源部负责测评工作的部门协同各分公司人力资源部的相关人员以及专家共同组成；评委小组由集团公司人力资源部相关领导、专家以及用人部门领导共同组成。

1. 宣传的方式

针对该国有企业的具体情况，其宣传的方式主要有如下几种：
（1）广播。主要用于各单位的操作间、工地、住宅区等地方。
（2）宣传栏。主要用于各单位办公区、部门机关等地。
（3）展板。主要用于在外施工、工作地点不固定的工程队、项目组等。
（4）公司内部网站。用于所有能够进入公司网站的单位、人员等。

2. 宣传内容

在取得公司高层的认可和支持后，对员工的宣传着重点是讲明此次测评的目的、要求和安排，号召广大员工积极配合、支持，积极参与，确保测评工作健康、有序、顺利进行。结合该国有企业自身的情况和职能分工的特点，宣传工作指定了公司党委工作部和办公室共同负责。在具体工作中，特别要注重员工的反应，及时收集信息，反馈意见、建议。

## （二）组织专家评委

情景模拟、面试、绩效等都需要评委来评分。在测评的具体操作中，必须由评委对被测人员的表现进行评判。评委素质和结构对测评的质量至关重要。专家评委的组织有两个方面的内容：

（1）选择评委组成人员。根据前期制定的测评方案，该国有企业此次测评的评委由公司的高层领导和相关专家组成，成立了七人测评领导小组。在实施测评过程中，以测评小组成员为主要评委，确定分管人力资源的集团副总经理为测评主持人。在具体测评某项指标时，适当邀请相关人员参加。例如，在测评绩效时，可以邀请公司分管生产和财务的副总经理参加，因为他们更了解被测人员实际工作的情况；在测评组织协调、人际交往等能力时，可以邀请被测人员所在部门的普通员工参加，与他们座谈或征求意见，因为他们与被测者接触的时间最多，对被测者有更为实际的了解。

（2）对评委进行培训。在测评开始前，对评委进行培训，统一评定的标准、尺度和操作步骤。培训的内容包括方法、技能、评判要求等。对临时邀请的评委，单独进行专项培训，以达到标准统一、协调一致。对评委进行培训这一点很重要，因为可能会存在这样的情况：公司高层领导对企业的各个方面都有比较清晰的把握，可是对人员素质测评的技术、方法不太了解；而相对的，专家们对人员素质测评研究得颇为透彻，可是对公司的实际情况不甚清楚。而且人员素质测评的目标、标准也是因公司、具体的人员素质测评要求而有所不同，因此人员素质测评工作开始前对评委进行培训和说明是非常有必要和非常重要的。

## （三）编制试题

人员素质测评中运用的试题比较多，形式和编制都不相同，因此必须提前准备。

**1. 确定试题种类**

根据测评指标体系和使用的方法，此次测评涉及的试题有机考试题、笔试试题、面试试题和情景模拟题四类。各类试题的准备内容如下：

（1）机考试题。内容涉及心理能力素质和知识结构测试等。以人机对话的方式进行测试。由于机考试题的技术性和专业性要求比较高,在人员素质测评的具体组织实施中,该国有企业将试题的编制工作委托给专业人才测评机构进行。这也提醒我们在进行人员素质测评的组织实施时,假如企业自身没有类似的经验和专业积累,可积极地寻求外部的支持,将一些工作外包,这样可有效提升企业人员素质测评组织实施的质量,同时降低企业的测评成本。

(2) 笔试试题。内容涉及专业知识和职业能力倾向测试。笔试试题的题型以主观题和客观题两大类为主。主观题包括论述题、简答题和填空题;客观题包括判断分析题、选择题等。在人员素质测评的具体组织实施中,对专业知识的测试题,由该国有企业自行安排设计;对职业能力倾向的测试,其从某人才考试测评中心购买了职业能力倾向测试和申论题本,这种自制加外购方式的选择是建立在对自身能力充分了解的基础之上的。

(3) 面试试题。内容主要以结构化面试试题为主。题型为背景性题目(了解应试者的学习、工作背景等)、知识性题目(了解应试者某方面知识掌握的程度以及知识面)、智能性题目(通过对社会热点问题的分析,考察应试者思维的逻辑性、严密性等)、行为性题目(从应试者过去做过的行为中获取能力相关的信息)。面试试题主要由测评小组研究设计。

(4) 情景模拟题。内容包括无领导小组讨论和文件处理等方面。题型包括两难问题(从两种互有利弊的答案中选择一种)、多项选择题、开放式问题、操作性问题等。具体操作中,测评小组采用了给定案例的无领导小组讨论方式。

### 2. 试题编制的要求

(1) 命题依据准确。命题人员必须明确试题编写的依据和要达到的目的。

(2) 内容科学合理。试题既要能测评应试者的知识程度,又要能测评应试者的能力水平,还要能测评其潜能。

(3) 形式恰当。试题的形式应与测评目的、内容和要求相统一。题型的选择要考虑被测者作答和试卷评定的可操作性,同时要兼顾公司文化、工作背景。

(4) 表述清晰规范。试题意思表达要清晰准确,语句简明扼要,重点突出。

(5) 把握好难度。试题难度设置要符合测评的目的和要求,要能比较准确地测试出个体间的差异。

（6）题量应符合实际。以满足当次测评需要为主，不宜过多，过多反而影响答题效果。但也不能太少，太少不能收集到足够的信息。

（7）格式应统一。试题格式要规范，标准要一致。

### （四）确定测评日程安排

测评的日程安排要考虑公司的工作安排，以不干扰公司正常工作为宜。该国有企业内部每周有固定的工作会议和集中学习时间。测评小组在与公司领导充分沟通后，制定了测评日程安排表（见表5-1）。

表5-1 人员素质测评组织实施日程安排表（部分）

| 实施阶段 | 项目 | 时间安排 | 地点 | 备注 |
| --- | --- | --- | --- | --- |
| 机考 | 心理素质测评 | ×月×日 9：00—12：00 | 某计算机中心 | |
| | 知识结构测评 | | | |
| 笔试 | 职业能力倾向测评 | ×月×日 9：00—11：00 | 某会议中心或阶梯教室 | 由某人员素质测评中心阅卷 |
| | 专业知识测评 | ×月×日 13：00—15：00 | | 由企业专业人员阅卷 |
| 面试 | 结构化面试 | ×月×日 9：00—11：00 | 该公司某会议室 | 测评小组与相关人员主面 |
| 情景模拟 | 无领导小组讨论 | ×月×日 15：00—17：00 | 该公司某会议室 | 被测人员分为几个小组 |

### （五）其他准备工作

其他准备工作主要包括测评人员休息场地的准备、车辆安排，测评中联络人员的安排、考场的布置、测评用品的准备等等。

## 二、测评具体实施阶段

### （一）测评指导

在测评具体操作前，由测评主持人向全体测评人员告知测评目的和填表说明，明确数据保密等事宜。目的是使测评人员能正确地填写人员素质测评表，消除顾虑，客观准确地对被测评对象进行测评。

指导语包括以下内容：

(1) 人员素质测评的目的；

(2) 强调测评与测验的不同；

(3) 具体说明填表要求；

(4) 举例说明填写要求；

(5) 测评结果的保密和处理。

## （二）实施测评

在实施阶段，测评人员应严格控制整个测评过程，防止受到与测评无关的因素干扰，尽量保证实施过程的标准化。测评程序按照日程安排进行，具体操作程序如下：

### 1. 机考

(1) 主要形式：进行人机对话。受测者在计算机上答题，由计算机根据预先设计的评分标准和计算方法得出相应分数。

(2) 考试的组织：根据安排，机考在某人才考试测评中心计算机操作室内进行。考试人员的组织由测评小组负责，考试的操作及结果的统计由人才测评中心安排专人负责，集团公司派人监考，测试成绩直接反馈给测评小组。

(3) 注意事项：受测者计算机操作熟练程度的差异可能影响答题效果。注意在考试开始前讲清楚操作方法和有关要求，避免失误。

### 2. 笔试

笔试主要包括基础知识综合笔试和专业知识笔试。公共基础知识综合笔试主要测试应试人员政治、法律、行政学、应用文及公文写作与处理、领导科学等方面的基本知识素养与应用知识分析解决问题的能力。专业知识笔试根据中层管理岗位的要求，测试应试人员胜任特定职位和工作的专业知识和能力。

(1) 主要形式：书面答题。由测评小组会同有关专家进行评阅。

(2) 考试的组织：测评小组负责。办公室负责考场的布置和相关后勤保障工作。

(3) 注意事项：笔试题量较大，需要高度集中精力。在考试时间安排上尽量选择人头脑比较清醒的时间，考场的布置要注意光线充足、通风。条件允许的情况下，尽量分散在多个考场同时进行。

### 3. 面试

面试是测评应试人员组织计划协调能力、合作与沟通能力、变革创新与管理能力、言语表达能力、举止仪表、求职动机与拟任职位的匹配性。

（1）主要形式：采用结构化面试方式。

（2）考试的组织：测评小组组织实施，邀请集团公司领导参加。操作中分为两个面试小组，每组应试者10人，每人面试时间为20—30分钟。

（3）注意事项：面试是考官根据应试者的临场发挥来评分，对考官的素质要求较高；应试者的心态和情绪对测试效果有直接影响，容易出现晕轮效应（测试者为被测者的某些突出的特征或品质所吸引，影响了对其他特征品质的知觉和评价）。

### 4. 情景模拟

通过模拟的小组讨论了解应试人员领导能力、人际交往能力、全局观念、工作责任心和进取心等方面的素质。

（1）主要形式：无领导小组讨论。

（2）考试的组织：测评小组组织实施，邀请集团公司领导参加。具体操作中分为两个组，每个小组10人。将以前曾经接受过无领导小组讨论训练的人员或参加过类似测验的人员编为一组，没有此类经验的编为一组。每组配备5名考官。讨论时间安排为60—90分钟。

（3）注意事项：情景模拟测试对测试人员要求较高，实际操作中易出现晕轮效应。

## （三）测评实施过程中需要注意的问题

第一，采用并遵守标准化的指导语。指导语是在测评过程中说明测评进行方式以及如何回答问题的指导性语言。素质测评中指导语有两种：一种是对受测者的，主要是对测评过程的细节做进一步解释，包括场地设置、材料的准备、计时计分原则以及如何应对意外情况等，目的是为了保证测评情景的一致性；一种是给测评主试人员的，包括选择反应方式（画圈、打钩、填数字、口答、书写等），如何记录这些反应（答卷纸、录音、录像等），时间限制，计分的方法等，目的是为了减少测评的误差。测评双方都要严格遵照执行，才能保证测评效果。

第二，确定恰当的测评时限。素质测评既要考察被测试者反应的速度，也要考察其解决较大难度题目的能力，涉及的测评工具和方法也比较多。不同类别的测评方法所花费的测评时间不同，具体的测评时间应该挑选能够完全发挥受测人员智慧和能力的时间段。比如，中午人容易犯困，身心比较疲劳，不适宜安排测试。此外，在测评实施前，要合理安排测评的先后顺序以及时间间隔，确定合适的测评时间。

第三，创造适宜的测评环境。测评环境的选择对测评效果有重要影响。对环境的选择主要考虑测评现场是否适合被测试者完成所测任务事项。如果测试环境通风设备不好、空间狭小、嘈杂、光线不好，容易使人心情烦躁、反应迟钝、易疲劳，从而影响思考。所以，测评时要让被测试者在比较宽阔、光线充足、安静的环境中，这样才能使其注意力集中、思维敏捷，提高测评的准确性。此外，测试的人文环境也很重要。主试人的态度要呈现温和性和支持性，让被测试者舒展心情，轻松应对。

第四，测评双方心理的调控。素质测评过程是测评者依据一定标准对被测评者有关方面的情况进行评判的过程，所以测评者的心理状态必然影响测评结果，而被测评者由于受到心理因素的影响，也常常会出现"失真"情况，导致测评结果不准确。因此，对测评主试人，要选用思想品德好、实践经验丰富、心理素质好的人员，并对其进行测评技能培训，开展思想政治和纪律教育，使其端正思想，客观公正地进行评判；对被测试者，要事先进行宣传动员，提高对测评的认识，使其以积极、自信的心态面对。同时在测评过程中，注意保持主试与被试的良好心理交往状态，避免引起心理冲突。

## 三、测评结果整理分析阶段

这一阶段的工作成果是人员素质测评结果报告，它是最后测评数据的分析输出阶段。前阶段的大量工作就是为最后的决策提供素材，将收集到的测评数据进行整理分析，并做出评定。它包括以下几个方面：

## 第五章 人员素质测评的组织与实施

### （一）数据收集整理

在实施人员测评的过程中，施测方会获得各种各样的数据和主观印象。数据收集整理就是将实施测评过程中的相关信息及可能对测评产生影响的细节记录下来，汇集成有用的测评信息，作为决策的辅助材料。如应试者的特殊表现（特殊的个人经历或特长）以及对测评产生影响的特殊因素（外来干扰、身体原因）。由于每种测评方法都是针对相应的测评指标进行的，所以信息处理的第一步就是将各项测评指标得分进行归集得出分项得分。获得了单项指标得分后，就可以按照预定的权重计算得出总得分。需要注意的是，实施过程中获得的测评信息不是百分之百准确的，而且常常会出现不同测评方法获得的信息相互矛盾的情况，这时就需要在信息处理过程中进行适当修正。

### （二）分析测评结果

对测评结果进行计分、统计和解释。测评涉及机考的部分，其测评报告只需在测试完成后打印。而专业性较强的测试如情景模拟、面试等需经测评小组的专家进行评估分析。

该国有企业中层管理人员部分测评情况如下：

**1. 管理能力倾向测验**

该国有企业中层管理人员企业管理能力倾向测验总成绩如图5-2所示：

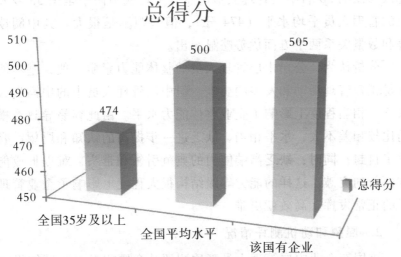

图5-2 该国有企业中层管理人员企业管理能力倾向测验总成绩分布（样图）

企业管理能力倾向测验单项得分成绩，如图5-3所示：

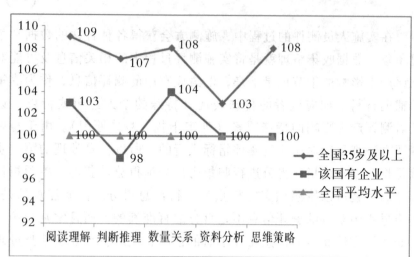

图5-3 该国有企业中层管理人员企业管理能力倾向测验
单项得分成绩分布（样图）

（1）上述结果与全国中层管理人员平均水平比较。此次该国有企业参加人员素质测评人员总分平均成绩为505分，略高于全国平均水平（500分）。阅读理解、数量关系和思维策略等三项指标略高或等于全国平均水平（100分）；判断推理和资料分析则略低于或等于全国平均水平。有26人的成绩高于500分，占参测人员的52%。

（2）上述结果与全国35岁以上中层管理人员平均水平比较。此次参测的50名中层管理人员的总分平均成绩高于全国35岁及以上的管理人员平均水平（474分），但差距不是很大。其中阅读理解和数量关系两个方面优势略显突出。

分析认为，公司中层管理人员的整体能力素质一般，基本能够满足正常管理活动和发展的要求。但中层管理人员中的中高端人才缺乏，相当程度上影响了企业整体能力水平。由此容易导致在横向间比较相差不大，水平相当，缺乏进一步提高的认知和愿望，容易故步自封；同时，缺乏高端能力的典范引领和带头，难以形成能力方面新的突破。这样的能力等级结构很大程度上影响了企业管理水平的正常发挥，高效就更难。

2. 愿望和动机测评情况

该国有企业中层管理人员素质测评社会愿望量表测试结果成绩分布，如图5-4所示：

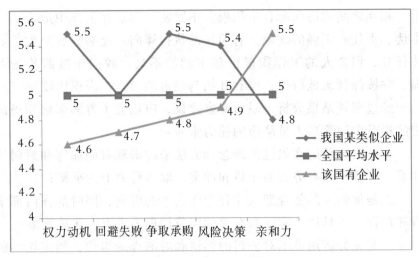

**图5-4 该国有企业中层管理人员社会愿望量表成绩分布(样本)**

(1) 与全国平均水平比较。参测人员在亲和力维度上的得分明显高于全国平均水平;在权力动机、回避失败和争取成功上的得分则显著低于全国平均水平;在风险决策上和全国平均水平无明显差异。

(2) 与我国某类似企业相比较。参测人员在权力动机、回避失败、争取成功和风险决策上均显著低于我国某类似公司,只有亲和力显著高于后者。

通过对测验数据进行分析可以看出,公司此次参测人员的动机结构与理论分布的差距较大,对失败的承受能力较弱,工作的压力感较强;而亲和动机显著高于其他动机,也明显高于理论分布的要求。

### (三)测评结果的报告

根据上述人员素质测评组织实施的结果,测评小组的专家将该国有企业中层管理人员队伍素质状况总结为两个方面:

一是公司中层管理人员的整体动机结构表现出了较强的工作压力感和焦虑状态。工作时的顾虑较多、小心谨慎,显现出不自信;思考较多,相对行动力度较弱。对于难度较大或是过于复杂的工作任务往往表现得比较优柔寡断;对于风险、失败的承受能力较弱,遇到矛盾、冲突往往采取回避的态度。

二是中层管理人员个人化倾向较大。注重人际交往,追求和谐环境,但工作的配合度较低;大家较为关注自己事务,本位思想较重；相互之间的协作配合不积极、不紧密，容易在工作中形成相互推诿、责任心不强的现象。有明显的执行倾向，能够完成分配的具体任务，但个人的工作积极性和主动性不高；倾向于按照传统习惯，并按部就班地行事；没有开拓与创造的锐气，表现比较保守。

经过测评结果分析，最后专家建议，应从五个方面采取积极的措施提升中层管理人员队伍的能力素质：

一是引进新的和先进的理念和方法来冲击现有的保守和封闭的体系，并解决现有势力的矛盾和冲突，取得势力上的平衡；

二是加强外部复合型人才和专业人才的引进，同时加强内部学习和培训，以具体、实际和有效的岗位培训为重点，注重效果；

三是充分运用员工对公司的感情和对前程的担忧，制定切实的激励政策和压力政策，从两方面激发其工作积极性；

四是以个人业绩和表现结果考核为核心，充分调动员工积极性和主动性，形成"凡事有人负责，有章可循，有案可查"的岗位负责制；

五是制订企业改造和革新计划，注重策略，兼顾稳定与变革，分阶段分步骤，抓住重点问题逐步解决。

## 四、测评结果的组织运用阶段

### （一）用于人才的培养选拔

从根本上讲，人员素质测评本身不是目的，目的在于改进人力资源管理工作。从培养人才的角度来看，素质测评标准为人才的培养提供了正确的导向，人才培养的目标、内容、方法等的制定和确立将以测评的内容和标准为蓝图，促进人才培养与社会现实的需求实现平衡和统一，测评结果也为企业开发人力资源、提升人员素质提供了重要依据。该国有企业根据测评结果对各层次的管理人员进行了培训。据该国有企业资料显示，自此次人员素质测评实施结束，集团公司层级组织送外培训70余人次，内部培训100余人次，各子公司自培100余人次。公司投入教育培训经费100余万元。同时加强了对企业人才需求的前瞻性谋划，选聘了一批高层次和专业类人才：引进了90余名企业急需的各类专业管理人才；招收了高学历员工300余人。还加大了对企业内部人才的发掘、培养，重新修订完善了各项激励约束机制，建立了较为科学的管理人员绩效考评体系。

### （二）用于中层管理岗位的重新配置

素质测评结果的另一重要运用就是对人力资源进行合理配置。根据测评结果，企业可以按照不同部门的发展状况和需求对人才结构进行调节，使之与一定的技术结构、产业结构和职业结构保持动态的一致，从而使配置需求和可能有机结合。该国有企业根据专家的意见和建议，在企业内部进行了较大幅度的人事改革。对中层管理人员进行轮岗交流，并在部分中层管理岗位推行竞争上岗制度。经过一段时间的调整，约有半数以上的管理岗位进行了人员交流调整，并对部分核心管理职位实行了竞争上岗。同时，对下属公司的干部队伍管理也进行了大刀阔斧的改革。按照领导班子精干化、项目经理职业化的要求，对下属公司的领导班子和干部队伍实行分类、分系统管理。精简了领导班子职数，缩减了机关编制，并对相近职能的科室实行合并，集中办公。同时，对工程类公司的架构进行了大刀阔斧的改革，采取了矩阵扁平模式，即工程公司取消分公司，设若干项目部以及与之平行的专业公司。工程公司实行一级管理、两级核算，不设中间管理层，一竿子插到底，实行垂直领导。

### （三）用于中层管理人员素质档案的建立

现代人力资源管理的另一个重要标志是建立"人事档案"和"人才信息库"。① 在人事档案和人才信息库中，人员的德、智、能、绩等方面的数据将作为人事决策的重要依据。该国有企业此次中层管理人员素质测评，从方案的设计到最后测评结果的分析评估，都做了深入细致的工作，对中层管理人员的工作能力、工作适应性和工作态度有了全面的了解与分析。根据测评得出的信息，该国有企业人力资源部门建立起管理人员综合素质档案库，不仅提高了人力资源管理的科学化、规范化程度，更为公司今后人才的招聘、选拔、配置、培训、考核、激励以及实施各种福利和管理措施等提供了大量的、可靠的参考信息。

---

① 萧鸣政：《人员测评理论与方法》（第二版），中国劳动社会保障出版社2004年版，第86页。

## 五、案例分析

### （一）该测评方案的优点

第一，案例中的测评方案紧密联系了企业实际情况。任何一个计划或方案都必须结合实际进行设计。与企业实际情况联系得紧密与否，是评价方案质量好坏的一个重要标志。在方案的设计和实施过程中，测评小组的专家应积极与公司内部人员进行沟通，公司也应派专人与测评组专家进行对接。只有这样，测评项目组成员才能对公司内部情况有一定的把握，对测评的方向、达到的效果、预期目标等进一步明确，始终围绕着企业实际展开测评，将企业的需求融入测评的各个环节，使测评具有较强的针对性和可操作性。

第二，案例中的人员素质测评方案吸收借鉴了行业先进经验。随着素质测评在各行业中的广泛运用，各种先进经验也层出不穷。通过案例，我们发现在设计人员素质测评方案时，测评小组的专家广泛查阅了大量资料，借鉴了国内同类测评的成功经验，引入了素质模型等比较新的人力资源管理研究成果，同时吸收了我国国企党政机关干部管理考核的一些行之有效的做法，将对领导干部的管理和对人才的开发有机结合，制定出了切合国有企业实际情况的测评指标，设计了符合企业权力架构的工作机构，选择了易于操作使用同时又比较经济的测评方法，这些先进经验的借鉴和应用使得人员素质测评工作顺利开展，并取得了良好效果。

第三，通过案例，我们可以发现此次人员素质测评使用了组合式的测评方法，从而有效地减少了误差。测评方法很多，其功能不同，测评的范围也不同。在实际操作中，每一种测评方法都不是单独使用的，因为对国有企业中层管理人员的要求从来不是单一地强调某一方面，对中层干部的测评也不仅仅限于某一方面。中层管理人员作为企业的中坚力量，肩负的责任是多元化的。对于他们，往往既强调职务技能和经验，又强调管理协调能力，其素质要求丰富而又复杂。在该测评案例中，将中层管理人员素质分为能力、知识、绩效等几大模块，每个模块有针对性地使用合适的测评方法组合，使得测评更具有科学性、合理性和可操作性。

## （二）该测评方案需要进一步完善之处

第一，测评指标需要进一步优化。测评的指标设计至关重要，它关系到测评的信度和效度。不同目的的测评要运用不同类型的指标。此次测评以评价和鉴定为主要目的，企业真正关注的是测评是否能够帮助决策层有效评估、鉴别被测者的能力素质，为科学合理的人员配置和管理人才开发提供真实可靠的依据。因此，测评的指标设计就应该突出管理潜力。但通过案例我们发现，该测评方案更多的是对被测者现有能力的测试，这是测评方案需要进一步完善的地方。此外，测评指标的层次设计、指标要素的界定和解释是否合理、清楚也是需要进一步研究的地方。

第二，部分测评方法的指标偏多。此次测评中运用的一些测评方法如无领导小组讨论和结构化面试这些权重比较大的方法中，测评指标设计偏多（在操作过程中，无领导小组讨论的指标达8项，结构化面试的指标多达9项）。评委很难在短短几十分钟内，通过观察受测者的行为来对各项指标进行准确评判和计分。如果测评指标过多，其结果只能是评委凭借受测者的整体印象进行评分，容易产生"晕轮效应"，使受测者的某一突出方面影响到对其其他方面的评价。

研究表明[1]，评价者或许不能在大量的评价指标中挑选出适当的指标。在大量的不易分辨的指标中，评价者通常会给相互关联的指标予以相同的等级评定，这样就难以体现相互的区别了。研究发现，评价者在5—7个以上的指标中就很难做出有意义的区分了。

## （三）人员素质测评实践中应注意的问题

素质测评是从国外引入的一种测量工具，在不同的国情、不同的企业甚至不同的环境下都有不同的使用方式和效果。书本知识是指导我们进行素质测评的依据，其他企业的成功案例值得借鉴和参考，但切忌照抄照搬，适用于一个企业的测评方案不一定适用于其他企业。据统计，目前各类测评机构引进的西方人才测评工具多达15000种，如果不在本土化的基础上加以深层次的修订就直接运用，往往会出现问题。要想设计一套适合企业需要的测评方案还需

---

[1] 〔美〕乔治·C. 桑顿三世、上海人才有限公司评鉴中心研发专家组：《评鉴中心在人力资源管理中的应用》，复旦大学出版社2004年版，第96页。

要注意以下几点：

第一，依据测评对象设计测评方案。如中层管理人员测评方案只适合对有管理经历和经验的中层管理员工的测评。对于普通员工或新员工而言，这套方案显然不适用。

第二，依据测评目的设计测评方案。对于希望对同类多数员工进行测评，以优化人员配置的测评目的而言，基于岗位职责的素质能力测评可以提供有力的数据；然而，对于希望对少数员工进行测评，以从中选拔出一个或几个员工予以提升的测评目的而言，这种方式的素能测评就不一定有效，因为参与测评的少数员工可能都是在各自岗位上表现突出的，用普适性的指标或方法难以测试出差别。

第三，人员测评的经济性分析。实施人员测评是需要成本的，测评方法的选择也是基于一定成本的基础之上的，因此，只有在重要岗位的选聘时，才适宜采用一些高成本的测评方法。

企业必须认识到，素质测评是企业的一项基础管理工作，也是一项长期工作。企业在本土化过程中必须结合实际，有针对性地制定测评方案，并将素质测评运用到企业人力资源管理的各个职能中，建立一套科学合理的测评制度，才能让素质测评发挥长期、稳定的积极作用。

## 本章小结

1. 本章主要介绍了人员素质测评活动的一般组织实施过程，介绍了人员素质测评组织实施的程序和人员素质测评实施活动的主要环节，并通过案例说明了人员素质测评实施过程中具体的操作要点及其实践意义。

2. 人员素质测评应按照先易后难、先测后评的顺序进行，测评的前期准备为确立测评目的，之后依次要构建人员素质测评标准体系、制订人员素质测评实施计划、组织实施人员素质测评、分析研究测评结果和测评本身。

3. 在人员素质测评的实际操作过程中，主要应该把握好以下几个关键环节：统一思想认识、成立工作领导小组、选择测评人员、培训测评人员、建立必要的后勤保障等。

4. 人员素质测评的前期准备阶段要做的工作包括：广泛进行宣传动员、组织专家评委、编制试题、确定测评日程安排以及布置考场、准备考试用品等。

5. 在素质测评的具体实施阶段，应当首先对测评人员进行测评指导，之后通过机考、笔试、面试、情景模拟等程序实施测评。在测评过程中，应当注意采用并遵守标准化的指示语，确定恰当的测评时限，创造适宜的测评环境，并对测评双方进行适当的心理调控。

6. 实施测评之后，还需要对测评结果进行整理分析。测评结果的整理分析主要包括数据收集整理、分析测评结果、报告测评结果等三个环节。

7. 人员素质测评的最后一个阶段是组织运用阶段，测评结果可以用于培养和选拔人才、重新配置中层管理岗位、建立中层管理人员素质档案等活动。

▶▶ 复习思考题

1. 请简述人员素质测评组织实施的程序。
2. 如果你是某个人员素质测评项目的组织者，你会在测评的组织实施阶段完成哪些工作？
3. 请结合你了解的实际测评项目实施情况和本章所学知识，谈谈人员素质测评实施活动有哪些主要环节。
4. 你认为人员素质测评的测评者应该具备哪些基本条件？
5. 学习完本章之后，如果请你负责某个人员素质测评项目的试题编制，你认为哪些事项需要特别注意？

▶▶ 案例与分析

### 北京某移动通信运营商中层管理人员选拔测评案例[①]

#### 一、选拔背景

2012年3月，北京某移动通信运营商公开招聘M部总经理、F部总经理和副总经理，为了提高中层管理干部选拔的科学性和有效性，希望改进评估方式，委托A咨询公司承担测评方案的设计和执行工作，以期能够全面、科学、客观地考察应聘者的能力和发展潜力。

---

① 案例引自萧鸣政：《人员测评与选拔》，复旦大学出版社2005年版，第370页。

## 二、测评方案设计

A 咨询公司在充分理解目标职位能力要求的基础上，确定了系统规划能力、商业意识、团队领导力、环境适应性、沟通与协作、运作执行能力等几个主要的考察和评估维度，各维度的权重因职位特点和要求的不同而异：M 部总经理更强调其系统规划能力、商业意识和复杂情景下的沟通能力，F 部总经理更强调其系统规划能力、全面管理能力和领导力，副总经理则更强调具体的运作执行能力。

基于上述对目标职位的理解，评估方案的设计以评价中心技术为框架，利用心理测验、无领导小组讨论、团队协作练习、个人简报、面试等方法，从多个角度对应聘者系统全面地加以考察。心理测验可以较好地避免表面效度过高的问题，解释并把握应聘者的个性、态度偏好等方面的深层因素。无领导小组讨论和团队协作练习模拟某种管理的情景和人际互动的情境，对应聘者在与管理和领导密切相关的特质上的表现，进行动态、细致的观察与评估。个人简报是要求应聘者做个人工作规划演讲，之后由主考官提问，可以了解其对目标职位的理解、系统规划能力和商业意识。面谈可以了解应聘者不适合在集体场合下展现的内容。这些测评方法互相补充、互为印证，保证了评估的完整性和准确性。此外，由于入围的参评者人数较多，为了提高选拔工作的效能，采用了分层筛选的方式。

## 三、测评与选拔结果分析

现场测评工作结束后，A 咨询公司根据企业目前的发展战略、对目标职位的要求和期望及企业文化特征，结合目标职位的能力要求，对评估结果进行整理，系统、深入地分析相关推荐人选与目标职位的匹配度、与企业环境的适合程度、对企业可能的价值和贡献、可能的不足、任用风险及发展潜力，并就其任用、管理及发展等方面的问题提出咨询性建议。

结果分析表明，M 部的几位候选人各有千秋，其对企业的贡献体现在不同的方面，同时各有各的不足。候选人 Z 具备丰富的跨行业经验、较强的商业敏感度和较宽的沟通适应面，处事灵活、有策略，对体系建设和机制改进工作有贡献，但对工作的投入程度、与企业文化的融合度和对企业的忠诚度方面可能有疑问，在管理上需要较高的管理艺术和较强的管理力度。候选人 H 在商业意识和职业素养上与 Z 相仿，并有良好的团队协作和沟通意识，对企业的贡献体现在系统分析和规划方面，但缺乏对国内经济环境和国企的了解，对复杂局面的掌控能力不足。候选人S的综合素质较高，具备良好的职业素养、专业基础和实践经验，在实际的运作方面有贡献，但在复杂环境中领导较大规模团队的能力、企业文化融合度和稳定性上有疑问。候选人L具有良好的分析能力和较强的学习能力，熟悉企业环境，但视野不够开阔，商业意识和系统推进能力有欠缺，可以考虑与Z配合。候选人T做事沉稳踏实，认真负责，执行能力较强，亲和力较高，但对整体和全局的把握能力不足，商业意识较弱，处事不够灵活。候选人J基本素质比较出色，善于在战略层面上思考问题，但缺乏系统的管理经验，在人员管理和协调方面有问题，更适合从事战略规划方面的工作。

在F部总经理的候选人中，G和W都比较贴近岗位的要求，都具备良好的领导意识、管理经验和较强的执行能力，而且两个人的弱点也很相似，表现为对人际因素不够敏感，人际协作和合作意识不足；不同之处在于G的视野比W更开阔，领导力度和影响力更强，从长远角度看，能给企业带来更多的价值。Q属于技术专家，受过良好的职业训练，具备良好的商业意识和现代管理理念，但实际管理经验不足，对工作的投入程度有问题。R对计费业务的客户界面与市场的接口方面有较好的理解，对业务流程和技术有创见，更适合系统规划方面的技术支持工作。L的优势集中在分析能力和战略思考方面，实际的管理和运作执行能力不足。

在F部副总经理的候选人中，C比较贴近岗位要求，做事稳重踏实，注重规范管理，但贯彻执行的力度和坚持性不足，需要与领导和监控力度较强的上级相配合。X具备良好的基本素质，有较强的执行力度，但缺乏大企业的管理经验，视野不够开阔，管理的柔韧度不足。

### 四、结果沟通与咨询

A咨询公司的专家组织了现场报告会，向企业的高层领导汇报了本次评估工作的执行情况和评估结果，进一步明确了高层领导对两个部门的定位和发展期望，并在此基础上就相关推荐人选进行了充分的沟通和讨论，为企业的人事决策提供了有价值的信息。

▶ 案例分析题

1. A咨询公司在对北京某移动运营商中层管理人员进行选拔测评

的过程包括了哪几个程序？请结合本章所学知识进行分析。
2. A 咨询公司本次选拔测评的具体实施阶段采用了哪些具体方式？是否有必要同时使用这几种测评方式？请简述理由。
3. 人员素质测评的结果可以有多种运用途径，北京某移动运营商中层管理人员的这次测评结果可以有哪些运用方式？
4. 如果你是 A 咨询公司的测评专家，针对本次测评结果的报告，你能否对提升北京某移动运营商中层管理人员综合能力素质提出一些建议？

## ▶▶ 建议阅读文献

1. 萧鸣政：《人员测评与选拔》（第二版），复旦大学出版社 2010 年版，附录"人员素质测评与选拔应用案例及其分析"。
2. 刘洋：《大学生综合素质测评体系的构建与实施》，《中国西部科技》2010 年第 16 期。
3. 侯克照、刘胜：《基于层次灰色关联的员工素质测评系统实施过程评价研究》，《机械》2012 年第 8 期。
4. 胡蓉：《针灸推拿专业学生综合素质测评量表的构建与实施》，《卫生职业教育》2012 年第 4 期。

# 第六章

# 人员素质测评结果的报告与运用

**本章学习目标提示**

1. 了解人员素质测评结果报告的形式与内容
2. 掌握人员素质测评结果报告的综合与分析技术
3. 掌握人员素质测评结果的运用范围以及运用时应注意的问题
4. 掌握人员素质测评结果的跟踪分析与服务

人员素质测评结果报告是人员素质测评活动的最终产品，所有严谨周密的标准设计、测评与选拔工具选择、测评与选拔实施以及测评与选拔质量检验，都是为最后报告的准确性和有效性服务的。做好一份全面与简洁、详细与明确兼备的优秀测评报告，是人员测评与选拔活动的点睛之笔。

## 第一节 人员素质测评结果报告的类型

从信息论的观点来看，人员测评与选拔实际上是一个搜集信息、处理信息、输出信息或反馈信息的过程。因此，人员测评与选拔结果的报告作为素质测评信息的输出或反馈，是素质测评过程中的一个重要环节。

## 一、报告形式

按形式分，人员测评与选拔结果报告可分为分数报告、等级报告、评语报告。这三种形式并不是完全独立的，它们之间存在递进关系。一般来说，分数报告是等级报告的基础，评语报告是综合考虑分数和等级的结果而做出的。

### （一）分数报告

所谓分数报告，即以分数的形式反馈测评与选拔结果。

分数的形式有多种，通常可划分为四种基本形式：目标参照性分数、常模参照性分数、原始分数与导出分数。目标参照性分数即按照测评指标本身的要求而给出的分数；常模参照性分数即根据被测者总体的一般水平而给出的相对分数；原始分数即在测评活动中直接得到的分数；导出分数是通过一定转换后得到的分数。

上述分数形式之间存在交叉关系。测评指标目标分数的确定往往要参照常模的水平；目标参照性分数和常模参照性分数的确定既可以直接根据原始分数，也可以根据导出分数。事实上，目标参照性分数和常模参照性分数的得出本身就是一种分数转换的过程。

下面介绍几种导出分数。

#### 1. 名次

名次（rank）是一种原始分数的转换形式，即根据被测评者得分多少的顺序排位的一种自然分数形式。其优点是简单直观，缺点是相邻名次间差距不一、悬殊较大。例如，第一名可能与第二名相差1分，而第二名与第三名相差10分。

在面对大量候选者的初步选拔中，名次作为一种简单直观的分数发挥出作用，决策者可以根据综合性总分的名次很方便地淘汰一定比率的候选者。然而，由于名次无法反映出相邻名次间的差距，不同指标的名次分数之间、不同团体的名次分数之间很难进行综合比较，它无法满足更加细致的选拔活动的要求。

#### 2. 百分位数

百分位数是一种标准分数，当两个被测评团体总体水平结构相当但个体总数不等时，其个体的百分位数可以相互比较，而名次数做不到这一点。例如，公司中某部门25人，另一个部门20人，两个部门中排名第 10 位的人的水平是否一样呢？显然不一样。差距多大呢？仅从名次本身是无法知道的。但如果通过下列公式转化为百分位数后，就可以知道其具体差异了。

$$P_R = 100 - \frac{100R - 50}{N}$$

式中，$N$——被测团体中个体的总数

$R$——名次数

第一个部门中排名为 10 的人的百分位是：

$$P_{10} = 100 - \frac{100 \times 10 - 50}{25} = 62$$

第二个部门中排名为 10 的人的百分位是：

$$P_{10} = 100 - \frac{100 \times 10 - 50}{20} = 52.5$$

两个百分位数表明：第一个部门排名为 10 的人位于该部门 62% 的职员之上，而第二个部门排名为 10 的人位于该部门 52.5% 的职员之上。由此看来，虽然两个人在各自的部门中排名相同，但水平存在差异，其中第一个部门中排名为 10 的那个人优于第二个部门排名为 10 的人。

3. $Z$ 分数

$Z$ 分数是一种标准分数，它是百分位数的一种转换分数，其转换公式为：

$$Z = \frac{x - \bar{x}}{S}$$

式中，$x$——原始分数

$\bar{x}$——所有原始分数的算术平均数

$S$——所有的原始分数的标准差，$S = \sqrt{\frac{\sum (x - \bar{x})^2}{N}}$，其中 $N$ 为原始分数的个数

这种分数的优点是意义明确。当 $Z$ 分数在 0 左右时，即为中等水平，$Z$ 分数在 2.5 以上即为优秀水平，$Z$ 分数在 $-2.5$ 以下即为低水平。但这种分数带有负号与小数，使用不便，因此常把它进一步转换为下面的 $T$ 分数。

4. $T$ 分数

$T$ 分数也是一种标准分数，它是通过公式 $T = 10Z + 50$ 进行转

换而得到的一种分数。经过转换得到的 $T$ 分数消除了原来 $Z$ 分数的负号。若进行四舍五入（$T$ 分数进行这种数学处理对于原测评与选拔结果影响不大，而在 $Z$ 分数中则影响很大），则 $T$ 分数还可以消去原 $Z$ 分数的小数点。$T$ 分数与 $Z$ 分数、百分位数一样，意义明确，可比性强。$T$ 分数（包括 $Z$ 分数）能够进行加减乘除、开方、乘方等数学运算，而百分位数不能。

5. 其他标准分数

（1）标准九分。

把整个素质测评的原始分数按顺序排列划分成九段。从最高分数开始逐个往下划段，取开头的 4%（显然是最高分数段）分段为 9 分，其次的 7% 分段为 8 分，再其次的 12% 分段为 7 分，接着的 17% 分段为 6 分，中间分段的 20% 为 5 分，之后的 17% 为 4 分，再之后的 12% 为 3 分，接下去的 7% 为 2 分，最后最低分段的 4% 为 1 分，具体见表 6-1：

表 6-1 标准九分分布表

| 分数 | 1 | 2 | 3 | 4 | 5 | 6 | 7 | 8 | 9 |
| --- | --- | --- | --- | --- | --- | --- | --- | --- | --- |
| 分布比率 | 4%（最低） | 7% | 12% | 17% | 20%（中间） | 17% | 12% | 7% | 4%（最高） |

（2）C 量表分数。

C 量表分数是一种类似于标准九分的分数，也是从高分到低分排列，按原始分的分布比率来划分，但分段不同，见表 6-2：

表 6-2 C 量表分数分布表

| 分数 | 0 | 1 | 2 | 3 | 4 | 5 | 6 | 7 | 8 | 9 | 10 |
| --- | --- | --- | --- | --- | --- | --- | --- | --- | --- | --- | --- |
| 分布比率 | 1% | 3% | 7% | 12% | 17% | 20% | 17% | 12% | 7% | 3% | 1% |

（3）斯坦分数。

斯坦分数首先把所有的原始测评分分为两半，与上述两种分数相比，它没有最中间的分数，但按分布比率划段定分的做法与前面相同，具体见表 6-3：

表6-3 斯坦分数分布表

| 分数 | 0 | 1 | 2 | 3 | 4 | 5 | 6 | 7 | 8 | 9 |
|---|---|---|---|---|---|---|---|---|---|---|
| 分布比率 | 2% | 5% | 9% | 15% | 19% | 19% | 15% | 9% | 5% | 2% |

某个具体指标上的分数可以直观地反映出不同被测者在这一项素质上的差异。通过加权综合的总分数，也能很明确地为选拔决策提供参考。

## （二）等级报告

等级报告与分数报告本质上是一致的，都是通过某种明确的形式反映被测者在团体中的位置。很多时候，等级的划分是直接根据测评的分数结果。

然而，两者也有明显的区别。分数报告的优点是简洁、可加、可比性强。与分数报告相比，等级报告不便于数学上的统计处理，但它往往具有更加明确的意义，与管理措施直接地联系起来。例如，对一项职业技能指标的结果，已经划分出了标准九分。再将8—9分的划入"优秀"等级，用S表示；6—7分的划入"良好"等级，用A表示；4—5分为"有待改进"，用B表示；3分及以下为"急需改进"，用C表示。不同的等级也许直接与薪酬水平、晋升机会和培训需求联系起来。比如规定连续两年优秀者可以提高一级职称等级；连续两年良好者可以提高一级基本工资；最低的C等级者必须接受业务培训；连续两年C级将被视为不能胜任工作，将被强制调换岗位或辞退等。一位员工也许不能明确了解分数报告代表的意义，但等级报告就能让他更清楚地知道自己的素质水平和相应的后果。

## （三）评语报告

人员选拔的决策是十分复杂的，并不仅仅是择优录取的问题，还要考虑到职位的特点、发展的需要、人员的相互配合等问题。分数报告和等级报告能够清晰地反映被测者素质的差异，但它们并不能直接对选拔决策做出指导。因此，测评专家需要在测评报告中以书面语言的形式来表达和解释测评的结果。这是一种最原始也最常用的测评报告形式。它的优点是信息详细准确，但可比性差，而且对测评报告人员的专业水平和经验要求很高。

我国学者①总结了对人员测评与选拔结果进行解释时应注意的几个方面：

（1）一般来说，由于人员测评是同时采用多种评价方法进行的，所以很难获得单一的结果。常用的方法是，同时使用多项指标来描述员工的优缺点，并对每一指标给出规范的文字说明。在建立了关键测评指标体系——类似于目前比较流行的"职位胜任特征模型"——的情况下，可以根据加权后得到的总分和各指标分数形成的素质"轮廓"与胜任特征的匹配程度，来对所有员工的素质评价结果进行排序。

（2）对任何员工的评价，都是员工遗传特征、测评前的学习与经历以及测评情境三方面因素共同影响的结果。对员工素质测评与选拔结果进行解释时，应该综合员工以前的工作表现或自传资料，采用定性和定量相结合的方法对测评与选拔结果进行解释，也就是分数报告、等级报告和评语报告综合使用。同时，要注意让员工本人积极参加结果解释过程。只有这样，测评与选拔结果才能更真实地反映员工的实际水平。

（3）测评只是工具，不是目的。不可否认，素质测评能给我们提供很多有用的信息，但不能仅依据测评与选拔结果对员工盖棺定论，应该把测评与选拔结果作为更好地了解员工的手段。在此基础上，一方面根据员工的优缺点安排工作，并根据员工的特点采取最合适的管理方法；另一方面，寻找员工特征和职位胜任特征的差距，并根据这个差距和员工的职业道路规划，有意识地在工作中对员工进行培养，同时给员工制订相应的培训计划，这样才能推动员工素质的提高，实现组织发展的目标。

此外，应该注意，素质测评的结果将会用于多种用途。例如，反馈给被测者的报告、提供给决策者的报告和用于存档建立员工素质数据的报告应该采用不同的形式。反馈给被测者的报告应该详细、客观，措辞富有建设性。提供给决策者的报告应该重点突出，描述准确简洁，有很强的针对性。用于存档的报告要保留原始分数，并附有相应的测评工具、测评的时间和地点等的记录，便于将来的比较研究。因此，同一个测评与选拔结果可能会产生多份结果

---

① 李超平、时勘：《员工素质测评系统建立中的几个问题》，《中国人力资源开发》2000年第3期。

报告，用于特定的用途。

## 二、报告内容

按照内容，人员测评与选拔结果报告可分为分项报告与综合报告。

所谓分项报告，即按主要测评指标逐项测评并直接报告，不再作进一步的综合。其特点是全面详细，但缺乏总体可比性，只能做出单项比较。

例如，一份高中生的职业发展测评报告中包括了以下一段有关能力测评的结果[①]：

1. 言语能力：指对词及其含义的理解和使用能力，对词、句子、段落、篇章的理解能力，以及善于清楚而正确地表达自己的观念、向别人介绍信息的能力。你在此项得分为6.1分。

2. 数理运算能力：指迅速而准确地运算，以及在快速准确地进行计算的同时，能进行推理、解决应用问题的能力。你在此项得分为4.1分。

3. 空间判断能力：指对立体图形以及平面图形与立体图形之间的关系的理解能力，包括能看懂几何图形，对立体图形的三个面的理解力，识别物体在空间运动中的联系，解决几何问题。你在此项得分为3.7分。

4. 察觉细节能力：指对物体或图形的有关细节具有正确的知觉能力，对于图形的明暗、线的宽度和长度做出视觉的区别和比较，看出其细微的差异。你在此项得分为4.6分。

5. 运动协调能力：指眼、手脚、身体迅速准确地做出精确的动作和运动反应，手能跟随着眼所看到的东西迅速行动，进行正确控制的能力。你在此项得分为3.9分。

6. 动手能力：指手、手指、手腕能迅速而准确地活动和操作小的物体。在拿取、放置、调换、翻转物体时，手能做出精巧运动和腕的自由运动能力。你在此项得分为4.3分。

7. 社会交往能力：指善于进行人与人之间的相互交往、相互联系、相互帮助、相互作用和影响，从而协同工作或建立

---

① 摘自《中学生职业发展测评结果报告》，北京市人才素质测评考试中心，2002年3月21日。

良好的人际关系。你在此项得分为 7.2 分。

　　8. 组织管理能力：指擅长于组织和安排各种活动，以及协调参加活动者之间的人际关系的能力。你在此项得分为 6.7 分。

　　9. 逻辑推理能力：指能准确地理解众多事物之间的纷繁多样的关系。你在此项得分为 6.1 分。

　　职业匹配：根据你的能力特点，适合你选择的专业有管理、新闻、教育、中文、外国文学。

　　……

　　这是一段典型的分项报告，每一个单项分数都罗列出来，并给出相应的专业选择建议。

　　所谓综合报告，即先分项测评，然后根据各测评指标的具体测评与选拔结果，报告一个总分数、总等级或总评价。其优点是总体上具有可比性，但有"削峰填谷"之弊，看不出具体优缺点。

　　在上面这份高中生职业发展报告的末尾，给出了如下的综合结果：

　　四、综合职业匹配

　　综合你的性格、能力、兴趣等因素的情况，你最适合选择的五种专业为管理、新闻、教育、中文、心理学。

　　五、文理学科倾向

　　根据对你的个人素质结构与文理各专业最佳素质结构的匹配结果的综合统计，你的文科倾向得分为 72.4，理科倾向得分为 27.6。相比而言，你更适合学习文科专业。

　　分项报告和综合报告都是必要的。综合报告把纷繁复杂的分项结果整合起来，得出一个明确的结论，给测评与选拔结果用于管理决策提供了直接的参考；而分项报告为综合报告提供了依据，能够帮助决策者进行更加细致的权衡，帮助员工有针对性地改进自己。

## 三、报告技术

　　前面已经提到，等级报告、评语报告往往都是根据分数报告的结果做出的。因此，分数报告是测评与选拔结果报告的基础。在这里，我们简要介绍一下对测评与选拔结果分数进行综合和分析的技术。

## （一）数据综合

数据综合指把零散的项目（指标）分数综合为一个总分数。常见的方法有以下几种：

**1. 累加法**

该法是把各指标上的得分直接相加。其公式为：

$$S = \sum_{i=1}^{n} x_i = x_1 + x_2 + \cdots + x_n$$

式中，$S$——总分

$x_i$——第 $i$ 个指标得分

累加法要求各指标同质并单位大致相近，否则要考虑采取加权综合法。

**2. 平均综合法**

该法是把各项指标得分作算术平均数运算求出一个总分。其计算公式为：

$$S = \frac{1}{n} \sum_{i=1}^{n} x_i$$

式中，$S$——总分

$n$——测评指标总数

$x_i$——第 $i$ 个指标得分

**3. 加权综合法**

该法是根据各个指标间的差异，对每个指标得分适当扩大若干倍或大幅度缩小后再累加的一种方法。其计算公式如下：

$$S = \sum_{i=1}^{n} w_i x_i = w_1 x_1 + w_2 x_2 + \cdots + w_n x_n$$

式中，$S$——总分

$w_i$——第 $i$ 个指标的权数

$x_i$——第 $i$ 个指标得分

加权综合法是对累加法的一种改进，它不仅综合了被测者在各项指标上的得分，而且体现了各个指标在整体中的重要程度，因而显得更加合理。但是也有缺点与不足，有削峰填谷之弊，不便于拉开档次。

在比较复杂的素质测评中，权重还可以随着不同被测者得分的

情况而变化,即权重 $w$ 不是常数,而是 $x_i$ 的函数,即 $w_i = f(x_i)$,于是公式变为:

$$S = \sum_{i=1}^{n} f(x_i) \times x_i$$

例如,当要求综合时素质 $A$ 的分数重要性应该是素质 $B$ 的 2 倍,那么按照 $k = \dfrac{w_A S_A}{w_B S_B}$ 来确定具体的权重系数。这里 $w_A$ 与 $w_B$ 对应两个素质 $A$ 与 $B$ 的权重,$w_A + w_B = 1$,$S_A$ 与 $S_B$ 分别为被测评者在素质 $A$ 与 $B$ 上的得分标准差。

因为 $k = 2$,假设 $S_A = 0.55$,$S_B = 11$,则有:

$$2 = \frac{w_A \times 0.55}{w_B \times 11}, \text{所以} \ w_A : w_B = 40 : 1$$

取 $w_A = \dfrac{40}{41}$,$w_B = \dfrac{1}{41}$,则 $S = \dfrac{40}{41} x_A + \dfrac{1}{41} x_B$

显然,这里的 $w_A$ 与 $w_B$ 会随着被测者得分的变化而变化。

### 4. 连乘综合法

该法是直接相乘得到一个总分。其计算公式为:

$$S = \prod_{i=1}^{n} x_i = x_1 \ \ x_2 \ \ x_3 \ \cdots \ x_n$$

式中,$S$——总分

$x_i$——第 $i$ 个指标得分。

这种综合方法的优点是便于拉开档次、"灵敏"度高,但容易产生晕轮效应。当一个指标上得分很小或为零时,整个测评的总分因此也非常小或为零。

### 5. 指数连乘法

该法不但考虑了各指标上的得分,还考虑了指标的相对重要性。其计算公式如下:

$$S = \prod_{i=1}^{n} (x_i)^{w_i} = (x_1)^{w_1} \ (x_2)^{w_2} \ \cdots \ (x_n)^{w_n}$$

若两边取对数,则有:

$$S' = \sum_{i=1}^{n} w_i x_i'$$

式中,$S'$——$\ln S$

$x'_i$——$\ln x_i$

显然,指数连乘法转化为加权综合法了。

## (二) 内容分析

测评后,所获得的结果仅仅是个体性的,其意义常常不很清晰。例如,某次素质测评中某人得了 80 分,根据这个分数,也许你会说这个人还不错,但在公司它究竟算优秀职员还是中等职员呢?我们并不清楚。因此获得个体测评与选拔结果后,还应从整体上分析。只有从总体以及个体与个体的相互关系中,我们才能真正把握与认识个体的素质水平。

测评与选拔结果的总体分析主要包括整体分布分析、总体水平分析、差异情况分析等内容。

### 1. 整体分布分析

这是通过图表的形式来分析测评与选拔结果的一种方法。

频数分布表也称次数分布表。常见的有简单频数分布表、累积频数分布表和累积百分比分布表等不同形式。

编制简单频数分布表的步骤是:

(1) 求全距。全距 $R = A - B$,A、B 分别是测评分数中的最大值和最小值。

(2) 决定组数与组距。组数一般以 10—15 个为宜。组数确定后,则组距可以利用公式 i = 全距/组数来求。组距一般以 3、5、7 等奇数个单位为好。有时也可以先定组距 i,再求组数。

(3) 决定组限。组限就是每组的起止范围。每组的最低值为下限,最高值为上限。组中值为上下限的平均值。

(4) 等级频数。分好组后,就可将每个数据归入相应的组内。每组内的总数就称为频数或次数。

制作好简单频数分布表后,可在此基础上制作累积频数分布表,只要加上第 5 步:把表中的频数按由上向下或由下向上的顺序逐个累加,并把所得结果填写在累积频数列中。在累积频数表完成后,将"累积频数"列中的各个数值除以总频数,将相应结果填入"累积百分比"列中,就完成了累积百分比表。最后得到的分布表如表 6-4 所示。

表 6-4 频数分布表

| 组限 | 频数 | 累积频数 | 累积百分比 |
| --- | --- | --- | --- |
| 115 | 1 | 1 | 1.25 |
| 118 | 2 | 4 | 5.00 |
| 121 | 8 | 12 | 15.00 |
| 124 | 10 | 22 | 27.50 |
| 127 | 20 | 42 | 52.20 |
| 130 | 19 | 61 | 76.25 |
| 133 | 12 | 73 | 91.25 |
| 136 | 4 | 77 | 96.25 |
| 139 | 2 | 79 | 98.75 |
| 142 | 1 | 80 | 100.00 |
| 总和 | 80 | | |

频数分布表还可以图形化为频数分布图，常见的有直方图与多边图两种。直方图是以面积来表示频数的分布，即作用于横轴上各组上下限之间的矩形面积表示各组频数分布的情形。多边图是以相应纵轴上的高度点来表示频数的分布情况的图形，它以各组的组中值点为横坐标，以各组的频数为纵坐标，描出相应的代表点来，用直线段加以连接。用 EXCEL 和 SPSS 等统计软件可以很方便地生成这类图表。

### 2. 总体水平分析

整体分布分析的目的在于通过频数分布表或分布图，了解在各分数段上的人数分布、最高分与最低分及其差距、偏态与峰态等情况，以使人们能够从直观上迅速地把握总体情况。总体水平分析则是通过众数或平均数分析，把握全部被测评者的一般水平。

所谓众数，即人数最多的那个素质特征、分数或等级，它代表整体水平结构自然群中最大的典型群水平。当剔除第一个众数典型群后，类似又可在总体中找到第二个众数，对应这个众数，可以找到第二个自然典型群。由此下去，可以找出所有整体中的水平结构自然群。所有这些自然群就组成了整体的主要结构。

平均数即所有测评与选拔结果在理论上的代表值。在众多的素质测评分数中，相互间可能各不相同。从所有的测评分数中，很难找到一个真实的分数来代表总体水平。众数也仅仅具有局部代表性。我们必须设法找一个比较理想的分数来代表整个总体的一般情况，这时就需要进行平均数的计算了。平均数中有调和平均数、几何平均数与算术平均数等形式，其中最常用的是算术平均数。

3. **差异情况分析**

差异情况分析包括整体差异分析与个体差异分析。

整体差异分析有两极差、平均差、标准差、方差与差异系数等不同形式。

两极差即最大值与最小值之差，它反映全部测评与选拔结果分布的范围。

平均差反映了所有被测评者得分与平均数的差异的一般情况，计算公式为：

$\overline{D} = \dfrac{\sum |x_i - \bar{x}|}{N}$，其中 $N$ 为所有被测评者的个数，$\bar{x}$ 为平均分数。

方差即每个被测评者得分与其算术平均差的平方和与被测者总数之商，以符号 $\sigma^2$ 表示：

$\sigma^2 = \dfrac{\sum (x_i - \bar{x})^2}{N}$

标准差是方差的算术平方根，$\sigma = \sqrt{\dfrac{\sum (x_i - \bar{x})^2}{N}}$

差异系数又称变异系数或变差系数，是标准差与平均数的比率，以符号 $C_v$ 表示：

$C_v = \dfrac{\sigma}{\bar{x}}$

## 第二节 人员素质测评结果的运用

在人力资源管理实践中，人员测评与选拔的结果究竟运用在哪些方面？不同的测评技术和测评选拔结果在运用时应注意哪些问题？国内目前在这方面的研究并不充分，但也有一些研究者进行了探索。

## 一、测评的运用范围

在我国，人员测评与选拔总的来说还没有得到推广，而且在不同企业发展不平衡，工作人员水平和测评工具质量良莠不齐。

有关学者曾在江苏省对不同性质的 145 家单位进行了有关"人才测评在人力资源管理中应用情况"的问卷调查。① 这里的人才测评相当于人员测评与选拔，调查者将测评技术分为履历分析、面试、笔试、反馈 360°、心理素质测量、评价中心技术六种。调查显示，各单位使用素质测评最多的领域是员工招录，其次是人员选拔晋升。例如，面试在员工招录中的使用率为 66.9%，在选拔晋升中为 31.4%，在人员内部调配中为 16.5%。心理测量在员工招录中的使用率为 2.5%，在选拔晋升和人员内部调配中都是 1.7%。然而，评价中心技术的情况有所不同，在员工绩效考核和确定薪酬奖惩中运用得最多，占 3.3%，其次是员工招录和内部调配，占 1.7%，然后是选拔晋升，占 0.8%。在这次调查中，对于人才测评未被社会广泛使用的原因，95.1% 的被调查者同意"符合国情的人才测评理论体系不够完善"和"人才测评工作者良莠不齐"。

更大规模的一次调查是由中国人才测评网站在 2003 年进行的。这份《中国企业人才测评现状调查》报告指出，绝大多数接受调查者都不同程度地了解人才测评，实施过人才测评的企业占全部调查企业的 36%，而实施过高端人才测评技术的企业更少，且绝大部分集中在民营企业和三资企业，国有企业在此方面工作明显较弱。在测评的运用范围方面，招聘与选拔、培训与发展以及绩效考核是人才测评的最主要应用。中规模的企业（员工数在 101 人到 399 人的企业）在团队诊断和员工心理辅导的使用频度上明显高于其他企业。

从这些调查结果可以看出，人员测评与选拔已经被社会广泛了解，但尚未得到推广应用。主要原因有两个：一是因为各种技术往往从国外引进，存在和国情相容的问题；二是现阶段素质测评行业缺乏规范和宏观管理，提供测评服务的机构和人员水平参差不齐。在已经得到运用的单位里，最主要用于招聘录用和选拔晋升，其次

---

① 杨东涛、朱武生：《人才测评在人力资源管理中的运用研究》，《南京社会科学》2003 年第 5 期。

是培训与发展。

当前在西方国家，人员测评与选拔主要运用于招聘录用、职业生涯发展和培训开发，三方面的比例相当。随着我国企业对员工职业通道设计的完善和培训的加强，很可能也会逐渐走向这样的格局。

## 二、测评与选拔结果的运用应注意的问题

国内许多研究者对此有过论述，比较公认的是，测评与选拔结果运用应该避免如下问题：

（1）素质测评无用论[1]。尽管现代人员测评与选拔的影响越来越大，但仍有一些组织机构认为，现代人员测评与选拔并不比传统的选人用人办法高明，不用现代素质测评技术，企业照样能够很好地发展。事实上，这种看法是错误的。过去，由于社会经济总体发展水平比较低，社会的竞争机制和人们的竞争意识还没有成形。在这种情况下，没有现代人才测评技术和现代人力资源管理，企业确实也能正常发展。但在市场竞争日益激烈的今天，企业需要客观有效地选用人才，充分发挥员工的作用，否则会处在越来越被动的位置。如果说在一定范围内对一般员工的误用还是可以弥补的话，那么对诸如关键技术人员和高级管理人员的误用造成的损失却是无法挽回的。

（2）以人员测评与选拔代替人事决策。正确的观点是：人员测评与选拔是为人事决策提供参考信息，使决策的正确率更高。但是，素质测评本身并不能取代人事决策。再先进的测评技术只能提供一些决策支持信息，最终的用人决策是必须有主观判断的，测评的准确性只是降低了这种主观判断的失误率。因此，用人单位不应该要求测评机构和专家做出用人决策，测评咨询机构更不能为了显示测评的"价值"而在测评与选拔结果报告中提出用人决策。

（3）对测评与选拔结果的准确性期望过高。许多机构对人才测评的测量准确性期望过高，以至于把测评的每句话都当成真理，或者对测评要求过高，不能容忍测评的偏差。这都是不切实际的。因为，尽管现代人才测评的测量结果要比传统的选人用人办法准确得

---

[1] 李序蒙：《人才素质测评及其在现代人力资源管理中的应用》，《湖南大学学报（社会科学版）》2000年第6期。

多，但这种测量的准确性毕竟无法与物理测量相比：人的心理测量比物理测量复杂得多，受到的干扰也多得多。因此，我们不能期望人才测评的准确性达到百分之百。事实上，即便利用现代人才测评使得人事决策正确率只提高 10 个百分点，它给我们带来的经济效益或防止的经济损失也将是巨大的。

（4）把人才测评软件看作测评是否科学的标志。当前，许多人一提起人才测评，就要问是不是某种软件，仿佛只有编成软件的测评工具才是科学、有效的。这其实是一种误解。测评软件固然有利于减少计算工作量，提高测评效率，但它与测评工具是否科学是两码事。某些非科学的东西如"算命术"，也有人把它编成软件，它当然不是科学的；相反，某些设计合理、测量效果好的测评工具，即便没有编成软件，也是科学的人才测评工具，特别是当前比较先进的情景模拟测验，对测量管理人员素质非常有效，但却很难编成软件。目前国内许多研究和开发测评软件的公司为了迎合社会发展的需要，东拼西凑一些测验题目，在短时间内就能"研发"出一种测评工具并推向市场。从技术角度说，一个成熟的测评工具没有三五年甚至更长的时间是不可能开发成功的。① 如果短期内就能推出一系列测评工具来，其技术指标之低是不言而喻的。判断一个测评工具是否科学有效，不应看它是不是一个软件，而应检查它的设计是否合理，各种测评质量指标（如信度、效度）是否达到，以及实际上是否有效果。

（5）此外，还应该注意及时将测评与选拔结果反馈给被测者，使之了解自身，促进成长。如果被测员工对结果一无所知，可能会对测评产生不信任感。及时将测评与选拔结果进行反馈，不仅可以让员工更容易接受选拔决策的结果，还可以使之对自己有更明确的认识，从而扬长避短，选择最适合自己的工作。

## 第三节　人员素质测评结果的跟踪分析

通过人员测评与选拔，进行了相关人事决策以后，测评工作并不是就结束了。选拔决策是否有效？选择出的人是否正是需要的人

---

① 王淑范：《人才素质测评中的误区及对策》，《学术交流》2003 年第 7 期。

才？测评的结果对于进行正确的选择起了多大的帮助作用？如果有决策失误的情况发生，是否是素质测评导致的？要解答这些问题，就要对测评与选拔结果进行跟踪分析。

即使测评工具使用具有很高的信度、效度，适合企事业组织情况，得到了比较准确的测评与选拔结果，也未必就能保证人事决策的有效。如前所述，人才测评是为人事决策提供参考信息，以提高决策的正确率。从测评与选拔结果到选拔决策，可以说是一种管理艺术的体现，需要决策者从本企事业组织的具体情况出发做出创造性的决定。然而，决策者总要根据一定的经验，遵循一定的规律来做出决定。对测评与选拔结果的跟踪分析，可以提供这种经验认识；而对人员素质与绩效结果的关联性研究，可以提供规律性的结论。

对于素质与绩效关联性的研究，国外起步较早，并且取得了大量成果，积累了丰富经验。我国在这方面的研究主要始于20世纪90年代，对象主要是政府职员或者企业高层管理人员，成果十分稀少。[1] 我国企事业组织，尤其是国有企业，不能直接将西方的研究用于自身，因为与国外相比，在文化背景、经济环境、企业职能和劳动关系上都有很大差别。[2]

企事业组织应该注意对自身测评与选拔结果进行跟踪，以检验测评系统运用的合理性和测评机构的水平，从而改进未来的测评工作与选拔决策。具体要做好以下几个环节的工作：

（1）系统地记录测评与选拔结果，建立本企事业组织员工素质的常模数据。

（2）建立与素质测评系统对接的绩效考评系统，即在绩效考评中设置与测评项目相对应的素质指标，以检验测评的准确性。定期将测评和选拔结果与实际绩效进行对比，考察两者的差异情况。

（3）在多次测评项目中可以尝试采用不同的测评工具，以比较其准确性。持续跟踪与实际绩效表现的差异，对准确性欠佳的测评工具和手段进行改进。

（4）由人力资源部门定期考察各素质指标与关键业绩指标（胜任特征）的相关关系，向部门主管提交分析报告，以指导未来的选

---

[1] 吕红献：《国有企业中层管理者素质与绩效关系研究》，重庆大学硕士学位论文，2001年。
[2] 《中共中央关于国有企业改革和发展若干重大问题的决定》，人民出版社1999年版。

拔任用决策。

实际上，作为人员测评的组织者与实施者，还要依据相关的跟踪分析提出服务的建议，或者提供相关的服务项目与工作，以保障人力资源与人才素质的有效发挥。

## 本章小结

作为素质测评信息的输出或反馈，人员素质测评结果的报告是人员素质测评活动的最终产品。

按形式分类，人员测评与选拔结果报告可分为分数报告、等级报告和评语报告，它们依次存在递进关系。其中，分数报告是测评与选拔结果报告的基础。常用的分数包括目标参照性分数、常模参照性分数、原始分数和导出分数。

按内容分类，人员测评与选拔结果报告可分为分项报告与综合报告。分项报告全面详细，但缺乏总体可比性。综合报告的可比性强，但看不出具体优缺点。

对测评与选拔结果进行综合与分析时，可采用数据综合与内容分析等技术。数据综合有累加法、平均综合法、加权综合法、连乘综合法等方法。内容分析包括整体分布分析、总体水平分析、差异情况分析等内容。

人员素质测评结果有一定的适用范围，在应用中应该避免以下问题：（1）素质测评无用论；（2）以人员测评与选拔代替人事决策；（3）对测评与选拔结果的准确性期望过高；（4）把人才测评软件看作测评是否科学的标志；（5）此外，还应该注意及时将测评与选拔结果反馈给被测试者，促进其成长。

最后，通过人员测评与选拔进行人事决策后，还要对测评与选拔结果进行跟踪分析。

## 复习思考题

1. 请结合实际情况总结并编写素质测评报告的思路。
2. 按照不同的分类标准，人员素质测评报告各有哪些类型？
3. 试分析实际测评中的各种报告形式，并对它们做一个比较总结。
4. 对测评与选拔结果分数进行综合和分析时，可以用到哪些技术？各有什么作用？

5. 在应用测评与选拔结果时，要注意哪些问题？
6. 如何对人员素质测评结果进行跟踪分析并且进行服务？

▶▶ 案例与分析

### 管理者胜任素质测评①

上海某高技术股份有限公司是研发生产热缩材料的公司。同时，作为国内高档电解铜箔的提供者，公司生产的锂电池用电解铜箔在国内市场的占有率位居同行业前列。目前，公司快速的发展与并购需要更多的适用人才，如何科学地进行人才选拔尤为突出。

2007年11月，公司并购河南某电缆公司，需要对原来的高层管理者的素质进行综合测评，以决定重组后公司高层管理人员的任用。

2008年3月，根据发展战略，公司成立了一个控股有限公司对刚收购的公司进行控股。为了适应公司的发展战略，需对集团的高层管理者的综合素质进行盘点。

2008年5月，控股公司成立之后，企业的高速发展为公司的人力资源开发与管理工作带来巨大压力，最为突出的问题就是高层管理者素质与快速发展之间的矛盾，特别是管理干部的素质迫切需要提升和管理干部的后备力量匮乏。为解决这一关系到企业战略目标实现的重大问题，公司决定引进AA咨询专家的力量进行领导力的测评与开发。

AA咨询根据该公司的实际情况，根据以下流程开展了相关测评项目：

1. 确定测评维度

结合集团企业文化与核心价值观、企业战略目标和发展现状等因素，专家小组和集团人力资源部共同确定不同的维度和内容的测评来区分优秀管理者与一般管理者。

2. 设计和选择测评工具、测评方法

针对不同测评对象及测评内容，综合选择不同的测评方法并进行个性化的设计和修订。其中包括BEI访谈、360度访谈、MBTI、MAP、PDP、案例分析、职业经理人测评系统、公文筐测验、无领导小组讨论、管理悟性测验等多种测评方式。

---

① 案例改编自 HBC 和邦咨询网：《中科英华高技术股份有限公司管理者胜任素质测评》，http://www.hebangchina.com/News/20092/hebang_N_305.html.

3. 设计与选择测试题目

4. 组织测试方案

5. 测评的实施

AA咨询严格按照人才测评实施的流程，按照测评方案的具体要求开展测评。

6. 测试结果及报告

测评报告包括：被试者每项测试的结果，被试者每项维度的评价结果，与胜任特征模型的标准比较的结果，考官对被试者的总体评价，考官对被试者提出的发展建议。根据胜任素质的测评结果，AA咨询提供详细的个人测评报告，测评报告的主体包括：

（1）综合评价：主要是对被测评者在管理职能执行中的总体情况进行简明扼要的评价，对被测评者在管理中的优势和不足有一个总体的了解和认知。

（2）个人胜任素质部分：指明被测评者非常突出的素质是什么；指明被测评者达到岗位要求的素质是什么；指明被测评者没有达到岗位要求的素质是什么，这也是待发展和培养的素质。对每一项胜任素质的测评结果都进行详尽的说明，包括使用的测评工具和方法、结果得来的依据、测评结论得来的依据等。

（3）岗位适应性评价：主要是根据测评结果与当前岗位的要求进行综合考量，对被测评者与岗位之间的匹配程度进行评价。

（4）培训及发展建议：提供相关胜任素质培训与发展的详尽建议与方法。

7. 测评结果反馈

在测评报告进行充分认可后，测评专家对所有被试者进行整体反馈，AA咨询出具管理人员素质测评团体报告，并就团体报告与高层领导、人力资源部进行反馈面谈，提出管理人员人事建议以及发展建议，建议如下：

（1）通过对现职的中高层管理人员进行能力素质评估，评价管理者所掌握的核心专长、技能与岗位职责的契合程度，了解管理人员综合素质特征，对管理人员进行有效的资格测查与评鉴，为管理人员的选拔与晋升提供重要的参考依据。

（2）对管理人员的素质进行测评，全面盘点管理团队的素质水平和结构，发掘具有高发展潜质的管理人员，根据他们的职业价值观、职业兴趣、能力倾向，结合目标岗位的素质要求，有针对性地对他们进行培养，为管理人才的素质提升和优化提供客观依据，为人力资源部提供有针对性的人事管理建议，优化企业管理人才梯队的建设。

（3）对管理人员进行测评反馈和相关培训，指导他们有针对性地提高自身的能力和素质，并指导他们有效经营自我，实现组织与人才的"双赢"发展。

（4）依据测评结果，了解公司管理团队的优劣势，找出团队发展问题所在，为公司快速发展做好准备；了解部门间的团队素质、能力、效率等差距，为人员补充与调配提供支持，优化团队组合，促进高效团队的建立。

▶▶ 案例分析题

1. 案例中的个人测评报告属于哪种报告类型？有什么特点？
2. 对于以上测评结果，应当注意什么问题？
3. 人员素质测评可用于多种用途，试说明测评结果报告应分别采用何种方式。

▶▶ 建议阅读文献

1. 刘琳：《人才素质测评报告的撰写与结果反馈》，《成都行政学院学报》2011年第4期。
2. 谷向东、李铮：《对年轻领导干部素质测评结果的分析研究》，《中国人力资源开发》2014年第1期。

# 第七章

# 人员素质测评应用案例及其分析

📑 **本章学习目标提示**

1. 人员素质测评在党政领导干部选拔中的应用
2. 人员素质测评在企业人员招聘中的应用
3. 人员素质测评在事业单位人员招聘中的应用

本章主要通过介绍人员测评方法在有关企业、公共管理部门与学校中的实际应用案例，弥补前面理论阐述的不足，开阔大家的思路。每个案例的介绍后面都有理论与方法方面的点评和分析。

## 第一节 人员素质测评在党政领导干部选拔中的应用

### 一、C市公开选拔部分副厅局级领导干部

C市市委决定，按照公开、平等、竞争、择优的原则，采取组织推荐、个人自荐和考试、考核相结合的方式，面向全国公开选拔19名副厅局级领导干部。

公开选拔的职位有：

市发展计划委员会副主任1名
市教育委员会副主任1名
市科学技术委员会副主任1名
市对外贸易经济委员会副主任1名
市建设委员会副主任1名

市政府外事办公室副主任 1 名
市政府侨务办公室副主任 1 名
市药品监督管理局副局长 1 名
市林业局副局长 1 名
市旅游局副局长 1 名
市规划局副局长 1 名
市广播电视局副局长 1 名
市信息产业局副局长 1 名
市体育局副局长 1 名
市统计局副局长 1 名
市环境保护局副局长 1 名
市政府高新技术产业开发区管委会副主任 1 名
市经济技术开发区管委会副主任 1 名
市第三人民医院院长（副厅局级）1 名

考虑到该市这次公选工作影响大、选拔职位层次高，为确保这一工作公正、有序进行，公选工作分为三个阶段：报名审核、笔试、面试。从 1988 年开始，中央与许多省市在机关干部招聘录用中，基本上都是采用笔试形式来测评应聘者的知识，主要是测评应聘者的政治理论、语文、公文写作等方面的知识。对于知识的测评，笔试是最简单、最有效的形式。按照国家级的要求，市委精心组织笔试，制定了《笔试考试工作总体实施方案》，成立了笔试工作委员会，规范了笔试工作程序，在考试组织、考场设置、考生身份确定等所有重点环节都严格按照国家级的考试要求进行，笔试试题主要是在国家级题库中抽取命制的，以确保试题质量和覆盖面。另外，对通过笔试进入面试的人选，还进行了面试答辩。面试是现代人员素质测评中一种非常重要的方法，它有着其他测评形式不可替代的特点，是人员素质测评有别于其他领域测评的主要方法。1989 年 1 月 9 日，中共中央组织部、人事部联合颁发了《关于国家行政机关补充工作人员实行考试办法的通知》，《通知》要求考试的基本方式为笔试与面试。面试是在特定场景下以面对面的交谈与观察为主要手段，由表及里测评应试者有关素质的一种方式。面试的内容依据拟任工作岗位的具体要求制定，与笔试不同，面试中被试者的回答行为表现与主试人的评判是相连接的，中间没有任何中介转换形式，面试中主试人与被试者的接触、交谈、观察是相互的，是面对面进行的，主客体之间的信息交流与反馈也是相互作用的。C 市市委这次组织的面试考试主要是采取小组答辩面试的形式，考官通过对考生面试过程中的行为、举止、谈吐、答辩内容来判断被试人深层次的素质。

## （一）报名

从 2010 年 9 月 1 日开始报名，市直机关工委、市辖各区委组织部和市计委等拟选职位的 19 个单位组织人事部门分别设报名站。

报名人员可以直接到各报名站报名，也可以以信函、传真方式到各报名站报名（信函报名时间以当地邮戳为准）。

报名方式可以是组织推荐，也可以是个人自荐。无论哪种方式，都应征得本人同意。

每人只可选报 1 个职位。报名人数少于 10 人的职位不进行公开选拔。

这次公选报名情况总的来看比较好，超过了预期效果。这项工作在全国各地和海外留学人员中引起了较大反响：中组部、中宣部、教育部、团中央等部委领导对 C 市这项工作给予了充分肯定；人民日报、光明日报、经济日报、北京日报、中国青年报和新浪网站以及中央电视台、中央人民广播电台、C 市各新闻单位和有关省市新闻单位等媒体，先后多次刊登、报道、播报和登载了该市公选情况，为做好 C 市这次报名工作营造了良好的社会氛围。从这次报名人员情况来看，有以下四个特点：

（1）报名人员年龄结构比较合理。在 570 名报名人员中，35 岁以下的有 136 人，占 23.8%；36 至 40 岁的有 220 人，占 38.6%；41 至 45 岁的有 175 人，占 30.7%；45 岁以上的有 39 人，占 6.8%。

（2）报名人员学历普遍较高。在 570 名报名人员中，博士研究生有 96 人，占 16.8%；硕士研究生有 174 人，占 30.5%；本科学历的 272 人，占 48.1%；大专及以下的只有 28 人，仅占 4.9%。

（3）全国各地有志之士积极踊跃报考。在 570 名报名人员中，市外报名人员有 304 人，占 53.3%，超过一半以上，其中，海外留学人员有 19 人，他们都获得了博士学位。

（4）报名人员分布不平衡。一是性别分布不平衡。在 570 名报名人员中，男性有 522 人，占 91.6%，女性仅有 48 人，占 8.4%。二是每一个职位的报名人数分布不平衡。报名人数比较多的单位有：市计委 58 人，市广播电视局 53 人，市经济技术开发区 53 人；

人数较少的是：市统计局 1 人，市信息产业局 14 人，市三院 18 人，但也都达到或超过了开考的人数要求。

## （二）资格审查

公选干部的报名和资格审查工作从 9 月 1 日开始到 9 月 27 日基本结束，接着各报名站进行资格初审，市公选办统一进行资格终审。对审查符合资格条件的，经市公选办统一编号，发给参加笔试的通知书和准考证，持准考证参加笔试。填报了"服从分配"的报名者，经市公选办研究，征得本人同意，可改考重定的新的职位。

**报考人员的资格条件：**

(1) 全国各级党政机关、企事业单位、大专院校、科研院所的在职工作人员和海外留学人员。

(2) 思想政治素质。具有履行职责所需要的马列主义毛泽东思想和邓小平理论水平；坚决执行党的路线、方针、政策，开拓创新，做出实绩；事业心强，作风民主，有全局观念，廉洁正派，坚持党的群众路线。

(3) 有胜任拟担任职务所必备的专业知识、工作经验、组织协调能力和宏观决策能力。

(4) 担任正县级职务 2 年以上（1998 年 8 月 31 日前任职）或现任副厅局级及以上职务；担任特大型企业中高正职、大型企业厂级副职、中型企业厂级正职并任现职 3 年以上（1998 年 8 月 31 日前任职）或现任特大型企业厂级副职、大型企业厂级正职以上。

(5) 年龄在 45 周岁以下（1965 年 1 月 1 日以后出生），具有大学本科以上学历。

(6) 身体健康。

(7) 报考市广播电视局副局长和市第三人民医院院长的人选，应是中共正式党员，其中院长人选还应具有副高以上技术职称。报考市对外贸易经济委员会副主任、市政府外事办公室副主任和市旅游局副局长的人选，应具有较好的外语基础。

(8) 海外留学人员具有博士学位的，应有 3 年以上工作经历，不受资格条件第 4 条的限制。

(9) 对特别优秀或岗位需要的，经市公选领导小组同意，可破格报名。

关于报名人员的资格审查情况：

9月20日报名工作结束后,市公选办对报名人员资格进行了初步审查;27日,市委公选领导小组对报名人员资格进行了终审,可以参加考试的人员有551人,占报名人员的96.7%,不合格的有19人,占报名人员的3.3%。

### (三)笔试

笔试分公共科目考试和专业科目考试,采用闭卷方式进行。公共科目考试内容包括政治、经济、法律、管理、科学技术及历史、国情、市情、公文写作与处理。专业科目考试内容包括选拔职位需要的专业基础知识、专业管理和专业政策法规。笔试结束后,将报考者公共科目考试和专业科目考试的得分相加,得出每个人的总分,按拟选职务1∶5的比例由市公选领导小组从高分到低分确定参加面试人选,并公布成绩,市公选办发给参加面试通知书。其他人员的成绩由市公开选拔办公室书面通知到个人。

### (四)面试

公选的19名副厅局级领导干部面试工作于11月4日进行,面试设C市、北京两个考场。面试采取演讲答辩方式进行。由有关领导和专家学者代表组成面试评审委员会,评审委员会根据应考者施政演讲、当场问答等情况综合考察应试者的逻辑思维能力、语言表达能力、计划能力、决策能力、组织协调能力、人际沟通能力、创新能力、选拔职位需要的特殊能力及气质风度、情绪稳定性、自我认知等个性特征。面试结束后当场公布成绩。由市公选领导小组按拟选职务1∶2的比例从高分到低分初步确定考察对象。

根据考生笔试成绩,经市公选办审核,进入各选拔职位的前五位共96名面试人员(市府高新区管委会有三人并列第四名)也已全部产生。从这次笔试结果看,有以下特点:

一是参试人员比例较高。在获得笔试资格的人员中,除了因公出差、因病、出国等因素外,其他考生基本上都参加了笔试,参试率达到85.1%。

二是进入面试人员的结构比较合理。96名面试人员中:本地区的有54人,占56.25%,北京地区的有16人,占16.67%,其他省市的有26人,占27.08%;男92人,占95.83%,女4人,占4.17%;汉族90人,占93.75%,少数民族6人,占6.25%;中共党员90人,占93.75%;正处级57人,占54.17%,其他39人,占40.62%；有博士学位的14人，占14.58%，有硕士学位的26人，占27.08%，有本科学历的52人，占60.42%；事业单位的29人，占30.21%，企业单位的9人，占9.38%；45岁以上的10人，占10.42%，40至45岁的23人，占23.96%；35至40岁的44人，占45.83%；35岁以下的19人，占19.79%。

三是有一部分基本条件较好的人选因多种原因没有进入面试范围，比较遗憾。造成这种结果的主要原因，首先是客观上受名额限制，只有笔试成绩列前五名的考生才有面试资格，而这次报考的总人数达到570人，平均每个职位有30人竞争，其中报考市计委、市广播电视局、市教委、C市经济技术开发区的考生人数分别达到58人、53人、51人、44人，竞争十分激烈；其次是一部分考生尽管学历较高、阅历丰富，也有成果，但缺乏参加领导干部竞争考试的经验；还有少数考生考前准备不充分或临场发挥不好也影响了考试成绩。

## （五）体检、组织考察和决定任用

组织初定的考察对象进行体检，体检合格者，经市公选领导小组审核，正式确定为考察对象。如有因健康原因被淘汰的，将按分数从高到低替补人员进行体检。

由市公选办牵头组织考察组，对确定的考察对象进行全面考察。经市公选领导小组提出任用意见后，报市委常委会讨论，对市委常委会确定的人选进行公示。公示结束后，市委常委会对公示结果进行讨论，决定正式人选，按有关法定程序办理任用手续，并向社会公布公开选拔结果。

**C市公开选拔部分副厅局级领导干部面试操作程序**

面试评审小组组长身份标志是"主任评委"，成员为"评委"，应试人员为"考生"。各面试答辩小组成员有全体评委、计时员、计分员、监督员、联络员和录音员。

上午8：00候考室联络员将应试人员集中到候考室分别查验准考证、身份证、工作证和《面试通知书》，并报告考场主任。

上午8：15考场主任向应试人员宣读《考场规则》，说明有关事项。

上午8：25应试人员按候考室联络员的指令和要求依次抽签确定应试顺序，并在抽签卡上签名。然后，由候考室联络员填写《面试应试人员顺序表》，一式三份，候考室联络员留用一份，另两份待候考室联络员前来领取。抽签卡由候考室联络员保存，面试结束后，与《面试应试人员顺序表》一并交公选办有关人员。

各面试答辩小组全体评委和计时员、记分员、监督员、联络员、录音员，在上午8：30前到指定的会议室集中分组，领取试题和各类表格。

上午9：00前，全体评委和工作人员到指定的答辩室。

主任评委负责主持本答辩小组面试过程。

监督员将评分表和评分草表发给主任评委、评委。

各考室的联络员与监督员，经主任评委同意后，一起在面试开始前3分钟，按抽签顺序依次从候考室引领应试人员到各考室面试；同时，在候考室联络员处领取两份已填好的《面试应试人员顺序表》，一份交本考室主任评委，一份联络员留用。每位应试人员面试结束后，按主任评委的指令，由本考室的联络员和监督员一道送离考场。已面试人员不得与未面试人员见面、交谈，也不准在考场周围逗留；违者按违纪处理。随后，引领下一位应试人员面试，依此类推。上午考生于当天上午11：30返回本职位答辩室门外，等候依次公布面试成绩。当天下午5：00考生返回本职位答辩室外，等候依次公布面试成绩。

应试人员入考室后，考室内面试操作程序为：

1. 主任评委向考生宣读指导语。

2. 主任评委宣布面试开始，计时员开始计时；考生回答主任评委按试题依次提出的问题。

注意：

（1）考生回答问题前，主任评委应准确告诉应试人员回答提问和追问所限定的时间，共计为30分钟；计时员按主任评委所限定的时间，严格准确计时。

（2）即席追问由主任评委进行。即席追问的问题，按预先设计的追问问题进行。

3. 应试人员回答问题，至开始计时后的第27分钟，由计时员举牌提示，主任评委立即提醒应试人员"回答问题还剩最后3分钟"；到第30分钟时，由计时员举牌发出终止答问信号，主任评委即刻终止其发言，并宣布该考生的面试结束。

4. 考生面试结束后，主任评委指令考室联络员与监督员将其引领出考场。

5. 在评分过程中，各主任评委可先在统一制发的《评分草表》上打分；然后，将确定的正式分数记录在《评分表》上，包括各要素评分和总分，并在《评分表》上签名。

6. 计分员将各评委填好的《面试评分表》收回；将收回的《面试评分表》中的报考部门、评委姓名、分数等，分别转入《面试成绩评定表》（每位考生一份）；对已填好的《面试成绩评定表》中7位评委的总分进行比较，去掉一个最高分和一个最低分后，将其他5位评委的总分累计并除以5，算出平均分数，平均分填入《面试成绩评定表》并签名。监督员负责对计分过程、结果进行监督和审核，确认计分无误后签名。

7. 计分员填写《面试成绩汇总暨报评审委员会审定表》，送主任评委查验签名。

8. 计分员从主任评委处收回《面试成绩汇总暨报评审委员会审定表》，按审定的《面试成绩汇总暨报评审委员会审定表》，将考生的最后得分按名次转《面试成绩公布表》。

9. 计分员将填好的《面试成绩公布表》（附《面试成绩汇总暨报评审委员会审定表》）送监督员审核后，交主任评委审核签名，并指令本考室的联络员和监督员召集考生，宣布面试结果。通知面试成绩的前两名考生，于11月5日8：00空腹到市公选办集中，参加体检。北京面试成绩前两名应试人员的体检，则另行通知。

10. 各考室的计分员将所有表格收齐装袋交面试评审委员会主任；各考室联络员将各评委当天使用的面试试题、表格等收齐，送市公选办封存。

附：
面试样题：

1. 有人说："讲经济效益必须以牺牲道德为代价。"在经济价值优先还是道德价值优先的问题上，你的看法如何？（测评要素：逻辑思维能力）

2. 某厅所属二级单位的一把手年龄大、工作能力弱，而由他培养起来的二把手虽然工作能力较强，但碍于情面，难于施展，该单位工作上不去，效益越来越差，年轻的业务骨干纷纷提出调离申请。你作为分管副厅长，如何解决这一问题？

(测评要素：决策能力)

3. 假如你是某局主持工作的副局长，业务工作熟，群众基础好。最近上级从外单位调来一位局长。由于新局长对业务工作不熟悉，又比较主观，经常在局务会上与你发生意见分歧，一些干部对此很有意见，议论纷纷，你怎么办？(测评要素：组织协调能力)

4. 某外国公司拟在A市投资上千万美元，该公司的经理将在一周内到达A市考察，现已抵达北京。这时有消息说，友邻的B市也派人去北京与该外商接触，该外商极有可能改变初衷。你作为A市分管经济工作的副市长，怎么策划这件事？(测评要素：计划能力)

**表7-1　C市公开选拔副厅级领导干部面试评分表**

招考部门：　　　　　　　　　　　序号：

| 测评要素 | 逻辑思维能力 | 决策能力 | 组织协调能力 | 应变能力 | 语言表达能力 | 求实、开拓、认知、气质 | 满分 |
|---|---|---|---|---|---|---|---|
| 权重 | 20 | 18 | 20 | 18 | 12 | 12 | 100 |
| 观察要点 | 逻辑严密，推理过程清晰，条理清楚，思维具有广度、深度和创造性 | 善于把握、分析、比较各方面信息和经验，果断做出合理、有成效的决定 | 行使领导职能，围绕任务目标，科学分配，协调人、财、物达到最佳使用效果 | 压力情境下，情绪镇定、思维敏捷，反应迅速，处理问题及时、果断、得当 | 理解力强，语言准确、流畅、生动，表达条理清晰，有感染力 | 实事求是、客观，对自我有全面深刻的认识，有开拓精神，举止自信得体，有感召力 | 总分 |
| 评分标准 优 | 17—20 | 16—18 | 17—20 | 16—18 | 11—12 | 11—12 | |
| 良 | 12—16 | 12—15 | 12—16 | 12—15 | 8—10 | 8—10 | |
| 中 | 4—11 | 5—11 | 4—11 | 5—11 | 4—7 | 4—7 | |
| 差 | 0—3 | 0—4 | 0—3 | 0—4 | 0—3 | 0—3 | |
| 得分 | | | | | | | |

考官签字：

　　　　　　　　　　　　　　　　　　　年　月　日

> **案例分析**

十一届三中全会以后，我国进行了组织人事制度的各项改革，其中干部录用制度的改革核心是建立贯彻公平、平等、竞争的录用原则，对干部申请者进行统一的考试考核，择优录用。C市这次大规模的干部考试可以说是很好地贯彻执行了国家的干部考试录用原则。整个选拔录用的过程分为三个阶段，即报名审核、笔试和面试，每一阶段严格把关并保证了一定比例的选拔人数。面试的具体方式有三种：个别面谈、集体面谈、集体讨论。个别面谈一般是3位考官与1位应试者进行面谈，考官提问后，指定某考生回答；集体讨论，则是出一个问题，让6—9名应试者一起讨论，时间大约40—60分钟，主考官3名。面试主要关注的是性格人品，如积极性、协调性、责任感、精神状态、语言表达能力、适应性等，以及领导能力、决策能力等潜在的素质。

> **讨论题**

1. C市公开选拔部分副厅局级领导干部使用了哪些测评手段？各有什么不同的用途？

2. 你认为C市公务员选拔的甄选工作还有什么可以改进的地方？

## 二、北方某省公开选拔副厅级领导干部

北方某省为公开选拔副厅级领导干部于2010年7月22—24日集中进行面试，以公正严明地挑选出合格人选。为保证公开选拔领导干部面试工作顺利进行，特制定面试工作组织操作运行程序如下：

### （一）组织面试人员报到（面试开始前60分钟）

1. 考生要在当天早7：00准时到省财政专科学校候考室（多功能厅）报到；各监考组、纪检组、公证组工作人员提前10分钟在候考室迎接考生。

2. 考试组工作人员检验考生准考证、身份证，进行签到；同时，发给每名考生一份《应试人员纪律》。

3. 考生签到后，由各监考组工作人员引导考生按照划分的五

个等候区就座，每个等候区对应一个考场，每个考场是三个招考单位的前五名，共计 15 名考生。

4. 考生全部到齐后，由监考人员统一宣读《应试人员纪律》，通知误带传呼机、手机的考生将上述物品送交监考人员保管，否则即视为违纪，取消考试资格。

### （二）组织面试抽签（面试开始前 40 分钟）

1. 由考试组工作人员宣读面试抽签办法，并征求考生意见，如无不同意见，准备抽签。

2. 各监考组在公证人员的监督下组织考生抽签。首先，由报考同一单位的五名考生抽各自的答辩顺序，抽签后填写《面试抽签排序登记表》。然后，由分在同一考场的考生抽所报考单位当天的答辩顺序（办法有两种：一是由三组考生中，每组第一个答辩的考生抽签；二是由三组考生各推荐本组的一人抽签）。抽签后填写《报考单位面试抽签排序登记表》，考生、公证员、监考人员须签字。

3. 抽签结束后，考试组工作人员负责收集抽签登记表，按抽签序号，分别统计并排好当天每个考场报考单位和面试人员的面试顺序，并将整理后的排序表分别送给五个考场的监考组组长。

### （三）组织面试人员进入考场（面试前 20 分钟）

1. 评委、纪检、公证、计分、计时及旁听人员进入考场。由各考场纪检组长负责宣布《面试工作人员纪律》《旁听人员须知》《应试人员纪律》（上、下午各宣布一次）。

2. 各考场监考员按照面试时间，将面试人员依次（每次各组带一名考生）带入教学楼第二候考室。

3. 各监考组（两人）到保卷室领取试卷（上午两次、下午一次），然后带面试人员一同进入考场。

4. 考生入场时将准考证交给监考组长，经检验后交给主考官。然后由纪检组长当众启封试卷袋，并将试题分发给各位评委（每个评委一份题签、一份答案、一套评分要素表）和面试人员（面试人员只发一份题签发放在答辩席上共用）。

注：启封试卷袋这个环节，只在上、下午正式考试前，以及上午第一个招考单位五名考生全部结束面试之后，开始第二个单位五名考生面试前进行。

## 第七章 人员素质测评应用案例及其分析

### （四）面试正式开始

上午8：00（下午2：30）面试开始。主考官在宣布每个考生面试开始前，要提醒计时员及其他评委、工作人员做好准备，然后宣读试题，宣布面试开始，计时员计时（每个考生20分钟），考生须在规定的时间内答题（包括阅题、思考、准备）。计时员在答辩进行到第17分钟时要提醒考生"距离考试结束还有3分钟"，答辩进行到第20分钟时，宣布"时间到"，主考官应立即宣布面试结束（考生若提前结束答辩，也由主考官宣布面试结束）。面试结束后，主考官将准考证退还考生，要求考生将题签翻放课桌上，然后由一名监考人员陪同退场，到候分室（3402）等候宣布成绩，上午10：00第一个招考单位五名考生全部结束面试后，主考官宣布休息10分钟。

### （五）评委打分、计分员录分

在考生答题过程中，评委即可对照参考答案，按照各测评要素给面试人员打分。当考生退场后，由计分员到评委席收取每个评委的评分要素表，然后在公证人员的监督下，按照评委顺序将各位评委给考生打分的分数录入微机，由微机自动汇总计算出成绩。成绩出来后，由计分员填写在面试成绩登记表上，在公证、纪检、监考及计分员签字后，交监考组长，派一名监考到候分室宣布考生面试成绩。考生得知本人成绩后，在引导员陪同下离开考场。一个招考单位五名考生的成绩都宣布完后，由监考组长负责将所有题签、答案连同面试成绩登记表收齐、装袋送保卷室统一保管。

附：

**主考官主持用语**

一、面试时间到，请大家安静。

我宣布，我省公开选拔副厅级领导干部，第（具体考场号）考场面试开始。

二、首先，请监考人员宣布《考场纪律》。

（上、下午开始时各宣布一次，上午10：00休息后不再宣布。）

（由各考场监考组长宣读《应试人员纪律》《旁听人员须知》。）

三、请监考人员启封试卷，分发题签。

（上午开始时一次，中间休息后一次，下午开始时一次。）

（由各考场监考人员当众启封试卷袋，发给每个评委一份题签、一份参考答案和一套评分表，将考生用的题签翻放在应试人员席上。）

四、请应试人员入场（按照抽签确定的顺序，每次一人）。

（考生入场后将准考证放在主考席上，在应试人员席就座。主考官按照题签中提供的用语与考生略微交谈，缓解气氛，让考生放松情绪。）

五、按照规定，每个应试人员的答题时间限定在20分钟内，在我宣读试题后，宣布应试人员开始答题时计算时间。请计时人员调准时间，做好准备。

六、下面我先宣读一遍试题，应试人员可以阅看面前的题签，但不允许在题签上写字或画标记。

（按照题签的规定，宣读全部或部分试题。）

七、现在，请应试人员开始答题。

（计分员计时，考生答题，各位评委根据考生答题情况计分。）

（计时员在第17分钟时提醒还有3分钟，在20分钟时宣布时间到。）

八、时间到，答题结束。请应试人员将题签翻放在桌面上，退出考场到候分室等候。

（主考将准考证交还考生，监考人员陪同考生退场。）

九、请计分员在公证人员监督下开始核分计分。

（监考组长收集各位评委的评分表交给计分员录入微机。每个考生的最后得分出来后，由计分员填写《面试人员成绩记录单》，交给监考组长，请主考、公证、监考、计分分别签字。由监考人员到候分室向考生宣布成绩。）

（每天上午第一考生考完后，评委组要稍微议论一下，再继续进行。）

（上午前五名考生考完后，休息10分钟。）

（每个招考单位的五名考生面试结束后，监考组长收集每位评委的题签、参考答案连同评分表、成绩单一并装袋，密封后送回保卷室。）

十、上午（下午）面试结束，请大家退场。

表7-2 公开招聘副厅级领导干部面试评分要素表

| 测评要素 | | 逻辑思维能力 | 决策能力 | 组织协调能力 | 计划能力 | 综合表现 | 满分 |
|---|---|---|---|---|---|---|---|
| 权重 | | 25 | 20 | 20 | 20 | 15 | 100 |
| 观察要点 | | 条理清晰，逻辑严密，判断准确，思维富有广度、深度和创造性 | 善于比较各种要素，果断做出决策 | 行使领导职能，合理调度各方力量，使人、财、物配置达到最佳效果 | 能够统筹规划，工作安排思路清晰，合理可行，时间顺序明确 | 客观认识自我，沉着自信，精神饱满，举止得体，语言运用准确、流畅、生动，富有条理性和感染力，创新意识强 | |
| 评分标准 | 优 | 20—25 | 15—20 | 15—20 | 15—20 | 12—15 | |
| | 良 | 15—19 | 10—14 | 10—14 | 10—14 | 8—11 | |
| | 中 | 10—14 | 5—9 | 5—9 | 5—9 | 4—7 | |
| | 差 | 0—9 | 0—4 | 0—4 | 0—4 | 0—3 | |
| 考官评语： | | | | | 考官签名： | | |

### 案例分析

十一届三中全会以后，我国进行组织人事制度的各项改革，其中干部录用制度的改革核心是建立贯彻公平、平等、竞争的录用原则，对干部申请者进行统一的考试考核，择优录用。1981年7月28日，国家人事局下发了《关于下达部分海关新增干部指标的通知》。《通知》规定，对新增干部的录用除笔试外，还要进行面试。面试由此进入干部的录用之中。至此，面试在公务员考试设计中广泛推广，全国各地、国家各部委公务员的录用与招聘均按统一的程序与标准进行面试。面试与其他的考试形式相比有很多的长处，面试是与考生面对面的接触，一种由表及里测评考试有关素质的一种方式。这种方法直接性较强，面试的内容可以灵活变动，考官与考生的交流有着直接互动性。面试的这种直接性提高了主试与被试之间相互沟通的效果与面试的真实性。

> 讨论题

1. 党政领导干部选拔面试有哪些特点？
2. 你对这场面试有何评价？是否存在需要改进的问题？

### 三、公务员结构化面试题实例及评析[①]

2003年某省公务员录用大幅度以结构化面试方法为主，部分试题列举如下：

1. 你对要报考的单位有什么了解吗？是通过什么渠道知道的？

此题所测的要素为言语表达能力，并为深入了解求职动机、工作能力等收集信息，题型是背景性题目。这类题目的目的一是让被试人心理放松，能够自然进入面试情境；二是作为面试的最初探查，了解被试人是否有备而来；三是收集话题，为深入面试提供引导；四是核实被试人的某些背景信息。

被试人回答言语清晰、流畅，表达内容层次分明，富有逻辑性，可评为上等；被试人回答言语通顺，表达内容条理基本分明，评中等；被试人回答结巴，言语表达不清、累赘，表达内容没有条理，缺乏逻辑性，则评下等。

2. 你有个朋友生病在家，你带着礼物前去看望，偏巧在楼道里遇见了你领导的爱人，对方以为你是来看你的领导，接下礼物并连连道谢，这时你如何向对方说明你的真正来意，又不伤害对方的面子？

此题所测的要素为应变能力，题型是情境性题目，使被试人面临一种微妙、棘手、有压力的情境，观察被试人思维的敏捷、周密、机智、灵活的程度以及情绪的稳定性。

被试人回答情绪稳定，思维敏捷，设想的言行得体，可评为上等；被试人回答情绪基本稳定，设想的言行基本得体，评中等；被试人回答不知所措，窘迫、紧张，设想的言行不得体，甚至让对方下不了台，评下等。

3. 从你的自我介绍中知道你做过管理工作，能否请你举一个你认为管理成功的工作例子，详细说明你从事计划、组织、协调方面的情况？

---

① 本部分材料主要根据某地方网站资料编辑而成。

此题所测的要素为计划组织协调能力及处理问题的风格，题型是行为性问题，对没有管理经历的被试人可换一个角度或问题了解。

被试人所举的例子中，由其负责组织活动的计划、组织、协调内容较复杂，被试人能综合各方面的因素很好地进行组织，采取措施效果好，说明层次清楚，可评为上等；组织活动的内容不很复杂，措施基本有效，说明有条理，评中等；所组织的活动简单有漏洞，说明不清，评下等。

4. 随着经济发展，环境污染也日益成为百姓关注的问题。你对环境与发展的关系有什么见解？

此题所测的要素为综合分析能力，题型是智能性问题，重点了解被试人对热点问题的关注程度，看日常观察问题的能力、思考问题的深度，有没有独立的见解，知识面是否宽广，思想是否成熟，而非让被试人发表专业性意见。

5. 《红楼梦》中你最喜爱的人物是哪一位？作者塑造的这一人物的个性是什么？

此题所测试的要素为形象思维的能力，属于专业素质，适用于新闻出版文学评论方面的职位，不属于测试公共素质的范畴，题型是知识性题目。对于报考某种专业职位的被试人，了解他们专业方面的意识和能力很有必要，同上一题相反，需要被试人发表专业性的见解，没有专业方面的意识和能力，被试人胜任不了这类专业性较强的职位。

6. 如果报酬等条件相当，任你选择，你更加倾向于图书馆管理员还是大学生政治辅导员？

此题所测试的要素为求职动机与拟任职位的匹配性，题型是意愿性题目，提问方式是迫选，强迫被试人在选择比较中表现出真实的特点。一般情况下，被试人选择图书管理员可能反映其倾向与物打交道。两种选择可能反映被试人不同的个性。不论被试人怎样选择都无所谓对错，但评价时应以与拟任职位的匹配程度来决定等级和分值。

7. 如果在工作中，你的上级非常器重你，经常分配给你做一些属于别人职权范围内的工作，对此同事对你颇有微词，你将如何处理这类问题？

此题所测试的要素为人际交往的意识和技巧，将被试人置于两难境界，测评其处理上下级和同级权属关系的意识及沟通的能力，题型是情境性问题。

被试人感到为难，并能从有利于工作和团结的角度考虑问题，积极、婉转、稳妥地说服领导改变主意，同时对同事一些不合适甚至过分做法有一定的包容力，并适当进行沟通，可以评为上等；感到为难，但又不好向领导提出来，怕辜负领导的信任，私下里与对你有意见的同事进行沟通，希望能消除误会，评中等；不感到为难，坚决执行上级交代的任务，并认为这是自己能力强的必然结果，评下等。

有条件的地区、部门的面试方法在结构化面试的基础上，同时采用无领导小组讨论、技术演练、情景模拟等多种方法综合面试。

这里仅以某部门采用无领导小组讲座为例，说明多种方法综合面试的应用情况。该部门面试首先进行了结构化面试，后认为有些素质和能力的测试不够深入，被试人的等级成绩区分不大，根据需要又进行了无领导小组讲座的面试，无领导小组讲座的题目是："推选哪三位同志为本单位年度先进工作者？"背景资料说明经群众民主评论，初选出十位同志为本单位年度先进工作者，但是先进工作者名额有限，只有三个名额，请被试人作为本单位人事处工作人员讨论，从十位同志中推选出三位，提请本单位领导决定。

讨论前向被试人群体每人提供一份推选先进工作者的政策规定，一份十位初选同志的政绩、优缺点、年龄、性别等方面的基本状况。

无领导小组讨论过程中，不同观点和意见展开了激烈的辩论，逐渐形成统一的见解和推选名单，在所测评的言语表达能力、综合分析能力、组织计划协调能力、应变能力、人际交往意识和技巧、自我情绪控制、心理个性等要素上，大大深入了一步，优差的等级区分十分明显，充分弥补了结构化面试单一方法的不足，体现了多种方法综合面试的优越性，代表了面试的发展方向。

案例分析

公务员面试方法已进入以结构化面试为基础，有条件的地区、部门同时采用无领导小组讨论、情景模拟等多种方法综合面试的新形式。

面试内容有言语表述能力、综合分析能力、应变能力、计划组织协调能力、人际交往的意识和技巧、自我情绪控制、求职动机与拟任职位的匹配性、举止仪表等公共素质和专业素质，这里的专业素质并不完全等于专业知识，主要指拟录用职位所要求的专业思维与工作的能力、技术具有职位的特殊性，不是职位的通用性。结构化面试的题型包括背景性题目、知识性题目、情境性题目、智能性题目、行为性题目、意愿性题目，各有各的特点和功能，为面试内容和要素服务。

考官每组一般7—9人，其中主考官1人，评价按要素打分，各个要素的分值具有科学的结构比例，成绩汇总采用体操打分法。在组织分工上，录用主管机关负责面试政策、方法、要求的制定和提出，审核用人部门的面试实施方案，编制公共题本，培训考官队伍，巡视评价用人部门的面试情况；用人部门负责拟定本部门的面试实施方案，编制专业试题，具体组织实施本部门的面试，确定面试合格名单。

录用主管机关和用人部门统分结合，各负其责，达到整个面试面上统一、点上深入，有组织、有计划、有特点地进行和总结。结构化面试限时为30分钟左右，属于个体大幅度。7—9个考官测试1个被试人，一次一次地进行。

> 讨论题

1. 结构化面试与非结构化面试的区别是什么？
2. 你认为这则案例中测评的东西是否很好地反映出了公务员所需要的素质？它们是否完备？如果不是，请说明理由。

## 第二节 素质测评在企业人员招聘中的应用案例与分析

### 一、软件工程师的素质测评[①]

2002年冬季，计算机和通信专业毕业生的人才争夺战拉开了帷幕。总裁们马不停蹄，奔走于全国各大高校之间，或演讲，或座谈，宣传自己的企业，吸引优秀人才加盟。

那么，如何识别出适合自己企业个性和技术方向的人才呢？技术把关应该不是问题，各项目经理有足够的水平来做好这项工作，

---

① 根据2003年3月16日《北京人才市场报》田效勋的文章《如何设计研发人员的薪酬关系》修改而成。

但实践证明,人才发展不理想往往不是因为技术背景不行,更多的原因是个性等综合素质不适合自己企业的研发工作。

在这样的背景下,A公司决定加重"综合素质"测评工具的分量,对全国知名高校参加应聘的毕业生进行素质测评。

经过仔细研究设计,整体测评工作安排如下:

第一步是确定测评的重点维度。这一步至关重要,甚至比测评过程本身还重要。这次招聘总的来说是针对一类职位:软件工程师。人力资源部进行了深入的职位分析,主要采用深度访谈法,对象是项目经理。通过访谈,最后得出了需要评价的三个主要维度:学习能力、创新能力、合作能力。IT业很多技术需要自己跟上世界发展潮流,很多知识是在课堂上学不到的,因此需要具备很强的学习能力。企业间竞争越来越激烈,能够不断开发出适合市场需求的新产品和新的服务,才是企业竞争制胜的关键,创新能力当然成为对研发人员测评的重点。另外,企业做软件研发工作,靠一个人单打独斗很难快速开发出新产品,团队精神、合作能力就成了另外一个关注的重点。现代企业里,强调的是以人为本、自我激励,那些需要别人督促的人显然会落后于竞争对手的速度和创造能力,所以这次测评特别提出了自我驱动这个维度的评价。

第二步是选择和开发能够测评以上维度的工具。A公司主要运用了三类测评工具:心理测验、半结构化面试、情景模拟测验,每一类工具针对不同的测评维度。学习能力的测评相对简单,A公司采用了国际上通用的非文字逻辑推理能力测验来测评。合作能力测评主要运用情景模拟测验来做,请4—8个人组成一个小组来共同解决一个问题,从中观察应聘人的合作能力和综合素质。创新能力的测评历来是个难题。目前测评创造力的工具效度和信度普遍偏低,A公司只好采取综合的方法来解决问题。创新能力的高低和很多素质有直接关系,如对新事物的开放性思维、直觉思维、独立性、灵活性等。A公司就选用了能够测评这些素质的工具,并在面试和情景模拟测验中专门设计用来考察创新能力的问题。

表7-3 测评工具与测评维度的对照表

| 测评工具与测评维度的对照表 | | | | |
| --- | --- | --- | --- | --- |
| 测评维度 | 合作能力 | 学习能力 | 创新能力 | 自我驱动 |
| 测评方法 | 情景模拟 | 逻辑推理能力测验 | 间接、综合法 | 个性测评 |

## 第七章 人员素质测评应用案例及其分析

第三步，实施测评，反馈测评结果。在招聘测评过程中，首先由技术专家（一般是项目经理）进行技术面试，过关者由 A 公司进行综合能力测评。在测评过程中，很多应聘学生对这种测评方法感到很新颖，很多兴趣，反馈很积极。有的说："A 公司虽然不是跨国公司，但在招聘人才方面比跨国公司做得还细致、还专业。"有的说："经历过 3 个小时的测评，我感觉 A 公司这种做法是重视评价人的潜能和团队精神，我对来这样的企业之后的个人前途充满希望！"很多学生都有这样的想法。在具体实施过程中，创造良好的评价环境很重要，很多学生从外地赶到北京，很辛苦，如果测评环境不好，就会影响到他们水平的稳定发挥。综合能力测评结束后3—4 天，项目经理拿到公司提交的应聘人测评报告。报告主要内容是定性、定量描述应聘人和软件工程师这个岗位的匹配程度，包括合作能力、学习能力、创新能力等个性方面综合能力的评价描述。各项目经理根据技术面试结果和测评报告做出录用决策。

项目经理一开始并没有特别在意这份六百多字的测评报告，但读完报告之后，他们觉得这份报告很实用。在两个学生技术背景相差很小的情况下到底用谁，测评报告给出了答案，因为它关注的是非技术素质，这就为用人经理提供了很好的参考。到后来，项目经理面试后，都迫切期待拿到综合素质测评报告，以便更准确、更快地决策。

另外，这份测评报告还有一个很重要的用途，就是指导新员工尽快适应工作岗位，报告对应聘人的个性特点和工作风格分析得比较透彻、准确，可以作为设计职业生涯、指导开展工作的参考。

第四步，跟踪研究。为了更好地改进招聘工作，A 公司还对上岗人员的工作表现进行跟踪研究。同时获取这次测评的预测效度数据，为改进测评方法奠定基础。由于追踪研究的最佳时间为上岗后一年，目前，他们的这项工作还没有进行完毕。

### 案例分析

人员素质测评按照目的与用途划分，可以分为选拔性测评、配置性测评、诊断性测评、考核性测评与开发型测评五种。在这一案例中，A 公司主要运用的是选拔性测评，即一种以选拔优秀人员为目的的素质测评。它是人力资源管理活动中经常要进行的一种素质测评。许多待遇优厚、工作舒适的职位，常常有众多的求职者。尽管我们采取一定的形式筛除了许多不合格的求职者，但最后仍然会存在不少可供我们选择的合格者，此时需要我们实施的就是选拔性的素质测评。

A公司测评工作的第一步就是先行分析合格求职者之间的素质差异及其表征，而后从所有能够揭示求职者素质差异的特征与标志中选定几个最主要的特征与标志（学习能力、创新能力、合作能力），并以具体指标界定所选定的主要特征与标志。第二步，很明显是选择和开发能够测评以上维度的工具，即选取适当方法测评每个求职者在每个指标上的取值。第三步是实施测评，按测评规则区分求职者，并将测评结果反馈给相关部门和主管人员，为选拔优秀的求职者提供依据。

由于绩效考核与素质测评是相辅相成的，素质测评为绩效考评提供了起点与背景，而绩效考评为素质测评提供了一种实证与补充。素质测评主要是对人与条件的测评，以任职资格要求为标准，而绩效考评主要是对事与结果的考查，以职责任务要求为标准；素质测评是为人与事的配置提供科学依据，而绩效考评是对配置的优劣进行科学的检查。因此，就有了第四步——跟踪研究。

讨论题

1. A公司所确定的重点测评维度及其所选择的测评工具是否合理？为什么？
2. 测评报告在A公司的招聘中起到了何种作用？
3. 跟踪研究的利弊是什么？

## 二、名企如何面试？[①]

截至2001年上半年，《财富》公布的世界500强企业中已有270多家进入中国，随着中国加入WTO，必然带来中外经济交流与合作步伐的加快，到中外名企中去工作已成为许多白领的心愿。中外名企的人员素质是世界上一流的，它们的面试考核方法在世界上也是引领潮流，不乏经典之作。作为求职者，了解和熟悉中外名企的一些面试考核方法，对于顺利地通过面试、实现自己的愿望，是很有必要的。知彼知己，方能百战百胜。那么，中外名企是怎样对应聘者进行面试的呢？

---

① 来源：卓博人才网，http://finance.sina.com.cn/jygl/20020219/173042.html。

## （一）微软："车轮战"，见到的考官越多，成功的希望越大

微软面试应聘者，一般是面对面地进行，但有时候也会通过长途电话，越过千山万水，考官和应聘者只是坐在电话线的两端。每一个面试者要同微软公司的5到8个人面谈，有时候可能要达到10个人。每一个考官的面试都是以"一对一"的方式进行。主考官全是各方面的专家，每个人都有一套问题，各自具有不同的侧重点，问题的清单通常并未经过集体商量，但有四个问题是考官们共同关心的：(1) 是否足够聪明？(2) 是否有创新激情？(3) 是否有团队精神？(4) 专业基础怎样？

当你起身离去之后，每一个考官都会立即给其他考官发出电子邮件，说明他对你的赞赏、批评、疑问以及评估。评估均以四等列出：(1) 强烈赞成聘用；(2) 赞成聘用；(3) 不能聘用；(4) 绝对不能聘用。你在几分钟后走进下一个考官的办公室，根本不知道他对你先前的表现已经了如指掌。他在嘴上说"接着谈谈"，其实是瞄准了"哪壶不开提哪壶"。所以，一个进入微软研究院的应试者会觉得是在攀高峰，越到后面难关越多。当然，也会有些人只经历了两三个考官就宣布结束，并未见到后面的"险峰"，但那并非吉兆。因为这两三个考官也许正在网上传递着同一句话："此人没戏，别再耽误工夫了。"一般说来，你见到的考官越多，你的希望也就越大。

下面是微软面试中的一些经典问题：

为什么下水道的盖子是圆形的？

请估计北京有多少加油站？

你和你的导师发生分歧怎么办？

给你一个非常困难的问题，你将怎样解决它？

两条不规则的绳子，每条绳子的燃烧时间为1小时，请在45分钟内烧完两条绳子。

对于这些问题，考官并不是想得到"正确"答案，而是想看看应聘者是否能找到最好的解题方法，看看他们是否能够创造性地思考问题。

## （二）民生银行：着重考察求职者的悟性

民生银行是中国金融改革的新生事物，成立不过五年，却取得

了令人瞩目的成绩。民生银行的招聘原则是："重文凭，不唯文凭。"因为在他们看来，学历可以反映一个人的知识结构，但却无从考量他的实际工作能力。民生银行在入行招聘考试中发现有这样一种倾向，往往考试成绩很好的人，在实际工作中处理问题比较局限，当然这未必是普遍规律，但这样的问题确实存在。而有些人可能基础学历相对较低，但应变能力、开拓业务的能力却很强。基于此，民生银行非常看重应聘者的悟性。这主要通过面试过程中的谈话、提问等情况交流来考察和判断。比如他们会设置一些模拟情境和具体案例，让应聘者给出解决方案。银行业务是和人打交道的工作，要求有很强的悟性、反应能力和潜质。

### （三）摩托罗拉：注重对人品的考察，希望听到不同的声音

摩托罗拉筛选应聘者的最后一关，也是最重要的一个环节是，对应聘者个人品行和职业道德的考量。摩托罗拉非常注重员工的品行和职业道德，如果一个应聘者的品行不符合摩托罗拉的要求，就算他的专业背景再好，工作兴趣再高，摩托罗拉也不会录用。这是因为摩托罗拉非常强调团队精神，一个品行欠佳的人会影响到团队的凝聚力和战斗力，他的个人能力再强，也不能弥补他对公司整体造成的损失。虽然一个人的品行很难量化，但是，摩托罗拉大中华区人力资源部总监李重彪认为，在面试过程中，仍然可以从多个方面来判断一个人的品行。比如他的工作经历，对一些问题的看法，以往与客户、同事的关系怎样，他在寻求自身事业发展的过程中，是对公司考虑得多一些，还是考虑自己的得失多一些。比如有的人来面试，问他一个问题，他明明不懂却装懂，经过一次提醒之后，他还在那儿继续胡扯，这样的人一看就是撒谎惯了的。有的人为了达到某种目的，会隐瞒一些问题，只要稍加追问，很快就会露出马脚。

李总监说："在面试中，对一个直言不讳指出摩托罗拉存在某些问题的应聘者，我们持肯定态度。正所谓：'当局者迷'，我们在管理上、具体工作上，难免会存在一些问题。如果他指出的问题确实存在，我们会虚心接受，而且对他的评价值也会提高。如果他提出的问题不存在，我们也表示理解，因为他可能不熟悉情况。只要他提出问题的思路富有创造性，我们都会做出积极的评价。摩托

罗拉非常希望听取不同的声音。"

## （四）宜家：招聘关键词是信任与诚实

从北欧瑞典发展到遍及全球，宜家在五大洲30多个国家有170多家分店。2000年，5.5万名宜家员工创造了大约100亿美元的营业额。在宜家的招聘过程中，"诚实是最被看重的品质。一旦发现应聘者有欺骗行为，他会立即被cancel。"宜家北京市商场人力资源经理张忠民说，宜家最不能容忍的就是不诚实，不管你多有经验，多有能力，道不同不相与谋。显然，诚实是宜家最紧要的"道"。

与此相应的，是宜家对人对事的无条件信任，"你有什么能力，达到什么程度，说什么我都信，"张经理说这是基本的相互信任和尊重，"但如果存心欺骗，你不会有第二次机会。"因为事实会站出来说话。比如宜家对应聘者有一定的语言能力（普通销售人员不做特别要求，但管理层的工作语言为英语）和计算机操作方面的要求，但在面试时，宜家不会去当面考核，也不会用四六级或托福、GRE成绩来衡量。因为真相很快就会来报到——你是不是真正具备宜家要求的工作能力，在实践中很快就会见分晓。

应聘宜家，只要符合基本素质要求，宜家并不介意你是什么学历、什么专业（某些特定专业技术领域除外），关键是你要能够胜任工作。面试时，根据你应聘的职位，宜家会设定一些情景，并根据你的现场反应，来判断你究竟是不是适合这个职位。另外，在面试时，宜家会使用性格倾向测试的方法，了解应聘者的个性倾向与发展潜力更适合做哪种岗位的工作。[1]

**案例分析**

面试，可以说是一种经过精心设计、在特定场景下以面对面的交谈与观察为主要手段，由表及里地测评应试者有关素质的一种方式。

案例中多家名企的面试各有千秋，看上去大相径庭。微软采取多轮"一对一"的面试题目，并且以超越常规的经典问题闻名；

---

[1] 《职场透视：微软、摩托罗拉等名企如何面试?》，来源：新浪网，http://www.finance.sina.com.cn/jygl/20020219/173042.html。

民生银行着重考察求职者的悟性；摩托罗拉欣赏人品正直、敢于直言的人；宜家将信任与诚实作为最看重的品质。但有一点是共同的，这些特点鲜明的面试方式都是在实践的基础上，根据企业对自身企业文化、业务特点的深刻理解而创造出来的。

> 讨论题

1. 试分析以上四家企业采取各自面试方式的原因。
2. 设想一家你比较熟悉的公司，如果由你为它设计面试方案，是否会参考哪家名企的面试风格？请简要说明理由。

## 第三节 人员素质测评在事业单位招聘中的应用

A 研究院是直属国家某部委的事业单位，职工人数上千，下设十多个研究所和几家科技企业。虽然几十年来成果丰厚，但人员老化、高层次人才缺乏的阴影却逐渐笼罩在单位发展的前途之上。近年来，通过招聘进人，A 研究院输入了大量的新鲜血液，全体职工中五年内新进院的占到了 30%，开始重新呈现出年轻的活力。回顾近几年的招聘过程，从简单、粗放的进人办法到规范、科学、全面的甄选方式，经历了多次逐步改进的过程。

需要的人员类型主要有两种：一种是高校毕业研究生及普通工作人员，需求量较大。其中大部分是本行业特有专业的科研技术人员，小部分是用于职能管理服务部门的通用专业人员，比如党务、财会、人力资源、经济、法律等。还有一种是高层次科技人才，作为创新突破的学术带头人，通过专门的评审、测评程序个别引进。

### 一、招收工作人员中的素质测评

#### （一）首次采用结构化面试

以前，A 研究院的新进人员主要来自本单位定向培养的研究生，采用各下属单位自行推荐的做法。按照每年的招聘计划，由院属各研究所选择留院的学生交一份请示让院领导批准后就完成了聘用。此外，会招聘少量已参加过工作的人员。

到了"十一五"初期的某年，鉴于职能部门人员年龄较大、数量普遍不足，A 研究院决定招聘一批高校毕业生，以调整知识结构与年龄结构，补充新生力量，引进新思想、新观念。所需要的专业比如党务、财会、人力资源等，本院没有开设，只能从外部招聘。于是直接联系部分高校的就业指导中心，发布了需求信息，收到两百多份求职简历，从中初步筛选出 14 名符合要求的应届硕士毕业生。

为了保证选人质量，并且在较短的时间内完成面试工作，决定采取结构化面试。组成由院各职能部门负责人参加的面试小组，5—7 名考官按照预先设计的一套试题向考生提问，根据考生的回答，给出考生在各个测评要素上的得分，各个测评要素得分的综合就是考生结构化面试的最后成绩。面试中，一个题目可能包括一个或者几个测评要素，考官不是按照题目打分，而是按照考生在回答问题中反映出的各种能力也就是测评要素打分。结果，从 14 名参加面试的考生中录用了 7 名，补充到了职能管理部门。

**面试的程序**

(1) 向进入面试的考生讲解本次面试的整体计划安排、注意事项、考场纪律。比如，为了能够横向比较，同一职位的应考者面试试题是完全相同的，因此应考者在面试前不能与已经面试过的应考者进行交流，否则很可能泄题。因此，要求应考者在候考室等待面试时不得使用手机等通信工具，也不能到外面随意走动。

(2) 以抽签的方式确定考生的面试顺序，并依次登记考号、姓名。

(3) 面试开始，由考务人员依次带领考生进入考场，并通知下一位准备。

(4) 每次面试一人，面试程序为：首先由主考官宣读面试指导语，然后各考官按事先的分工依据准备好的面试题请应考者回答，根据应考者的回答情况，其他考官可以进行适度的提问。各位考官独立在《面试评价表》上按不同要素给考生打分。

(5) 向每个考生提出的问题为五个，每个应考者的面试实践通常控制在 30 分钟左右。五个问题一般由两个通用的问题和三个专业性问题组成。

表7-4 面试评价表

姓名：　　　　　性别：　　　　　年龄：

| 要素 | 仪表举止 | 语言表达能力 | 组织协调能力 | 人际交往能力 | 综合分析能力 | 应变能力 | 专业知识 | 合计 |
|---|---|---|---|---|---|---|---|---|
| 观察要点 | 真诚热情，友善自信，举止得体，有修养，仪表端庄 | 能抓住问题实质，思路清晰，言语流畅，用词准确 | 善于利用和调动各种资源，能发挥集体作用，善于指挥 | 善于沟通，善于协调人际关系，处事关系融洽 | 在复杂的情景中能分清主次，抓住问题实质，提出建设性意见，并有工作实施步骤 | 自我认知准确，情绪稳定，反应速度快，处理得当 | 具备专业要求的知识 | |
| 评分标准 | 好（8—10分） | | | | | | | |
| | 中（4—7分） | | | | | | | |
| | 差（0—3分） | | | | | | | |
| 考官评语 | | | | | | | | |
| 评价 | □建议录用　　　　　放入何部门：　　　　　□建议不录用 | | | | | | | |

考官签字：　　　　　年　　月　　日

**面试样题：**

1. 单位准备举办一次 100 人左右的会议，由你负责组织会务工作，请你谈一下主要思路和打算。

【测评要点】组织协调能力

【出题思路】测评考生组织协调能力和思考问题的周密性

【参考答案】了解会议举办目的、基本资源与准备情况，拟订计划，向主要领导汇报，与相关人员沟通，取得支持。

2. 单位某职工因在竞聘岗位时落选，内心不服，向上级领导反映，领导让你负责处理这件事。请谈一下你对处理这个问题的思路。

【测评要点】综合分析能力

【出题思路】在复杂的情景中能分清主次，抓住问题的实质，提出建设性意见

【参考答案】了解事情的主要原因；耐心解释政策；积极组织培训；竞聘其他空缺岗位

3. 假设你是负责单位资金管理工作的财务人员，在工作中遇到与你关系非常好的朋友同你商量，暂借一笔资金用于急事，一个月内就归还。你如何处理？

【测评要点】专业知识面

【出题思路】财务人员的职业道德和敬业精神

【参考答案】涉及财务人员的职业道德；按制度规定办事的原则

## （二）结构化面试扩展应用

一年来的实践证明，录用的 7 名毕业生素质不错。恰逢第二年，A 研究院培养的研究生由定向分配方式改为统分方式。于是到了当年接收毕业生的时候，决定将结构化面试的范围扩大到全院所有部门，并且在更大范围发布信息，向多个高等院校提供了人员需求信息。来自全国各大高校的简历有好几百份。经过初步筛选，近 70 人参加了面试，是去年的 5 倍。

仍然采用结构化面试招聘应届毕业生，甄选比例约为 1∶2，其中约 80% 为科研人员。A 研究院以去年职能部门管理岗位集中面试的做法为基础，通过全院统一组织集中面试，招聘各研究所的专业技术人员。

由于职能部门和科研人员的胜任素质要求不同，面试评价表上各项要素的计分权重也就有所不同。

表7-5 第二年的职能部门面试评价表：各种素质权重比较平均

序号：　　姓名：　　所学专业：　　招聘专业要求：

| 要素 | 仪表举止 | 语言表达能力 | 组织协调能力 | 人际交往能力 | 综合分析能力 | 应变能力 |
|---|---|---|---|---|---|---|
| 观察要点 | 真诚热情，友善自信，举止得体，有修养，仪表端庄 | 思路清晰，言语流畅，用词准确 | 善于利用和调动各种资源，能够推动集体协作 | 善于沟通，人际关系融洽 | 在复杂的情景中能分清主次，抓住问题实质提出建设性意见，并有工作实施步骤 | 自我认知准确，情绪稳定，反应迅速处理得当 |
| 单项总分 | 10 | 10 | 20 | 20 | 20 | 20 |
| 赋分 | | | | | | |

考官评语：

□建议不录用　　□建议录用　　放入人问部门：

考官签字：
年　月　日

表7-6 第二年的研究面试评价表：专业知识所占权重最大

序号：　　姓名：　　所学专业：　　招聘专业要求：专业知识

| 要素 | 仪表举止 | 语言表达能力 | 组织协调能力 | 人际交往能力 | 综合分析能力 | 应变能力 | 专业知识 |
|---|---|---|---|---|---|---|---|
| 观察要点 | 真诚热情，友善自信，举止得体，有修养，仪表端庄 | 思路清晰，言语流畅，用词准确 | 善于利用和调动各种资源，协调各种关系，能够推动集体协作 | 善于沟通，人际关系和谐 | 在复杂的情景中能分清主次，抓住问题实质，提出建设性意见，并有工作实施步骤 | 自我认知准确，情绪稳定，反应速度快，处理得当 | 具有扎实的专业基础知识，了解本学科领域最新动态，有一定的创新意识 |
| 评分标准 |  |  |  |  |  |  |  |
| 赋分 | 5 | 5 | 10 | 10 | 10 | 10 | 50 |
| 考官评语 |  |  |  |  |  |  |  |

□建议不录用　　□建议录用　　放入何部门：

考官签字：　　年　月　日

第二年，由于考生人数众多，面试分成了多个场次，各由一位院领导担任主考官，各有关科研所的负责人都参加了面试。A研究院下属的十多个科研所，专业领域各不相同，作为集中面试，不可能给每个科研所单位单独开设一个考场，便把领域比较相近的科研所安排在同一考场。因此，各所的负责人不仅要对应聘自己所的职位的考生评分，也要互相给其他几个单位的考生评分。根据去年的经验教训，一般在第一位考生面试结束后，面试小组要进行简短的沟通，主要原因有：

（1）打分的极端倾向。例如，如果所有考官赋分都在70%—90%之间，而有一位考官习惯于打出接近0分或满分的极端分数，那么这位考官的意见就会对最终结果具有决定性的影响。经过沟通，各位考官的赋分范围能比较合理。

（2）了解职位的特定要求。例如，有一个职位所在的工作团队都是创造力很强但稳重不足的人员，负责人希望能够新进一位性格低调踏实的同志予以配合。若不事先沟通，其他考官可能会很自然地给表现伶俐的考生打高分。

此外，在研究所职位的面试过程中发现了新的问题。结构化面试的问题仍然由通用问题和专业问题组成。各单位事先出好专业问题的题目并严格保密，到面试时再拆封使用。由于缺乏经验，有的专业问题过于复杂，难以在几分钟内回答完毕；有的专业问题又出得过于精深，考生的研究方向未涉及，无法回答。这些都影响了对专业知识素质的评价和比较。

上一年面试职能管理方面的通用专业学生时，这些问题并没有显现出来。研究所的考官们总结出一些应对的办法：

（1）面试中的专业知识问题要出得简单一些，注重对学生思维能力、学习习惯的考察。若要测评专业知识的广度和深度，还是专门组织笔试更为有效。

（2）可以考虑比较灵活的提问方式，先了解考生的研究方向，再由考官中相应领域的专家进行针对性提问。

在面试得分的基础上，经过各单位斟酌，院里审核批准，从中录用了46人。

## （三）部委统一组织公开招聘，大大扩展选人视野

到了第三年，为了贯彻人事部《事业单位公开招聘人员暂行规

定》，A 研究院所属的部委决定统一组织各单位在社会公开招聘工作人员，统一举行笔试，作为进人的第一道关口。

按照上级要求，A 研究院成立了公开招聘领导小组，汇集院属各单位的人员需求信息，制订公开招聘方案报部里审批。当年 1 月，在人员需求计划的基础上，进一步明确了新进人员的岗位任务和资格条件，归纳为 34 个岗位，共招聘 56 人。在上级部门的统一组织下，通过部委网站、本系统人才网、本单位网站等途径发布公开招聘需求信息，开通网上报名系统及咨询电话。

10 天的报名时间，共接到 1485 人的网上申请。A 研究院的人事部门每天对上百名申请人进行审核，判断是否符合资格条件，并及时反馈。通过资格审查的有 1071 人，其中 727 人完成报名程序获得笔试资格。

部里统一组织了笔试、阅卷和评分，并按照考分排序，以拟聘人数 1∶5 的比例选取各岗位参加面试的考生，在网上公布。

获得面试资格的考生共 236 人，规模之大，在 A 研究院的历史上是空前的。为此，院领导高度重视，院长主持召开院公开招聘领导小组成员及各用人单位主要负责人参加的会议，要求严格按照程序，认真组织实施人事部门制定的面试方案。

A 研究院将集中面试安排为八个场次，分别在两个会议室同时进行。院领导、各用人单位负责人及有关专家担任面试考官，每个考场设考官 7—9 名。整整四天，来自各大高校的毕业生和相关专业的社会在职人员共 200 余名考生参加了面试。

形式仍采用结构化面试，由主考官提问，考官打分评价，主要考查考生团队合作意识、应变能力、沟通与协调能力、人际交往能力、解决实际问题能力和岗位相关的专业知识。根据个别岗位的特别要求，对考生增加了外语口试。

集中面试结束后，各用人单位与应聘者进行了沟通，增进双方的了解，有的研究所又安排了更进一步的专业知识笔试和面谈。

根据考生笔试、面试的综合成绩，各用人单位提出拟聘人选，报院人事部门审核。院人事部门将各招聘单位提出的拟聘人选意见汇总后，提交院长会议集体讨论确定聘用人员名单，上报部里。聘用人员名单在网站上进行了公示。随后由院统一组织体检。后期，有个别拟聘人员去了其他单位，经上级部门同意，从面试候选人中择优递补。

通过首次公开招聘进院的共 50 人，面试通过率 25%，比之前两年的50%严了许多。尤其是职能管理方面的职位，由于主要需求经济、财会、法律等通用专业，报名者众多，有300多人申报1个职位的情况，比起实行公开招聘之前，选人视野大大扩展了。

然而，也在过程中发现了一些新问题：

作为公开招聘第一道关口的笔试，内容为公共理论知识、行政职业能力测试、本行业知识等，这对于文科考生或管理岗位的考生比较适用，而科研单位所需的专业素质和创新能力较强的专业技术人员不一定能取得相对较好的成绩，一些未来的专才、奇才可能被挡在进一步甄选的范围之外。有些科研所培养的学生在专业方面很强，但却没在第一轮笔试中闯进前五名，失去了参加面试的机会。

集中面试的效果也有待改进。公开招聘仍按前两年的模式举行集中面试，总的来讲比较成功。院领导亲自主持，每个考场都至少有一名院领导担任主考官；各单位负责人高度重视，全程参与；结构化面试的形式比较成熟，考官有了一定经验，过程比较规范；整体安排紧凑、高效。但由于人数太多、时间仓促，考官难以深入了解每位考生的情况：第一年每位考生可以有30分钟左右的时间，到了第三年，每人的面试时间被迫压缩到15分钟，效果大打折扣。

此外，A研究院深深体会到，公开招聘是双向交流的过程，不仅单位选毕业生，学生同时也在选单位，尤其是比较优秀的毕业生，往往有好几家用人单位可供其选择。那些通用专业的考生能在几百名竞争者中笔试排前5名，往往比较优秀，有好几个可供选择的去处，面试通过后另投他家的情况有好几例。

## （四）引入心理测验

首次公开招聘总的来说是相当成功的。一是保证了公开公平，社会反映良好；二是招到的工作人员素质不错且比较稳定，他们感到自己是通过严格的选拔才能进院的，比较珍惜，离职率下降。以前一年内总有个别人离开，这次没有人离院，仅有一位因专业特长需要申请内部调动。

到了第四年，A研究院继续沿用之前的公开招聘模式，先参加部里的统一笔试，再由院里组织集中结构化面试。针对上次发现的问题，采取了一些新的举措。

在达到事业单位统一公开招聘的公平公开要求的前提下，设法满足本单位对科研人员的需要。A研究院是高层次的科研单位，对新进科技人员的专业领域、研究经验有比较高的要求，能够胜任的人员在相应专业的毕业生里面是比较稀缺的,而他们却不一定能在行政能力考试中进入前几名。部里的统一笔试面向所有事业单位,难以专门因为 A 研究院的特殊情况做出调整,科研岗位仍然会存在"考过的不需要,需要的考不过"的问题。科研所尝试了一些办法:一是对岗位描述进行细化,将特殊要求写清楚,比如特定领域的研究经历、专业软件的熟悉程度等,以避免不符合需要的人员盲目报名;二是通过实习、聘任科研助理等方式,在毕业之前就对考生进行提前了解;三是减少接收应届毕业生的比例,加大对博士后或有工作经历的人才的引进力度。

另外,针对集中面试的规范性有余但深入了解不足的问题,A 研究院在第四年引入了心理测验,联系到本行业的人才开发中心,使用基于岗位胜任力模型的岗位匹配度量表,对考生的特质与职位的搭配进行评价。心理测验与集中面试同步进行,考生到达候考室后即填写测验量表,交由专业测评公司分析后向用人单位提供测评报告。

测评报告包括以下部分:

(1) 资质和诚信审查,主要进行作答有效性分析,通过分析作答时间、社会称许性、作答一致性等指标,判断考生的作答是比较可信还是在随意作答;

(2) 各个测评维度的匹配状况,包括责任心、人际交往技巧、计划性、沟通技巧、目标意识、严谨性、职业稳定性的分项得分;

(3) 与目标职位的匹配度及维度匹配情况,根据考生得分与职位需求的接近程度给出量化分数;

(4) 考生从事该职位的优劣势分析;

(5) 用人建议;

(6) 发展建议。

以下是某位应聘行政管理职位的考生的分析报告节选:

(1—3 部分略)

4. 该考生从事该职位的优劣势分析

(1) 该考生符合该职位要求的特质有:

对工作能够认真负责,达到工作要求;

明确自己的工作目标并能为之努力;

一般情况下能够按照工作计划行事,遇到特殊事件,也能比较灵活地处理。

在这些方面，该考生能够达到职位的要求，不需过多干预他的表现。

(2) 在下列特质上，该考生的表现与职位要求有些差距：

在目标职位上，可能会比较孤立，需要较多时间来适应团队工作的方式；

追求成功的愿望较低，这可能会影响到他在工作上的动力和投入程度；

严谨性不足，可能会觉得该工作束缚较多；

与工作要求相比，创新意识可能有所欠缺；

可能会因工作中需要处理的突发事件过多而自我感觉胜任力不足。

如果需要该考生从事该职位，上述表现可能降低他的工作绩效。

5. 用人建议

(1) 如何发挥他的最大价值

在计划性、目标意识、责任心这些素质上，该考生能够很好地符合职位的要求，但是在成功愿望、创新意识、灵活性、团队合作意识、严谨性上，与职位要求有一定差距。要让该考生在工作中更好地扬长避短，发挥最大作用，您可以参考以下建议：

允许他独自开展工作，但要鼓励他征询其他同事的意见，并经常在团队中做汇报；

了解他希望从工作中获得什么，将之作为激励的内容；

尽量少分配给他比较细致的任务；必要时，提醒他遵守规范的重要性；

安排该职位工作中相对常规的职责；在需要创造性地解决问题时，给予适当的指导；

主要从事有明确规章制度约束的工作；遇到突发事件时，需要有人从旁协助。

(2) 如何与他高效沟通

每个人都有自己的特点，充分考虑到他的特点，采用适当的方式，可以使沟通更为有效。在与该考生进行交流时，您可以参考以下建议：

与他谈话时，不要涉及过多新鲜事物；表现出对常规方法和传统的尊重；

# 第七章 人员素质测评应用案例及其分析

强调规则的重要性；表达时注意帮他理清逻辑关系；

适当关注他工作之外的一些东西，比如家庭和休闲活动，以此作为关系建立的基础；

对他的责任心表示赞赏；提示他有时事情没有做好会有多种原因，不需要过于自责；

在沟通中强调个人的努力，多采用一对一的沟通方式。

(3) 如何吸引他接受这个职位

对该考生来说，具有下列特点的工作是比较有吸引力的：如果您觉得他是对组织不可或缺的人才，可以在与他面谈时着重介绍本职位与他的期望相符的特点；

工作环境稳定，工作内容的变化较少，主要是常规性质的工作；

工作只需严格按照规章制度办事，突发事件少；

规章制度相对宽松；工作不需要过多地关注细节；

工作氛围比较平和轻松，可以兼顾家庭和休闲；

组织内部责任分工明确，并对任务负责人奖罚分明。

6. 发展建议

要进一步发展自己，该考生需要注意以下几点：

尝试理解身边一些比较复杂物品的工作原理，比如闹钟；在解决一个问题时，试着考虑不同的方法并确定一个最简单的来实行；

多与头脑灵活、善于应对突发状况的人共同做事，学习他们的思考角度和处理方式；

在工作中有意识地加强对细节和规范的关注，避免因小失大；

对过去可能犯下的错误，不要过于沉湎，要学会放下，才能获得更多收获；有时，为了追求自己负责事情的完美而牺牲过多时间是不理智的；

追求个人成就的同时，需要关注和帮助身边的其他同伴，学会联合众人的力量让自己更强大。

其中有些素质该考生比较欠缺，这可能影响他的工作和生活质量；还有一些方面是该考生比较擅长的，但是需要适当提醒他结合其他素质共同发展，或者注意其他人的表现。

通过运用岗位匹配度测验量表,对集中面试起到了补充和印证的作用,有助于甄选人员。尤其对于行政管理职位,通过笔试从众多应聘者中脱颖而出的考生往往应试经验丰富、准备充分,在集中面试中的表现不分伯仲,这时候岗位匹配度报告的作用更加明显。此外,对于已经决定聘用的考生,心理测验报告也有助于主管对其采取合适的管理和沟通方式,减少试错磨合的过程,尽快调动工作积极性。

## 二、引进人才中的素质测评

为了引进领军人才、中青年学科带头人和学术骨干,A研究院专门制定了引进高层次人才的办法,规定了引进高层次人才的各项条件,包括工作经历、业绩、知名度、学术造诣等方面,引进后的待遇、义务,以及严格的引进程序:

A研究院引进人才的程序

(一)院属各单位于每年底向人事部门申报翌年人才需求计划,人事部门审核并报院批准后公布人才需求信息。

(二)应聘者申请

由应聘者向人事部门或院属基层单位提供详尽的应聘材料。

1. 填写《A研究院人才引进申请表》,提出本人拟开展的工作设想;

2. 提供个人简历、学历学位证书和专业技术职务任职资格证书、原工作单位的任职证明、近期发表的反映本人学术水平的代表作(复印件)及学术背景相关材料;

3. 获奖证书复印件;

4. 重要社会兼职;

5. 提供三名同行专家的推荐信;

6. 体检表:提供有足够级别的医院的体检证明。

(三)院属基层单位推荐、申报

院属基层单位在接到应聘者的申请后,聘请至少四名同行专家对申请者的专业水平提出鉴定意见。院属基层单位领导班子根据专家意见,结合本单位发展的需要进行研究,然后由各单位主要负责人签署推荐意见报人事部门。

## 第七章 人员素质测评应用案例及其分析

（四）人事部门初审申报材料

院人事部门负责对申报材料进行初审后，提交院人才引进评审小组进行评审。

（五）应聘答辩及测评

评审小组听取应聘者的学术报告，评议其学术水平和工作目标。获2/3及以上通过票为答辩通过。

人事部门组织对应聘者进行人才测评，测评其能力、品德和个性，并会同有关单位领导，根据答辩与测评结果形成聘用建议，报请院领导审批。

引进人才与接收毕业生有很大区别，不是从多个应聘者中选拔胜任者，而是判断某一个特定的人员是否适合本单位的组织文化，是否具备担任学术带头人或技术骨干的素质和能力。

作为高层次人才，曾经在其他单位工作过，来到新的环境后，原本熟悉的做事方式、沟通方式需要重新适应。在实施人才测评以前，曾经发生过引进人才"水土不服"的情况，究其原因，主要是由于该人员的性格与单位领导的管理方式不相容。如果事先对应聘者的性格有深入了解，那么将有利于较快完成磨合的过程。根据以上需要，在引进人才中使用了MBTI职业性格测量，根据外倾内倾（EI）、感觉直觉（SN）、思考情感（TF）、判断知觉（JP）等维度的人格人群指数给出分数，进而描述该人员的性格类型。例如，一位ESTJ"执行者"类型的科研人员在进院后几年的工作中的确体现出高效率、有条理、遵守规范的特点，但在开拓新的领域、倾听不同意见、与同事沟通交流方面相对较弱。单位领导便尽量用其所长，让他专注于具体项目中的技术工作，结果他的表现很好，积累了不少成果。

为了充分发挥人才的长处，还使用了能力测量量表，测量得出五个分数，分别指向表达、逻辑、数学、分析、方法，以考察人员具体擅长的方面，是否善于表达交流，更善于理解数字还是图形，是否具有担任管理者的潜力等。实践中，高层次的技术人员一般大多数项目得分都很高，主要是看是否有短板，例如各项分值都不错，只有"方法"得分很低的人，解决问题的能力相对稍差，不太善于从多角度考虑问题，那么在其工作团队中需要考虑让他与善于出主意的伙伴配合。

经过几年的实践，通过引进人才程序进院的几十位科技人才大多数很快成为 A 研究院的骨干力量，开拓了新的科研领域或提高了原有业务的技术水平，有的还成为所在研究所的领导。

[案例分析]

事业单位是我国特有的一类组织：作为提供准公共产品的非营利组织，与国外公共组织的区别在于，受到政府或国有企业的管理，行政色彩浓厚；与行政机关的区别在于，专业性很强，比如教育、医疗、科研等，大都以专业技术人员为主。

因此，在事业单位的招聘中，既要像公务员招考一样保证公平，也要像企业一样注重效率，需要多种测评方式的互补使用。长期以来事业单位实行传统的人事管理，还经常成为机关分流或政策性安置的对象，在招聘进人方面的规范性不足，要完成向科学的人员素质测评的转变，往往需要一个逐步改进的过程。

党中央提出建设和谐社会的目标，对公共服务质量提出了更高的要求。引入人员素质测评的科学方法，提高事业单位的招聘、选拔、考核等方面的管理水平，对提高事业单位的人员素质和工作效率具有重要的意义。

[讨论题]

1. 事业单位的招聘有什么特点？

2. A 研究院在人员招聘中采用了哪些素质测评工具？运用是否合理？为什么？

3. 除了招聘，人员素质测评还可以运用在事业单位人力资源工作的哪些方面？

## 本章小结

1. 本章主要介绍了人员素质测评在党政干部选拔、企事业单位人员招聘的实际应用。

2. "C 市公开选拔部分副厅局级领导干部"实例介绍了报名审核、笔试、面试、考察的全过程，重点在面试阶段的程序、要求、评分方法；"北方某省公开选拔副厅级领导干部面试"实例更详细地介绍面试中的各项操作细节；"公务员结构化面试题实例及评析"着重介绍面试题目的设置和使用。公务员选拔测评特别重视过程的严格规范，以达到公平、平等、竞争的要求。

3. "软件工程师的素质测评"介绍了企业在招聘员工时常用的测评方式组合;"名企如何面试"介绍了一些知名企业的面试特点和关注的方面。企业招聘测评注重效率,要求能够快速准确地为招聘决策提供依据,并确保招到的人员适应本企业的特点。

4. "A研究院招收工作人员中的素质测评"介绍了事业单位逐步改进招聘测评方法的过程;"引进人才中的素质测评"介绍了事业单位引进高层次人才的一种做法。长期以来事业单位实行传统的人事管理,在招聘进人方面的规范性不足,要完成向科学的人员素质测评的转变,往往需要一个逐步改进的过程。

5. 素质测评方法正在逐渐成为我国各类组织人力资源管理的常用工具。应该根据组织自身的特点,选择使用适当的测评技术和具体操作办法,并在实践中不断总结和改进。

# 参考文献

萧鸣政：《人员测评理论与方法》，北京：中国劳动出版社 1997 年版。
孙彤：《组织行为学》，北京：高等教育出版社 2000 年版。
廖泉文主编：《人力资源招聘系统》，济南：山东人民出版社 2000 年版。
凌文辁、方俐洛：《心理与行为测量》，北京：机械工业出版社 2003 年版。
孙东雅编著：《世界 500 强企业面试实录与面试试题全案》，北京：华夏出版社 2008 年版。
萧鸣政：《人才品德测评的理论与方法》，北京：中国劳动保障出版社 2008 年版。
张厚粲等：《教育评价与心理测量》，《教育研究》1987 年第 3 期。
牛雄鹰：《情景面试的案例分析》，《中国人力资源开发》2002 年第 6 期。
肖鸣政、陈小平：《某中央部委机关党政领导人才素质模型的建构》，《中国人才》2008 年第 7 期。
饶惠霞、吴海燕：《国外胜任力研究新进展述评》，《科技管理研究》2010 年第 16 期。
刘大卫：《履历深度分析法在高管人员甄选中的运用》，《中国人力资源开发》2010 年第 4 期。
乔凤珠：《人员素质测评问题及对策研究》，《理论界》2011 年第 7 期。
尹德法：《基于胜任力模型的人力资源管理研究》，《山东社会科学》2013 年第 6 期。
李南：《人员素质测评在人力资源管理中的应用研究》，《统计与管理》2014 年第 8 期。
仵凤清、赵瑞雪：《评价中心技术应用于党政领导干部选拔的可行性分析》，《中国社会科学研究论丛》2013 卷第 1 辑。
金芮竹：《心理测验在人才测评中的应用》，《社会心理科学》2014 年第 2 期。

周春燕、徐袁瑾:《临床医学人才素质测评指标体系构建》,《中国医院》2014 年 11 期。

Lee, Jin Gu, et al., "Driving Performance Improvements by Integrating Competencies with Human Resource Practices", *Performance Improvement Quarterly*, 2010. Vol. 23 (1), pp. 71-90.

Zhao, Shuming, and Juan Du, "The Application of Competency-based Talent Assessment Systems in China", *Human Systems Management*, Vol. 30, No. 1/2, 2011, pp. 23-37.

Bonder, Arieh, "Competency-Based Management—An Integrated Approach to Human Resource Management in the Canadian Public Sector", *Public Personnel Management*, Vol. 40, No. 1, 2011.

Akhuly, Ajanta, and Meenakshi Gupta "Competency Based Recruitment Decisions: A Lens Model Approach", *The Psychologist-Manager Journal*, Vol. 17, No. 4, 2014.

Meriac, John P., Brian J. Hoffman, and David J. Woehr, "A Conceptual and Empirical Review of the Structure of Assessment Center Dimensions", *Journal of Management*y, Vol. 40, Issue 5, 2014.

Hoffman, Brian J., et al., "A Review of the Content, Criterion-related, and Construct-related Validity of Assessment Center Exercises", *Journal of Applied Psychology*, Vol. 100, No. 4, 2015.

## 教师反馈及教辅申请表

北京大学出版社本着"教材优先、学术为本"的出版宗旨,竭诚为广大高等院校师生服务。

本书配有教学课件,获取方法:

第一步,扫描右侧二维码,或直接微信搜索公众号"北大出版社社科图书",进行关注;

第二步,点击菜单栏"教辅资源"—"在线申请",填写相关信息后点击提交。

如果您不使用微信,请填写完整以下表格后拍照发到 ss@pup.cn。我们会在 1—2 个工作日内将相关资料发送到您的邮箱。

| 书名 | | 书号 | 978-7-301- | 作者 | |
|---|---|---|---|---|---|
| 您的姓名 | | | | 职称、职务 | |
| 学校及院系 | | | | | |
| 您所讲授的课程名称 | | | | | |
| 授课学生类型(可多选) | □ 本科一、二年级 <br> □ 高职、高专 <br> □ 其他_____ | | | □ 本科三、四年级 <br> □ 研究生 | |
| 每学期学生人数 | _____人 | | | 学时 | |
| 手机号码(必填) | | | | QQ | |
| 电子信箱(必填) | | | | | |
| 您对本书的建议: | | | | | |

**我们的联系方式:**

北京大学出版社社会科学编辑室

通信地址:北京市海淀区成府路205号,100871

电子信箱:ss@pup.cn

电话:010-62753121 / 62765016

微信公众号:北大出版社社科图书(ss_book)

新浪微博:@未名社科-北大图书

网址:http://www.pup.cn